HERMES MARCONDES LOURENÇO
A ARTE DE ESCREVER

LETRAMENTO

Copyright © 2022 by Editora Letramento
Copyright © 2022 by Hermes Marcondes Lourenço

Diretor Editorial | **Gustavo Abreu**
Diretor Administrativo | **Júnior Gaudereto**
Diretor Financeiro | **Cláudio Macedo**
Logística | **Vinícius Santiago**
Comunicação e Marketing | **Giulia Staar**
Assistente de Marketing | **Carol Pires**
Assistente Editorial | **Matteos Moreno e Sarah Júlia Guerra**
Designer Editorial | **Gustavo Zeferino e Luís Otávio Ferreira**

Todos os direitos reservados. Não é permitida a reprodução desta obra sem aprovação do Grupo Editorial Letramento.

Dados Internacionais de Catalogação na Publicação (CIP) de acordo com ISBD

L892a	Lourenço, Hermes Mercondes
	A arte de escrever / Hermes Mercondes Lourenço. - Belo Horizonte, MG : Letramento, 2022.
	268 p. ; 15,5cm x 22,5cm.
	Inclui bibliografia.
	ISBN: 978-65-5932-170-4
	1. Comunicação escrita. 2. Escrita. I. Título.
2021-1860	CDD 302.22
	CDU 003

Elaborado por Odilio Hilario Moreira Junior - CRB-8/9949

Índice para catálogo sistemático:
1. Ciências Sociais : símbolos, escrita 302.22
2. Fundamentos do Conhecimento : escrita, símbolos 003

Rua Magnólia, 1086 | Bairro Caiçara
Belo Horizonte, Minas Gerais | CEP 30770-020
Telefone 31 3327-5771

editoraletramento.com.br ▲ contato@editoraletramento.com.br ▲ editoracasadodireito.com

SUMÁRIO

5	INTRODUÇÃO
7	ANATOMIA DO LIVRO

PARTE I
A TÉCNICA

14	POR QUE ESCREVER UM LIVRO?
17	O QUE ESCREVER E PARA QUEM ESCREVER?
21	PREMISSA / LOGLINE — PREPARANDO-SE PARA O ESBOÇO
26	CONFLITO, SITUAÇÃO E SUSPENSE
30	O CENÁRIO
36	PERSONAGENS MEMORÁVEIS
42	O ARCO DO PERSONAGEM
49	CRIANDO O PERSONAGEM. VAMOS BRINCAR DE DEUS?
58	CRIANDO UM NOME PARA SEU PERSONAGEM
62	SIMPATIA X EMPATIA
65	POV — PONTO DE VISTA — A BASE PARA A NARRAÇÃO
69	ESBOÇO: A ALMA DO LIVRO
77	CRIANDO A CENA
81	GANCHOS, *CLIFFHANGS*, REVIRAVOLTAS
84	SHOW DON'T TELL — MOSTRE, NÃO CONTE
87	VOZ ATIVA, VOZ PASSIVA, TIPOS DE DISCURSO E A MALDIÇÃO DO ADVÉRBIO
91	ESCREVENDO DIÁLOGOS
98	INÍCIO E FINAIS
102	LINHA TEMPORAL OU TIMELINE
107	O MÉTODO DO FLOCO DE NEVE
115	SOFTWARES PARA ESCRITORES
122	RESUMO DA PARTE I

PARTE II
PREPARARANDO SEU ORIGINAL

126	REVISÃO DO AUTOR
133	LEITURA BETA E LEITURA CRÍTICA
145	ESCOLHENDO O TÍTULO DE SEU LIVRO

151	REVISÃO GRAMATICAL / PREPARAÇÃO DO ORIGINAL	210	SOBRE ÉTICA LITERÁRIA
158	DIREITOS AUTORAIS	217	COMO DIVULGAR SEU LIVRO
164	TIPOS DE EDITORAS E PUBLICAÇÃO VIRTUAL	223	PRESS RELEASE
		226	SOBREVIVENDO ÀS CRÍTICAS
172	COMO APRESENTAR SEU ORIGINAL PARA A EDITORA	232	COMO SE PREPARAR PARA A SESSÃO DE AUTÓGRAFOS
179	PRINCIPAIS MOTIVOS DE RECUSA DA EDITORA	239	ACADEMIAS X EGO LITERÁRIO
		245	PARCERIAS LITERÁRIAS
192	AGÊNCIAS LITERÁRIAS	249	PRÊMIOS LITERÁRIOS E ANTOLOGIAS
197	PROFISSIONAIS DO LIVRO E TIPOS DE SERVIÇOS	253	OS GRANDES ERROS DA DIVULGAÇÃO
200	MEU LIVRO FOI ACEITO, E AGORA?	257	RESUMO DA PARTE III
205	RESUMO PARTE II	259	O SEGREDO
		262	PÓSFACIO
209	**PARTE III** FALANDO DE PUBLICIDADE	265	REFERÊNCIAS BIBLIOGRÁFICAS

INTRODUÇÃO

◇

Quando decidi escrever meu primeiro livro, mal sabia que estava dando meu primeiro passo em direção a uma longa jornada.

Atualmente sou autor de mais de dez livros, dentre eles, livros de suspense, ficção, ação, infantis, contos, etc. —, com alguns traduzidos em língua inglesa —, e confesso que sinto o mesmo terror dos renomados autores *best-sellers* quando algum leitor procura minhas primeiras publicações para adquiri-las. O medo da maioria dos autores, não é pela ideia que compõe a trama do livro, mas pelo desconhecimento de técnicas de escrita que nada mais é do que a "engenharia" básica na criação de uma boa história.

Sou médico por vocação, porém o tempo me fez descobrir que meu mais grave paciente é o autor nacional, que muitas vezes tem ideias brilhantes — dignas de um *best-seller* —, porém destrói seu trabalho no momento de colocá-la nas páginas que irão compor a história, tornando a leitura enfadonha, cansativa, repetitiva e que fará o leitor crucificar o livro diante de outros leitores. Isso, é claro, sem contar a recusa da publicação por parte de uma boa editora.

O uso correto destas ferramentas de escrita na criação da premissa, desenvolvimento do esboço, estruturação de personagens, cenas, ganchos, e de outras técnicas que serão abordadas são temas de primordial importância, cujo resultado irá aumentar significativamente a chance de aceitação em publicação repercutindo na literatura nacional como um todo. Porém, nem tudo são flores no mercado editorial brasileiro, lembrem-se de que, no Brasil, nós temos diferentes tipos de editora, que irei explicar no decorrer da leitura.

O atual cenário literário brasileiro revela que raros leitores resolvem apostar em um autor nacional "iniciante", e, na maioria das vezes, acabam se decepcionando com o processo de escrita do autor; acabam por abandonar a leitura, rotulando o autor como ruim e o martirizando-o nas redes sociais ou o devorando vivo em resenhas nos blogs/sites literários.

Após a publicação de meus primeiros livros, percebi que havia algo de errado. Então, comecei um árduo caminho em busca da perfeição e me aprofundei na técnica da escrita criativa. Tive que me dedicar ao aprendizado do inglês, do espanhol — pois somente encontrava a "verdadeira teoria literária" em livros estrangeiros —, e a minha grande surpresa foi que no Brasil raramente (para não dizer nunca) — se encontra material que ensinem as técnicas que iremos discutir no decorrer deste livro, bem como fui obrigado a me matricular em cursos de *storytelling* — a preço de diamante —, e descobri que, na maioria dos cursos, não passavam do resumo das técnicas literárias que são tão populares no exterior, da mesma forma que um livro de redação para um aluno de pré-vestibular no Brasil.

Já participei de vários cursos de escrita literária, porém minha grande surpresa foi perceber que muito pouco da "verdade" sobre o processo de construção de um livro era revelada e muitos palestrantes que parcialmente as conhecia escondiam o verdadeiro segredo — revelando apenas parte da teoria, guardando a sete chaves o restante, como um pirata enterra seu mais valioso tesouro.

Espero que a leitura deste livro ajude o autor iniciante a melhorar seu processo na criação de um livro, fundamentado nas técnicas mais atuais da verdadeira arte do *storytelling*, sendo a maioria composta por técnicas internacionais de sucesso — desde a concepção até a distribuição nas livrarias.

Já para os escritores profissionais espero que essa leitura traga uma oportunidade de autorrevisão e meu profundo desejo de que você possa se surpreender e encontrar novidades com algumas técnicas que talvez possa desconhecer, além é claro, de uma oportunidade ímpar de repensar e revisar sua forma de escrever

A maioria dos temas abordados tem como fonte dúvidas da maioria dos autores iniciantes que se aventuram a escrever o primeiro livro, que me questionavam em meu site, nas páginas de perguntas e respostas.

É claro que essa obra não é a verdade absoluta ou material exclusivo na arte da escrita, e outras obras devem ser estudadas.

Antes de começarmos, lembre-se de que escrever é um eterno aprendizado.

Boa Leitura.

HERMES MARCONDES LOURENÇO

ANATOMIA DO LIVRO

◇

O corpo humano ou de qualquer ser vivo apresenta sua singular anatomia e por que não o livro?

Antes de começarmos a falar sobre as técnicas de escrita, acho fundamental que o autor conheça as partes que compõem um livro. Imagina o editor ligando e lhe perguntando como é que você vai querer a lombada de seu livro, o papel que vai ser utilizado no miolo ou o texto para a quarta capa e para a primeira e segunda orelha?

Precisamos conhecer estas partes para sabermos sobre o que o editor está falando, mas não é um bicho de sete cabeças. É bem mais simples do que o corpo humano e de fácil assimilação.

1. Capa ou Plano Anterior ou frente: é o rosto do livro independente de o tipo do livro ser brochura ou capa dura.
2. Contracapa ou plano posterior ou atrás: é a parte posterior do livro, geralmente onde encontramos a sinopse da história. Sabe quando vamos à livraria e depois de ver a capa, viramos o livro para a parte detrás para saber mais sobre ele? Eis a contracapa.
3. Lombada, Dorso ou lombo: é representado pela lateral do livro, em outras palavras é o ponto de união da capa com a contracapa.

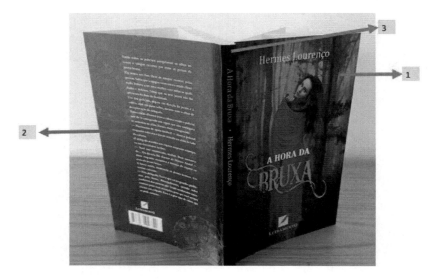

4. Miolo: é o conjunto de páginas que internamente carregam sua história impressa, onde encontra todo o conteúdo de seu livro, ilustrações, páginas impressas, ou páginas em branco ou páginas que se unem montando personagens ou estruturas pertinentes a história.
5. Primeira orelha: a primeira dobra da capa. Na maioria das vezes, a primeira orelha contém uma parte interessante da história. Não confunda com a sinopse que geralmente vem na quarta capa.
6. Segunda orelha: a segunda dobra que vem na contracapa. Nela geralmente encontra as informações sobre o autor e obras principais.
7. Corte da Cabeça: refere-se ao corte superior do livro que compreende miolo e capa.
8. Corte inferior ou pé: refere-se ao corte inferior do livro que compreende miolo e capa.
9. Corte da frente: corte entre lateral externo que compreende o miolo e capa.
10. Costura: é costura realizada para amarrar o miolo (para que as páginas não se soltem depois que o livro estiver pronto) e compreende o corte de trás. Geralmente além da costura existe uma camada de cola.
10·a. Colagem — geralmente cobre toda a lombada e os cadernos que compõe se fundem para formar o livro.

11. Folha de Guarda: são a primeira e última páginas, que prendem o miolo do caderno à capa. As folhas de guarda, por padrão, são feitas em papel mais grossas que as **folhas** do miolo.
12. Folha de rosto: traz informações sobre a obra na primeira página e na segunda página, consta dados sobre o autor, capa, revisão, ficha catalográfica, etc.

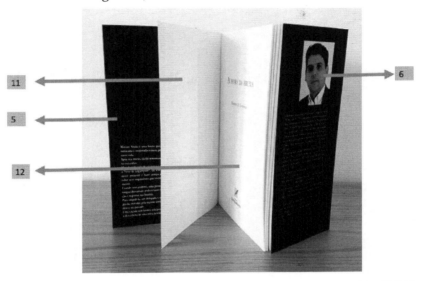

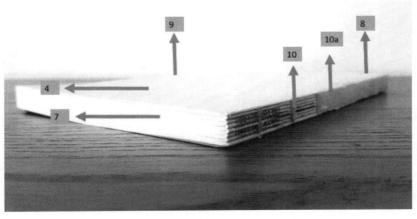

Basicamente estes são os termos mais utilizados que o editor pode vir a conversar com você. É claro que existem as nomenclaturas referentes às páginas impressas, porém é mais utilizado na linguagem entre diagramadores.

Para os autores, o importante é conhecer a terminologia acima, o que fica fácil compreender caso seu editor entre em contato e pergunte a você se quer o miolo com costura ou somente colado ou que lhe peça para escrever um texto para a primeira orelha e suas informações com foto para a segunda orelha do livro.

"Escreve, se puderes, coisas que sejam tão improváveis como um sonho, tão absurdas como a lua-de-mel de um gafanhoto e tão verdadeiras como o simples coração de uma criança."

Ernest Hemingway

PARTE I
A TÉCNICA

POR QUE ESCREVER UM LIVRO?

Como dizia o velho "provérbio" de autoria desconhecida, para nos considerarmos homem precisamos reunir três grandes qualidades:

— Escrever um livro;

— Plantar uma árvore;

— Ter um filho.

Como podem perceber, "escrever um livro" faz parte da índole da realização humana.

Sabemos que nossa existência não é eterna, porém muitos autores conquistam a imortalidade através das páginas de um livro ou de publicações que se tornam *long-sellers*, que são publicações cujo sucesso é praticamente garantido independente do tempo de vida do autor — obras como *Frankstein*, de Mary Shelley, *Dom Casmurro*, de Machado de Assis, etc.

Desde os primórdios, o homem teve a necessidade de transmitir suas mensagens através do tempo seja através de uma figura ou símbolo até evoluírem na atual escrita. O real sentido da escrita vem da necessidade de expressarmos nossas experiências, nossas ideias, nossas descobertas, nossos pensamentos e nossa "imaginação".

Muitas vezes somos acometidos por surtos de ideias geniais e pensamos: "Nossa, essa minha ideia se virar um livro vai ser um *best-seller*!", porém na hora de colocar no papel e montarmos um livro, a história, o desejo, muda seu percurso diante da dificuldade de escrever, na hora de estruturar a história, atingindo tamanha complicação, que faz o autor abandonar a ideia deixando para trás um rascunho, na maioria das vezes, uma ideia que será esquecida em uma gaveta.

Então, daí surge a pergunta que não quer se calar:

Por que eu quero escrever um livro?

Sabemos que para diversas pessoas o ato de escrever uma carta, um e-mail ou uma redação, já é difícil, imaginem escrever um livro.

Qualquer ideia ou lampejo genial precisa ser moldado. É como um diamante bruto a ser lapidado. O livro será o produto final, que irá passar por um criterioso processo de produção e destinado a um consumidor específico, no caso, seu público-alvo. Veja bem que não usei o termo leitor. O público-alvo a que me refiro são os amantes de diferentes gêneros literários — que são as características temáticas e formais intrínsecas ao conteúdo expresso literário, dividido basicamente em três grandes categorias: Épico, lírico e dramático —, que no caso da escrita literária, são representados pelo romance, ficção, terror, suspense, poesias, contos, religioso, político/filosófico, histórico, técnico, biografia, autoajuda etc.

A maioria dos autores, quando coloca o ponto final na história, acredita que o livro já está pronto e é só encaminhá-lo para a editora. Na verdade, o que está sendo enviado é um "rascunho" do livro, e certamente será rejeitado.

Costumo dizer aos meus alunos que escrever um livro exige sabedoria, paciência, disciplina, técnica, esforço e persistência. É como pilotar um avião. Você não será um piloto, se você está apenas estudando a teoria. Existe um longo caminho a percorrer na busca do conhecimento teórico, práticas onde nem tudo são flores.

Então por que escrever um livro?

Saiba que a necessidade de expressar ideias ou a necessidade de fazer algo novo já é inata a raça humana. Por outro lado, a forma que a ideia será expressa é o diferencial de um bom livro. Se você gosta de escrever e ama o que faz, parabéns, este livro foi feito para você. Caso você não goste de escrever e não "ame" escrever, de nada adiantará o esforço. Recomendo parar por aqui.

Há aqueles que querem — e acreditam — que o que estão escrevendo é um *best-seller*. Não sejam tão prepotentes. Renomados autores, como Stephen King, trilharam um caminho árduo para que seu primeiro livro fosse aceito por uma boa editora. O livro não é seu filho, não é sua família e pode não ser seu futuro. Conheço, no Brasil, pouquíssimas espécies de autores — para não dizer quase que em extinção — que conseguem sobreviver graças a suas publicações.

Seu livro é um "produto" que será destinado a um "mercado consumidor" voltado a um nicho específico, onde existe uma **infinidade** de produtos semelhantes ou melhores que o seu. O objetivo deste livro é ensiná-lo a criar um produto de qualidade, quando comparado a outras obras.

O que posso lhes adiantar é que o escritor também tem seus sete pecados capitais — que veremos mais adiante — e o primeiro passo antes de começar a escrever consiste em responder a esta simples pergunta:

"Por que eu quero escrever um livro?"

A resposta é simples: amor pelo "ofício" de ser escritor.

"É a paixão que nasce do desejo imensurável de escrever, que esconde-se dentro do coração do verdadeiro escritor e mistura-se aquela vontade de sentar-se na frente de um *notebook* e começar a digitar compulsivamente, libertando do cárcere o processo criativo, que dará "origem e vida" a novos mundos e dimensões, capaz de transcender desde um conto a um épico, onde um herói irá enfrentar mil desafios em busca do "elixir" cuja essência verte da alma do próprio escritor e irá surpreender e encantar aqueles que buscam uma história memorável."

Mas você pode me perguntar: "Por que falar em amor, se o livro é um produto?".

A resposta é simples. O amor é pelo ofício e não pelo produto. É claro que todos nossos livros carregam uma carga emocional específica e o autor poderá explicitar que gosta de um ou outro livro de sua autoria. Mas lhe asseguro que o escritor saberá apontar com exatidão qual é seu melhor livro, e na maioria das vezes, é sempre o que foi escrito com maestria e principalmente com conhecimento técnico.

Em todas as histórias, tem uma essência, uma mensagem, um ensinamento ou um fato a ser transmitido pelo autor, podendo ou não ser aceitas pelo leitor, que utilizará do livre arbítrio para elogiá-lo ou criticá-lo. Se você conseguir tocar o coração do seu leitor, parabéns meu amigo, seja bem-vindo a próxima página.

RESUMO

— Ame seu ofício de ser escritor e não seu livro. Se você ama seu livro é sinal de que sua obra não foi escrita para seu leitor e sim para você.

— Existem milhares de livros parecidos ou melhores do que o seu. Isso também serve para os *best-sellers*.

— Um livro não existe sem técnica.

— Conquiste o coração de seu leitor e ele irá recomendar sua história.

— Nem todos os leitores irão gostar do que você escreveu.

O QUE ESCREVER E PARA QUEM ESCREVER?

◇

Por incrível que pareça essas são algumas das diversas perguntas que recebo diariamente em meu *e-mail*.

Para respondê-las vamos por partes.

Minha linha de escrita é suspense, porém fiz essa descoberta após ter o sexto livro publicado. Essa necessidade de descoberta de meu gênero literário, veio após uma crítica ao meu primeiro livro *O Enigma do Fogo Sagrado*, onde em dado momento da história, quis aquecer a trama criando um clímax do meu protagonista com uma personagem secundária, ou seja, um pequeno romance.

Pensem... Como um escritor de suspense pode querer escrever um romance, se sua habilidade é escrever suspense?

Acreditem. Recebi críticas de adolescentes que vivem imersas na literatura *chicklit* e que são exímias conhecedoras e descobridoras do primeiro amor — ou pelo menos se consideram assim —, porém o grande banho de água fria veio da minha esposa com sabedoria me disse as seguintes palavras:

" — Achei horrível aquele romance que você colocou no meio do seu livro. Poxa, a história é fantástica! Por que você criou aquele *affair* tão imaturo?»

Como bom escritor, respondi que o livro se tratava de uma trilogia e que a história não terminava ali, mas na verdade eu estava fugindo de minhas responsabilidades, e estes comentários, me fizeram forçadamente a enxergar que naquele momento, eu não era capaz de escrever romances, apenas suspense. Anos depois fui descobrir a que existe o romance e a novela, e que cada um desses gêneros carrega suas peculiaridades; e confesso que tive muita vergonha do que escrevi.

Descobrir seu gênero de escrita é uma das mais importantes etapas a serem realizadas antes de começar a escrever um livro, pois essa escolha será a sustentação de todo o seu livro e de todo seu trabalho como escritor que irá atrair uma legião de admiradores do seu gênero de escrita e com certeza todos seus futuros livros irá seguir a mesma linha temática.

Além disso, muitos autores escrevem com o foco voltado para si mesmos. Eis o primeiro grande erro. Quando escrevemos para nós mesmos, escrevemos um diário e quem tem um diário não quer que ninguém o leia (pelo menos é assim que funciona). Temos que conhecer nosso público-alvo, não só conhecê-lo como compreender as suas necessidades de leitura e oferecer o livro como um produto a estes leitores de forma que atendam suas necessidades. Nesse ponto posso citar diversos *best-sellers* que cumprem rigorosamente essa atenção à necessidade do leitor. Dois exemplos:

No livro *A Cabana*, observamos a necessidade de um pai encontrar a resposta e "aceitação" da morte da própria filha, nada melhor do que questionarmos pessoalmente "Deus", não acha? Onde o todo poderoso torna-se o antagonista da história que irá conduzi-lo a um final surpreendente. Deixando a religião de lado, observamos que um dos maiores questionamentos da história é: " Se Deus é tão bom, por que ele deixou o próprio filho morrer crucificado?". Pois bem, de certa forma no livro *A Cabana* têm sua amarração focada ao leitor de autoajuda, religiosos em geral e com uma grande lição de vida.

Quando iniciamos a leitura de um livro, queremos visitar lugares diferentes, fugir da rotina de nosso dia a dia e encontrarmos novas dimensões. Basicamente é isso que seu leitor procura.

Outro exemplo que posso citar totalmente diferente do livro *A Cabana*, é o livro *50 Tons de Cinza*. Questionei diversas mulheres sobre o que tem de tão especial no livro, onde mostra a relação de uma mulher humilde, desastrada, com um megaempresário e com descrições erotizadas que levam algumas mulheres ao delírio. Acho que vocês já ouviram a velha história da Branca de Neve, Cinderela e até mesmo adaptações no cinema como o filme Uma linda mulher. A essência é a mesma.... Uma pobrezinha a procura da felicidade que será proporcionada pelo príncipe encantado — milionário.

Pasmem vocês, mas a resposta que encontrei deste livro do público feminino foi: "Quero saber se ele vai ficar com ela no final". Outras leitoras responderam: " O livro mostra a realidade da mulher em busca de um amor perfeito".

Lendo alguns livros de Joseph Campbell, que foi um dos maiores estudiosos do mito, posso lhe assegurar que muitos *best-sellers* trabalham em cima do poder do mito ou lendas, que diretamente criam uma impressão/registro em nosso inconsciente e no inconsciente coletivo, e na maioria das vezes tal estratégia dá certo. Como exemplo, eu posso citar o livro *O Senhor dos Anéis*, onde existe uma exploração de mitos — inclusive sobre o anel do poder / mitologia nórdica -, até mesmo dos mitos sobre elfos, orcs etc.

Então com base nas linhas acima, posso lhes afirmar que a pergunta "o que escrever?" está relacionada com a pergunta "para quem escrever?".

O correto então seria pensarmos: Para quem escrever?

Sim. E a resposta a essa pergunta irá determinar a temática de seu livro e irá ajudá-lo a conhecer o seu gênero de escrita.

Também devo acrescentar que, muitas vezes, mesmo conhecendo seu nicho de leitores e seu gênero literário, também temos que adequá-lo à necessidade da editora e de mercado.

Explico. Literatura também é cópia de modismo, ou seja, se o que está na moda é vampiro, surgem inúmeros livros sobre vampiros, se a moda é *serial killers*, então surgem diversos livros explorando o mesmo tema. Confesso que há momentos que você vai numa livraria e torna-se monótono a analogia de tantos títulos, resultado prático do marketing lateral. Para as editoras — que são empresas à procura de lucro —, é obvio que irão apostar na publicação do que se está vendendo. Se o tema é vampiros, então os originais com histórias referentes a vampiros serão a bola da vez, porém tudo tem um limite. Se a editora já tem no catálogo inúmeros títulos de vampiros, é pouco provável que seu original com uma história fantástica de vampiros seja aceito.

Também não podemos deixar de lembrar os escritores oportunistas — oportunistas no sentido de aproveitarem o sucesso dos livros da moda e acabam pegando "carona" com esperança de promissora de venda. Exemplos como: *Decodificando o Código da Vince, Os cinquenta tons que não são cinza, Compreendendo A Cabana*.

Quando falamos em leitor, é importante definir categoricamente. Um leitor, conforme definição elaborada pelo Ministério da Cultura é uma pessoa que leu inteiro ou em parte, pelo menos um livro em um período de três meses.

RESUMO

— Conheça seu gênero de escrita, pois será ele que irá determinar quem serão seus leitores.

— Saiba quem será seu público-alvo — nicho de leitores —, descubra quais são as necessidades literárias que eles estão vivenciando. Isso o ajudará adequar sua história a seus leitores.

PREMISSA / LOGLINE – PREPARANDO-SE PARA O ESBOÇO

◇

Como é que eu faço para começar um livro?

Escrever um livro não é apenas ter uma "boa" ideia e colocá-la no papel. Quem pensa dessa forma desconhece por completo o processo de escrita.

Imaginemos que acabamos de jantar num refinado restaurante após saborearmos um filé ao molho madeira. Mesmo que o chef de cozinha nos forneça a verdadeira receita, dificilmente conseguiremos reproduzir o mesmo prato em nossa casa, com a mesma qualidade e a mesma técnica de preparo do chef de cozinha. Lembre-se que para chegar ao nível de perfeição no preparo daquele filé ao molho madeira, o chef estudou por anos a fio, além da experiência prática e técnica que adquiriu neste período.

Se quisermos nos aproximar da perfeição do *chef*, teremos que sair, procurar pelos ingredientes corretos em lojas especializadas, dosar as quantidades, aprender sobre as técnicas e "macetes" para a elaboração do prato, descobrir os acompanhamentos, as bebidas que combinam com esse prato, se é um prato para ser servido num almoço ou num jantar, o tipo de ocasião, o número de pessoas que irão jantar e os recursos que tenho disponível para conseguir prepará-lo, a opinião de quem experimentou meu prato, as críticas, os erros. Tenho que experimentar outros "filés" e analisar o porquê eles são bons e cada vez nos aprimorando em busca da perfeição, para que um dia nos aproximemos do prato preparado pelo *chef*.

A mesma teoria serve para a escrita de um livro.

Um livro não se constrói apenas com uma ideia. Ela faz parte, porém é preciso desenvolvê-la, moldá-la, adaptá-la, torná-la extraordinária e diferenciada, a ideia em sua perfeita essência, livre dos clichês, e quando falamos dos clichês, já vi diversos livros cujas ideia central e premissas são puros clichês, e por isso tem a leitura abandonada pelo leitor.

O primeiro passo para iniciar um livro, chama-se elaborar uma boa premissa, livre de clichês.

Uma premissa é o ponto de partida de sua ideia da qual irá nascer a sua história. Não confundam premissa com *logline*, pois na premissa temos apenas a ideia, podendo ser verdadeira ou falsa, mas é da premissa que irá nascer o *logline*, que é o resumo (não mais de 3 linhas de uma história desde o início ao final. É importante ressaltar que a *logline* (que traduzido seria Linhas de Registro), é utilizada para o desenvolvimento de roteiros. Uma curiosidade, é que as linhas de registro têm relação com as cordas (com "nós") utilizadas pelos marinheiros, que auxiliavam a determinar a velocidade da embarcação. Da mesma forma uma história precisa ser regida com exatidão.

Toda história tem um início, meio e fim, pelo menos foi o que aprendemos nas aulas de redação enquanto cursávamos o segundo grau. Isso é real, mas quando o assunto é escrever um livro, isso é só a ponta do iceberg. *A premissa é alma do livro e a logline o esqueleto que irá sustentar toda a sua história e obrigatoriamente nela deve existir um personagem, um conflito e uma conclusão.*

Imagine que seu melhor amigo lhe procure e diga: "Cara, amanhã eu vou viajar!". Obviamente falta um universo de informações na afirmação enfática acima. Você irá questioná-lo para obter informações, com perguntas do tipo: Para onde você irá viajar? Porque você irá viajar — turismo, trabalho, ir ao enterro de um parente, receber uma herança —, com quem você irá viajar, qual será o meio de transporte (avião, navio, barco, trem, ônibus, helicóptero, etc.), quantos dias você irá ficar fora e por aí vai. É semelhante ao exemplo do restaurante. O porque repito isso? Simples, com essas informações, você começa a criar o *logline* do livro, a partir de uma informação, a premissa.

Acredite ou não, já li livros sem *logline*. Livros que se transformaram em uma história de objetivos inexistentes, em uma longa jornada no meio do "nada". Uma leitura vaga, que faz com que o leitor se arrependa por ter comprado um livro com uma história semelhante a frase: "Cara, amanhã eu vou viajar". Some a isso a um clichê, e você terá acabado de criar um fracasso literário.

Mas o que é um clichê?

O clichê é uma ideia parasita que destrói sua estória e a chance de publicação do autor. Deve ser evitado já no esboço. É uma ideia desgastada pelo excesso de uso, totalmente previsível e ruim, cansativa de ler ou que já nos deixou exaustos de assistir em filmes ou ouvir em frases como "a fé move montanhas".

Vários filmes são carregados de clichês, como o herói que vence o vilão para ficar com a mocinha, o cara que se apaixona pela garota e faz de tudo para conquistá-la e no final ficam juntos, a princesa que precisa ser beijada pelo príncipe para despertar.

Como assim?

Pense em duas ideias, relacionadas ao mesmo gênero: Romance.

Vamos desenvolver duas *loglines* — no caso, por razões didáticas vou usar mais de 3 linhas.

Primeira logline: Melissa é uma linda jovem de classe baixa. Um dia, procurando um emprego nos classificados de um jornal, ela encontra uma vaga de faxineira na casa de um milionário. Sem esperanças, ela é contratada e começa a trabalhar como faxineira na casa de um rico solteirão que a cada dia, começa a apaixonar-se pela nova funcionária. Uma mulher perfeita de berço humilde e bela. Tudo o que sempre procurou.

Ele se aproxima, começa a apresentar-lhes um novo mundo, onde o cartão de crédito fala mais alto e começa a realizar os sonhos da faxineira.

Alguns desencontros acontecem, o solteirão descobre que ama. Após o solteirão demonstrar suas reais intenções, eles se casam, têm dois filhos que vão para a faculdade. Um dos filhos se forma médico — um notório neurocirurgião e outro um renomado advogado graduado em Harvard. Todos vivem felizes para sempre.

<u>Logline 1: (Melissa é pobre, arruma um emprego de faxineira na casa de um milionário, apaixona-se por ele e casa, tendo dois filhos com futuro promissor).</u>

Segunda logline: Melissa é uma bela jovem de classe baixa, ousada e cultiva a ideia de dar o golpe do baú para sair da miséria e amargura. Ela descobre um famoso solteirão e articula "o golpe da barriga", a fim de engravidar para fisgá-lo candidatando-se à uma vaga de faxineira que é oferecida por ele. O solteirão esconde de todos que está falido. Na primeira noite que ela fica com ele, engravida de gêmeos e se apaixona verdadeiramente por ele. Quando ela descobre que o "ricaço" está falido, já estão casados e o marido é sequestrado devido às dívidas. A única forma de rever o marido é aceitar uma oferta de tráfico internacional de crianças: doar um dos filhos em troca da liberdade do homem que tanto ama. Ela recusa a oferta, porém o filho é sequestrado. Mais tarde descobre que o marido era traficante de crianças e que o golpe não passava de uma armação. Então ela decide se vingar. Elabora um plano para resgatar o filho e matar o marido.

> Logline 2: Melissa é uma golpista que fracassa ao dar o golpe do Baú. Tem o filho sequestrado, por armação do marido e decide se vingar e recuperar o filho.

Após observar as duas *loglines*, você percebe que a primeira é horrível, um vazio literário recheado de clichês. Temos um personagem e uma conclusão. Cadê os conflitos? Imagine você segurar 500 páginas desse vazio. A leitura será enfadonha, ou como uma tortura da época da inquisição.

Já a segunda ideia, parece promissora onde podemos encontrar um personagem, conflitos e uma conclusão. Já é o fio da meada que irá guiar todo o desenvolver de sua história, além de termos a "alma da trama", que podemos definir em dois pontos: interesse e vingança. Concorda que despertou curiosidade? Essa curiosidade é a ferramenta que irá prender o leitor no decorrer da história. Melissa irá conseguir resgatar o filho? Irá se vingar do marido?

Pense em grandes livros ou filmes que foram sucessos de bilheterias. Todos eles fundamentam-se em excelentes premissas.

Um clássico, como o *Conde de Monte Cristo*, onde Edmond Danté é preso injustamente no dia da festa de noivado, após ser traído pelo melhor amigo — que por sinal casa-se com a noiva — e é levado à uma prisão em uma ilha, onde a fuga é praticamente impossível. Com três linhas de uma boa premissa já somos bombardeados por uma avalanche de sentimentos, do tipo, revolta pela traição do melhor amigo, pela prisão de um inocente no dia da festa do noivado, por saber que o melhor amigo, além de trair, casa-se com a futura noiva, além é claro das injustiças que o pobre Edmond Danté irá sofrer enquanto estiver confinado numa solitária, tendo que dividir a comida com os ratos. É imediata a curiosidade em sabermos qual será o desfecho dessa história. Ele vai conseguir se vingar? Ele vai recuperar o amor perdido? Qual será o desfecho dessa trama.

Outro famoso exemplo, é o sucesso de bilheteria *E.T*, de Steven Spielberg, onde um extraterrestre em sua rotina de fazer coletas de plantas (provavelmente para levá-las a seu planeta de origem), é abandonado pela espaçonave alienígena em um mundo desconhecido, onde "homens de preto" estão a espreita para capturá-lo. A única chance de sobrevivência é aproximar-se de Eliot, uma criança comum, que cria um forte laço com a criatura, que precisa voltar para casa.

De novo temos uma *logline* mágica, pois você quer saber se a criatura vai conseguir voltar para casa ou se será capturada para pesquisa. É lógico que existe outro fator, que iremos ver no capítulo, a alma do roteiro onde é criada uma relação afetuosa imensa entre o menino e o alienígena.

Nos dois exemplos acima, *O Conde de Monte Cristo* e *ET*, temos uma premissa e uma *logline* com personagem, conflito e conclusão.

Já de posse de uma premissa bem elaborada podemos começar a dar continuidade as etapas seguintes de nossa história.

RESUMO

—A premissa é o ponto de partida da qual irá nascer a *logline*. Nela deve constar o personagem, conflito e a conclusão.

—Cuidado com *loglines* vagas ou clichês. Fuja do trivial!

—Uma *logline* perfeita é o primeiro passo para a uma sinopse perfeita.

CONFLITO, SITUAÇÃO E SUSPENSE

◇

De posse dos conhecimentos do capítulo anterior, sabemos que uma boa premissa desperta a curiosidade no leitor e que irá amarrá-lo nas páginas do livro.

A boa notícia é que você está no caminho certo e a má notícia, é que só uma boa premissa não é tudo.

Bem, então o que é importante? De onde é que vem o interesse de um leitor em seguir adiante, virar páginas e mais páginas de um livro e chegar até o final? Você já se perguntou o que levou a milhares de leitores a mergulhar na leitura das 3.640 páginas contida em uma coleção de 5,5 kg da saga *Game of Thrones*, escrita pelo genial George Raymond Richard Martin?

A resposta é mais simples do que você imagina.

O grande segredo está na elaboração de conflitos. Cada cena escrita pelo George R.R Martin, é repleta de conflitos, onde cada personagem tem a sua característica peculiar no decorrer da leitura.

Voltando ao exemplo da premissa do capítulo anterior.

Melissa é uma bela jovem de classe baixa, ousada e cultiva a ideia de dar o golpe do baú para sair da miséria e amargura. Ela descobre um famoso solteirão e articula "o golpe da barriga", a fim de engravidar para fisgá-lo candidatando-se à uma vaga de faxineira que é oferecida por ele. O solteirão esconde de todos que está falido. Na primeira noite que ela fica com ele, ela engravida de gêmeos e se apaixona verdadeiramente por ele. Quando ela descobre que o "ricaço" está falido, já estão casados e o marido é sequestrado devido as dívidas. A única forma de ter o marido de volta é aceitar uma oferta de tráfico internacional de crianças: doar um dos filhos em troca da liberdade do homem que tanto ama. Ela aceita a oferta, e mais tarde descobre que o marido era traficante de crianças e que o golpe não passava de uma armação. Então ela decide se vingar. Elabora um plano para resgatar o filho e matar o marido.

Por que vocês optaram pela segunda premissa?
Porque ela é repleta de conflitos.
Vamos dissecá-la para compreendermos melhor.
Segue a lista de conflitos da premissa acima:

— Melissa quer dar o golpe do baú.

— Ela encontra uma vítima perfeita, um milionário solteirão.

— O solteirão esconde de todos que está falido.

— Ela casa achando que está dando o golpe no suposto milionário

— Melissa se apaixona pelo milionário

— Melissa engravida de gêmeos

— Descobre que o marido está falido

— O Marido é sequestrado devido as dívidas

— Ela recebe a proposta de trocar o filho pelo marido

— Ela aceita a oferta até descobrir que o marido é o mandante do sequestro

— Melissa decide vingar-se, resgatar o filho e matar o marido.

Vocês perceberam a quantidade de conflitos, envolvido em nossa dissecção?

São estes conflitos que amarram o leitor nas páginas de um livro, diga-se de passagem, grandes escritores (*best-sellers*) são especialistas em criar conflitos.

O interessante das linhas acima é que se realizarmos o somatório de todas as linhas acima, qualquer leitor irá criar uma pergunta final. Melissa vai conseguir resgatar o gêmeo sequestrado? E no final, ela vai ter forças para matar o marido, o homem que tanto ama morrerá, deixando os gêmeos como legado ao traficante de crianças?

O fato é que toda a história necessita de um ponto de partida, onde os personagens irão fazer grandes descobertas que poderão mudá-lo para sempre — A jornada do Herói —, onde o certo e o errado apenas são decisões que irão surgir no caminho que a trama de sua história irá seguir, e você irá escrever. Este é o maior dom de um escritor, talvez o dom mais pesado, pois cabe ao escritor tomar a decisão final dos acontecimentos de uma história.

E de onde nasce o conflito?

O conflito nasce de uma situação, seja ela peculiar ou não.

Por exemplo, imagine a situação, na qual você é maior artilheiro de futebol de todos os tempos. O time precisa de sua participação, pois os bons jogadores dependem de você, para o jogo da grande final da copa do mundo.

Até aqui, temos uma situação, carregada de um drama intenso.

Pois bem, e o conflito?

O conflito surge, quando você sofre uma contusão em seu joelho, causado por uma entrada intencional do jogador adversário, que obviamente não escapou aos olhos do juiz e foi expulso.

Pronto, está criado o conflito. O time sem você não é nada, mas o time adversário está com um jogador a menos, em um momento em que a copa do mundo está sendo decidida.

E o suspense?

O suspense eu defino como estado de apreensão. Sabe aquele momento em que você vai no cinema assistir o filme e começa a roer as unhas (ou ter vontade), naquele momento ímpar do filme?

No exemplo acima, o suspense está de mãos dadas com o conflito, pois qualquer leitor irá querer saber se o jogador (você), irá seguir adiante mesmo com o joelho contundido ou irá entrar outro jogador, que pouco ajudará no time.

Outro exemplo é o filme Karatê Kid I, A Hora da Verdade. O famoso Daniel Larusso, interpretado por Ralph Machio, segue o exemplo acima. O protagonista sofre todo tipo de *bullying* de lutadores de caratê de uma academia onde o treinador, segue métodos pouco ortodoxos. De tanto apanhar, um dia ele é acolhido por Miyagi — interpretado por Pat Morita —, que sensibilizado com o sofrimento do Daniel Sam ensina o verdadeiro caratê onde desafiam a academia menos ortodoxa e ética, para resolverem as diferenças no tatame. Surge a Daniel Sam, a oportunidade de lutar e vingar-se de todos os caras que o espancaram durante toda a história, ou provar para todos e para a namorada que é um covarde, continuar apanhando e seguir adiante (isso se não morrer em um dos ataques dos delinquentes da academia). O final é de tirar o fôlego, pois no campeonato de caratê, Daniel Larusso sofre um golpe vingativo — desaprovado pelas regras do torneio —, que o impossibilita momentaneamente de lutar, momento este que nasce o conflito: Lutar ou continuar sofrendo *bullying*, perder a namorada e continuar apanhando? Ou lutar, correndo o risco de agravar a lesão da perna e ficar com o joelho sequelado para o resto da vida? A dúvida e expectativa para este conflito, cria o suspense. Por isso ouso em dizer que o conflito e o suspense caminham de mãos dadas em uma situação imposta pela sua história e quanto maior o conflito, maior o suspense.

Por trás da tríade: conflito, situação e suspense, existem uma boa questão dramática, que está enraizada em uma preciosa premissa.

Complicações, por incrível que pareça, criam e se conectam ao personagem, fazendo com que ele se fortaleça na história, além de gerar a simpatia ou empatia com o leitor. O suspense irá criar a tensão no leitor, que é um estado de estresse.

O segredo de um bom livro está no domínio do escritor, em saber dosar os elementos acima, bem como amarrar o leitor, nas páginas de seu livro, seja através da criação perfeita de um conflito (situação de estresse), que irá criar o suspense (interesse no livro na descoberta do *grand finale*) e quem sabe, encontrar ou não o desfecho de sua história.

RESUMO

— Situação: é o desenvolvimento de sua premissa, onde irá criar possibilidades de ocorrer um grande evento, de forte impacto emocional, envolvendo uma questão dramática

— Conflito: são os desafios que vão colocar em xeque seu protagonista e a forma que ele irá optar para solucionar a questão dramática.

— Suspense: é a incerteza somada a ansiedade produzida por uma história gerado pelas ações dos protagonistas e antagonistas envoltos no arco dramático. É a expectativa de um conflito sem solução.

O CENÁRIO

◇

Nova Iorque, Paris, Londres, Tóquio...

Você pensou no local onde sua história irá acontecer?

Antes de partirmos para a criação de seu personagem, temos dois fatores importantíssimos a serem discutidos.

O primeiro é o cenário, e o segundo a linha temporal de sua história que iremos ver adiante.

O cenário é o "chão" que sustenta sua história. Sem um cenário, não temos história e ponto.

Toda história precisa de um cenário, que é o local exato onde ela irá ganhar vida e se desenvolver, dando asas na imaginação dos leitores.

Para qualquer gênero literário que você decidir escrever, um cenário é imprescindível.

Um paciente grave precisa de um hospital; um pescador de um oceano ou um rio; um agricultor, um sítio ou uma fazenda; um *serial killer,* de locais para fugir da polícia e torturar suas vítimas; um detetive, uma delegacia; dois amantes, um beijo no pôr do sol. Não importa, se seu personagem é humano ou animal, ele irá precisar de um local para que toda sua história possa acontecer.

Peças de teatro, óperas, todas necessitam de um cenário.

E se o local for todo escuro e vazio?

A própria escuridão e o vazio já determinam um cenário.

Pode não parecer, mas li diversos livros, onde vi autores se perderem na descrição do ambiente onde a cena acontece, por esse motivo decidi colocar este capítulo antes da criação do personagem, linha temporal e cena.

Certa vez, estava lendo um livro, onde dois protagonistas discutiam numa cozinha. De forma inexplicável (juro que não era um livro de magia ou sobrenatural e sim um romance), os dois personagens foram parar em lugares diferentes, sem sequer a cena ter se concluído. Algo do tipo em que estamos conversando no meio da cozinha de sua casa. Antes de encerrarmos nossa conversa, eu vou parar em Nova Iorque e você num castelo medieval no interior da França.

Ops... Como isso aconteceu?

Erro de principiante.

Uma história, quanto mais rica em detalhes — **sem exageros** — é o melhor caminho para se cativar um leitor, porém, não basta apenas imaginarmos locais paradisíacos e os descrevermos na sua história.

A meu ver, o maior erro do principiante é em inserir o cenário nos personagens. Me perdoem os aficionados; o ideal é dosarmos e criarmos a mistura certa.

Primeiro é preciso ter um cenário, para depois desenvolver seus personagens sobre ele, mas não podemos perder ou ficar descrevendo somente o cenário, pois além de tornar a leitura chata, esquecemos do personagem e sua ação no contexto da história.

Vocês devem ter percebido que coloquei em negrito a palavra sem exageros. Essa é a primeira regra. Excessos de descrições, assassina o seu livro, torna a leitura cansativa e monótona. É como se você fosse a um restaurante a peso, e fosse obrigado a comer cinco quilos de comida. É óbvio que você não irá aguentar. O leitor, o mesmo.

Já abandonei uma leitura cujo autor viajava na descrição da geometria molecular de um floco de neve. Perdoem-me. O meu tempo é precioso.

Vou colocar algumas descrições a seguir, iremos analisá-las.

(1)

Alice caminhava descalça na beira da praia, em uma noite de lua cheia.

Estava com frio.

Olhou para o recife de corais, mas os pensamentos relutavam repletos de dúvidas em se entregar ou não para Ricardo.

Se o fizesse no noivado, iria contrariar toda a tradição da família.

E se o casamento não desse certo? No mínimo se tornaria uma mulher falada e o mundo desabaria.

(2)

A Lua gorda destacava-se no horizonte oceânico.

A areia da praia, carregada pela água do mar na noite mais fria do inverno misturava-se com o recife de corais, que inesperados surgiam como um presente da mãe natureza.

O aroma oceânico era trazido pela fria brisa marítima, que fazia as ondas chocarem contra os corais, emitindo um som diferente do borbulhar.

O oceano refletia a lua gorda, como se naquele momento optassem em se tocar, enquanto no horizonte, o ponto luminoso de um navio, afastava-se lentamente, até sumir por completo.

E sobre a areia fria e pegajosa, Alice, com seu vestido branco, longo e ondulado, decorado com pérolas de bijuteria na manga — uma falsa imitação do fruto oceano —, onde segurando a sapatilha branca com um laço dourado, caminhava descalça próxima ao recife de corais, indiferente ao espetáculo que era produzido ao seu redor.

A dúvida que carregava em seu coração na véspera do noivado, era maior do que o oceano.

Entregar-se ou não a Ricardo?

(3)

Na noite mais fria do ano, a maré baixa revelava os recifes de corais iluminados pela lua cheia. O brilho do olhar de Alice havia diminuído na véspera do noivado. Estava indiferente ao aroma oceânico carregado pela brisa marítima, ou ao som do espatifar das ondas contra os corais, sensações que mais lhe agradavam; não naquela noite, cuja emoção relutava com a razão, na decisão de se entregar ou não a Ricardo.

Enquanto tentava encontrar a resposta ao dilema, caminhava arrastando o vestido branco na areia, e segurava as sapatilhas surradas nas mãos.

Os pés descalços sentiam a areia se esvair, levada pelas ondas rumo ao mar, junto com as soluções que encontrava.

Como podem observar, temos inúmeras diferenças e considerações quando comparamos um texto ao outro. Todos eles transmitem a mesma ideia, só que descritas de formas diferentes, e com certeza a mão do editor, quando recebe um original para avaliação, irá pesar sobre o escritor que melhor sabe se expressar.

No primeiro exemplo, temos mais do personagem, e pouco do cenário, o que é ruim, pois a descrição do cenário enriquece a história.

A boa descrição de um cenário permite ao leitor a visualização mental de sua história e quanto melhor a visualização, com certeza melhor a impressão que o autor irá causar em quem está lendo.

Note que no primeiro exemplo existe o foco exclusivo para os pensamentos de Alice. Só que falta algo, concorda?

Pensem que o ser humano, tem quatro sensações básicas: visão, audição, olfato e tato. Quanto mais essas sensações estiverem envolvidas na integração de seu personagem com o cenário, melhor será a imagem mental que seu leitor irá criar.

Já no exemplo dois, que o considero uma metáfora descritiva, pelo pecado do excesso da descrição do cenário e da personagem. Notem que a partir da quarta linha você já tem vontade de enfiar o dedo na garganta e vomitar, apesar de existir as descrições de sensações.

Você pode se perguntar por quais razões as sensações — típicas de seres animados — fazem parte do cenário?

Pelo fato de que é o cenário que irá oferecer ao personagem os estímulos para que ele interprete as sensações que tendem a se repetir na imaginação do leitor, de forma que ele recrie e experimente em seus pensamentos os estímulos que o escritor quer transmitir.

Imaginemos que você está lendo este livro no seu quarto. Existem estímulos contínuos ao seu redor, oferecidos pelo cenário "do seu quarto". Pode ser que você escute alguém conversar do lado de fora, buzina de veículos ou uma sirene de polícia / ambulância na rua, o chiado da TV ligada e fora do ar ou sintonizada em um canal de televisão, a intensidade de iluminação do seu quarto, a temperatura calor / frio, ou pelo ar condicionado. Um bom cenário, agrupa sensações que irão estimular diferentes órgãos dos sentidos de seu personagem e consequentemente a imaginação de seu leitor. Em suma, a velha sinestesia dos livros de português.

No exemplo 3, temos um equilíbrio de cenário, sensações, estímulos e emoções. A mesmas mensagens dos exemplos anteriores, escrita de uma forma sutil, bem dosada e de leitura agradável.

O segredo é você se colocar no ambiente em que seu personagem está inserido.

Imagine que você está numa cafeteria lotada. Vamos usar os sentidos para imaginarmos o que iremos encontrar na cafeteria:

— Visão: dimensão do ambiente, número de mesas, quantidade estimada de clientes, garçons correndo equilibrando as bandejas nas mãos, a fila do caixa, pessoas tomando café em pé, as propagandas etc.

— Audição: o som das diversas pessoas conversando, o som do canal de televisão, o barulho da máquina de café expresso, o talher que cai no chão, a batida dos copos, xícaras e pratos, etc.

— Olfato: cheiro do café, perfume de outras pessoas, cheiro de pão de queijo e de outros salgados, etc.

— Tato: calor da xícara de café, dia frio / quente; a pele da (o) namorada (o), a textura do pão de queijo, etc.

Todas as sensações, quando adicionadas ao cenário, tentem a torná-lo real é nessa realidade que seu personagem deve ser inserido. A dica é para tomar cuidado com o excesso de descrições. Lembre-se do floco de neve, que para o leitor pouco lhe interessa conhecer a geometria molecular de um floco de neve que em um movimento harmônico, cai dos céus, acumulando-se nas lâminas da folha. Basta dizer: A neve acumulava-se nas folhas das árvores...

Outro ponto importantíssimo, que não posso deixar de falar, é sobre conhecer o cenário. Não há nada mais horrível, do que você pegar um livro e ver a capital dos EUA em Nova Iorque, ou o museu do Louvre, na Itália.

Conheço autores iniciantes que se baseiam em fotos ou no *google street view* para narrar as histórias. É um gravíssimo erro, pois ainda que você olhe pela internet a rua, com certeza será diferente de você andar pela rua. Aprenda a descrever em seus livros lugares que você realmente esteve.

Certa vez, em um de meus livros, precisava descrever um cenário em Moscou. Detalhe; nunca coloquei os meus pés, na Rússia. Só que na história era imprescindível a inserção desse cenário. O que eu fiz? Procurei um escritor que esteve em Moscou e passou pelo lugar que eu precisava descrever, e pedi a ele que fizesse a descrição do local. Apenas coloquei meus personagens atuando sobre o cenário que ele me forneceu. Independente do escritor que gentilmente me forneceu informações sobre o cenário, confesso, que fiquei temeroso. Com isso aprendi a colocar em minhas histórias apenas lugares que já conheci e que meus calejados pés caminharam e de preferência lugares recentes, pois estão frescos em minha memória.

Ah, minha história ficaria ótima em Nova Iorque, mas eu nunca fui para os EUA. Então, coloque sua história em uma capital conhecida do Brasil que você conheça como a palma de sua mão, pois acredite, há críticos que tem prazer em ver se o escritor conhece o local na qual está descrevendo, ou que talvez conheçam melhor do que você.

RESUMO

— Una o cenário a seu personagem, de forma sutil, sem exageros ou metáforas descritivas. Encontre o equilíbrio entre o excesso e o insuficiente, que você não irá se arrepender.

— Lembre-se que será do cenário que irão partir as informações que serão interpretadas e imaginadas pelo seu leitor. Por isso, trabalhe com o tato, olfato, sons e imagens.

— Não se atreva a descrever lugares que você não conhece. Esse é o primeiro passo para o fracasso.

PERSONAGENS MEMORÁVEIS

◇

Protagonistas ou Antagonistas?

Não há nada mais belo na escrita do que se criar um personagem, é o momento ímpar na vida do escritor, desde que os personagens sejam memoráveis.

O maior erro dos autores iniciantes é quando optam por criar um personagem pelo nome, e no decorrer da história, o vão desenvolvendo ao tempo que inserem novos personagens, com novas descrições, e acabam se perdendo no meio da história. No fim, como diz o mineiro, o livro torna-se um "angu de caroço".

Já vi Beatriz de olhos azuis terminar com olhos verdes — sem usar lentes —, personagens com o ferimento na perna direita desaparecer e de forma mágica ir para a perna esquerda, isso sem contar a troca de nomes de personagens, que se chamava Melissa e depois transformava em Ana.

Qual é a impressão que esses erros causam ao editor?

De que o autor sequer leu o livro que escreveu, não soube construir o personagem e caso o livro tenha sido revisado, o revisor preocupou-se apenas com a gramática, além é claro, de que você não é um autor publicável e é principiante de escrita e desconhece as técnicas. A única vantagem que você trará a seu revisor é de que seu livro será um a menos, na pilha de originais que ele tem para ler, isso sem contar outros fatores que serão abordados adiante.

Aí vem a pergunta de um milhão de dólares.

Como é que eu desenvolvo meu personagem? Não é só colocar um nome na história?

É óbvio que não. A primeira regra na criação de seu personagem, é que ele seja memorável.

Ah, mas eu li em outros livros que existem regras.

Claro que existem. A vida é cheia de regras. Mas de pouco adianta você desenvolver seu personagem com todo seu perfil físico, psicológico, histórico, manias e fazê-lo surgir uma vez na sua história como garçom, para servir uma cerveja gelada para outro personagem.

Quando digo em desenvolvermos um personagem, me refiro a desenvolvermos nosso protagonista e nosso antagonista.

Então vamos por partes.

O que é um protagonista de uma história?

O protagonista é o personagem principal. Pode ser um herói ou um vilão.

Cabe ao protagonista conduzir o papel principal que ele desempenhará na sua história.

Já o antagonista é o personagem que irá se opor ao papel do seu protagonista, e fará de tudo para que o seu protagonista não consiga cumprir com seu objetivo.

Temos que tomar cuidado com as definições acima, pois nem sempre um protagonista é um Herói, o cara bonzinho de sua história que no final fica com a mocinha. Na maioria das vezes, os autores, acabam optando em criar personagens bons, seja pelo clássico Bem versus Mal, ganha bem, já impregnado em nossa memória

Posso citar exemplos de protagonistas maus, como Hannibal Lecter (*serial killer*, canibal, médico psiquiatra), um célebre personagem que nasceu da imaginação do escritor Thomas Harris, tendo sua primeira aparição na obra "O Dragão Vermelho". Hannibal é o protagonista, e é em função dele que a trama se desenvolve. Quem assume o papel de antagonista e tenta frear as ações criminosas de Hannibal é o FBI.

Outros exemplos que posso citar são duas séries famosas de terror, como Sexta-Feira 13 e A Hora do Pesadelo, onde os protagonistas Jason Voorhees e Freddy Krueger, respectivamente, são o centro da atenção, é claro, que destroçando suas vítimas e deixando um rastro imenso de sangue pelo caminho.

E o que é um personagem memorável, que foi citado anteriormente.

Memorável é aquele personagem que permanecerá guardado na memória do leitor, nas recordações. Toda vez que o leitor se deparar com uma situação que faça reportar a história em que você criou, ele irá recordar-se do seu personagem.

Bem, essa é a primeira chave para o sucesso. Não basta criar um personagem com um histórico comum. De nada adianta você criar um eletricista que irá seguir o caminho para mais um dia de trabalho em sua rotina enfadonha.

Temos um personagem comum, que nada agregará na sua história. Fuja de personagens comuns.

Porém, podemos mudar a essência da história, tornando seu eletricista em um personagem memorável.

Imagine que esse eletricista era um gênio da elétrica, e conseguiu construir uma máquina que é um portal para outra dimensão. Você consegue perceber que história ganha vida? Você acaba de criar um personagem memorável, porém, tome cuidado com os exageros. Não vá transformar seu eletricista em o deus supremo de uma nova dimensão desconhecida. Lembre-se que por trás de um livro existe um leitor.

Outro personagem memorável é Harry Potter. Quer algo mais memorável do que ser um bruxo, vivendo em mundo de "trouxas"?

Ou o Dr. Emmett Brown, da trilogia do De Volta para o Futuro. Concordo que Marty McFly é o protagonista da História, mas em minha opinião, o personagem memorável é o cientista — Dr. Emmett Brown — que conseguiu criar uma máquina do tempo e é em função dele que a linha dramática da história flui.

Nesse ponto você pode me questionar como em um livro tem dois protagonistas, como no exemplo da trilogia do De Volta para o Futuro: Marty McFly e Dr. Emmett Brown, ou no caso do livro *O Príncipe e o Mendigo*.

Na verdade, o limite para protagonistas em sua história são dois. Uma história com mais de dois protagonistas torna-se confusa. No caso acima temos um protagonista e um coprotagonista, sendo último um personagem que tem uma relação próxima com o protagonista e irá auxiliá-lo para atingir seu objetivo.

Outra pergunta que sempre recebo é sobre qual personagem devo destacar. O protagonista ou o coprotagonista? A resposta é óbvia, é claro que é o protagonista, mas há casos que alguns coprotagonistas conseguem roubar a cena.

Na maioria das vezes, o que vejo, o personagem que mais se destaca é o que mais agrada o leitor e em outros momentos é difícil até de decidir. Cito como exemplo, o filme Tango e Cash — Os vingadores

—, estrelado por Sylvester Stallone e Kurt Russell em 1989, na qual você tem dois policiais, cada um de seu jeito, um policial mais correto, veste-se bem e o outro bonachão. Qual é o melhor? O que você mais gostar, e fica até difícil de dizer quem é o protagonista, devido ao destaque do coprotagonista.

Não posso encerrar este capítulo sem falar um pouco sobre o antagonista.

Muitos escritores iniciantes não se preocupam tanto com a criação do antagonista e se esquecem que é este personagem que tem o objetivo de frear as ações dos protagonistas, por isso também tem que ser bem elaborados. Nem sempre um antagonista é necessariamente um humano, ou um personagem único.

Os antagonistas podem ser representados por fenômenos da natureza — vulcão, terremoto, tsunami, sobreviver na neve (na maioria desastres naturais); outros desastres, como um navio que afunda, um avião descontrolado, nave espacial perdida no espaço tentando encontrar o rumo de volta; espirituais, sobrenaturais, alienígenas, limitações físicas e por aí vai.

Em todos os casos, o antagonista irá fazer o possível e o impossível para frear ou destruir seu protagonista.

Se o protagonista tem direito a alguém para ajudá-lo a atingir o seu objetivo, e o antagonista?

Ele também tem seus aliados — oponentes do protagonista — que irão auxiliá-lo na árdua missão de frear o protagonista e o coprotagonista. Um clássico exemplo é o livro Nosferatu, onde Charles Manx, tem um assistente que o ajuda a capturar suas vítimas. Outro exemplo, é o livro Harry Potter, que já citamos por aqui, onde Voldemort — O antagonista —, tem seus aliados, que são exatamente os oponentes de Harry Potter.

Como podem perceber, os personagens, quando inseridos na estória, cada um tem a sua força e quanto mais memorável for seu protagonista, com certeza mais memorável será seu antagonista.

Nas linhas anteriores, o que lhes apresentei são os personagens primários de sua história.

E quem são os personagens secundários?

Os personagens secundários são representados por figurantes e coadjuvantes, de importância menor, porém recorrentes. Eles nos auxiliam a reforçar o enredo, e dar profundidade à história.

Imaginemos que a esposa de José Carlos acabou de colocá-lo para fora de casa, por desconfiar que o marido a estava traindo. O protagonista vai até uma cafeteria para tomar um *capuccino*, enfurecido com a crise de ciúmes da esposa.

Ele chega na cafeteria e o *capuccino* lhe é servido na mesa.

Conseguem perceber que não teve graça? O que está faltando no trecho acima é um personagem secundário.

Vou reescrever a mesmas linhas agregando o personagem secundário.

Imaginemos que a esposa de José Carlos acabou de colocá-lo para fora de casa, por desconfiar que o marido a estava traindo. O protagonista vai até uma cafeteria para tomar um *capuccino*, enfurecido com a crise de ciúmes da esposa.

Ao chegar é atendido pela garçonete Maria Luisa, que tem o mesmo nome da esposa. Ela olha para o cliente, com má vontade.

Mais um cliente chato, pensou a garçonete.

Atrasa o pedido, enquanto José Carlos, tentando se recompor, pensava sobre quem iria ficar com as crianças no caso da separação, até a reflexão ser interrompida pelo escaldante cappuccino que a garçonete derrama sobre ele, após tropeçar no pé da mesa. Ela estava naqueles dias e José Carlos em seu pior dia.

Vocês perceberam que a atuação da personagem secundária dá vida a estória, reforça a situação negativa que o protagonista está vivendo? Com certeza ela reaparecerá nas próximas páginas, causando impacto no conflito que vive o protagonista.

Essa personagem secundária poderia aparecer de diversas formas, tipo a loira maravilhosa que passa na rua e dá um piscada para José Carlos — reforçando seu poder de sedução —, ou um bêbado que o abraça, um carro que o atropela ou até por uma alucinação — como no caso do livro *O Iluminado*, de Stephen King, onde as alucinações de Jack Torrance são personagens secundários e participam ativamente do enredo causando forte impacto nas ações do protagonista. Os personagens secundários sempre reaparecem na história, e esse reaparecimento que os definem como personagens secundários.

Já os personagens terciários são os personagens que podem causar impactos, mas não são recorrentes. Em outras palavras, são os personagens secundários que aparecem e desaparecem da história. Um exemplo é o caçador que solta a branca de neve. Ele aparece uma só vez na história, tem o papel importante e depois some. Os personagens secundários seriam os sete anões, que sempre reaparecem.

RESUMO

— Quanto mais memorável seu personagem, melhor será sua história, desde que sem exageros.

— Um personagem memorável cria um antagonista memorável.

— Nem todos protagonistas são bons e nem todos antagonistas são maus.

— Não ultrapasse a barreira dos dois protagonistas em sua estória, ou você poderá se complicar.

— Saiba diferenciar personagens primários, secundários, terciários, aliados e oponentes.

O ARCO DO PERSONAGEM

◇

Um dos principais motivos de rejeição de originais concentra-se na má construção de personagens.

Não basta criarmos um protagonista memorável, e dar-lhe corda como se fosse um boneco e soltá-lo em sua história para com que ele chegue ao final.

Me desculpem em desagradá-lo amigo escritor, mas, na verdade, já me saturei de ler histórias ou assistir filmes assim, com protagonistas plásticos, envolvidos em conflitos, mas que mantêm a plasticidade até o final da história.

Dan Brown que me perdoe bem como sua legião de fãs espalhados pelo mundo, mas já li todas as obras do autor, considerado um dos maiores *best-sellers*, porém o protagonista Robert Langdon, permanece o mesmo Langdon com toda sua plasticidade em todos os livros. A trama é perfeita, o memorável da história é incrível e com certeza, duvido que qualquer escritor seja capaz de criar algo tão memorável como Dan Brown o fez com maestria, mas ele pecou seriamente na construção de Robert Langdon, em especial no arco do personagem.

Mas o que é o Arco do Personagem?

Fiz questão de colocar o arco do personagem, antes mesmo das dicas de como construir seu personagem, pela razão na qual o arco do personagem, não se trata da ação do personagem na história, mas o contrário. O que a história faz com seu personagem, a transformação que seu personagem sofre no decorrer da história até a resolução final da trama.

Considero como uma obra-prima o que irei citar como exemplo, é a trilogia *O Senhor dos Anéis*, escrita pelo britânico J.R.R. Tolkien.

Uso como exemplo o protagonista Frodo Bolseiro, o Hobbit do condado que recebe um anel doado pelo tio e tem a missão de destruí-lo, caso contrário o dono do Anel — Sauron —, poderia dominar toda a terra média caso se apoderasse do "precioso".

Frodo inicia uma jornada, seguindo todas as etapas fielmente descritas por Joseph Campbell em seu livro *O Herói de Mil Faces*, na qual o historiador pesquisou a essência da maioria dos mitos, fábulas, contos e lendas ao redor do mundo e encontrou um fator comum em todas as histórias — desde as mais remotas as mais atuais — e estabeleceu uma estrutura de eventos na qual todo o herói passa por doze etapas — o que não é uma regra, pois irá depender da história que está se tratando, bem como o herói nem sempre é um ser humano, podendo ser um animal, uma referência mitológica —, de evolução. Vamos conhecer essas etapas, segundo a descrição de Joseph Campbell em sua preciosa obra *O Herói de Mil Faces*, também citado nas obras de Voger e no livro *O Sucesso de Escrever*, de Albert Paul Dahoui.

1. — **Mundo Comum**: o mundo pacato, rotineiro chegando a ser enfadonho, onde seu herói vive o dia a dia em sua pura inocência.

2. — **Chamado a aventura**: eis que o mundo comum sofre uma virada, onde a rotina de seu herói é interrompida com a chegada de uma missão inesperada, diferente de tudo que o protagonista pode imaginar, insegura e incerta — neste momento surge como a ponta de um iceberg o memorável. Um exemplo é a obra de J.K Rowling, Harry Potter, um jovem que, sofrendo humilhações dos tios, vivendo entre os trouxas (mundo comum), descobre que é filho de bruxos e junto com a descoberta vem a oportunidade de estudar magia na mesma escola em que os pais estudaram e o desafio de superar o bruxo das trevas, Lord Voldemort (o assassino dos pais), que pretende se tornar imortal e conquistar literalmente o mundo.

3. — **Recusa ao chamado**: o herói, em sua inocência afasta-se temendo pelo envolvimento e suas consequências, continuando em sua vida simples e rotineira. A recusa pode ser consequência da ação do antagonista de sua história ou do oponente, que irá subjugá-lo. Usando o exemplo de Harry Potter, temos a ação dos tios de Harry, que não aceitam, escondendo as cartas que é o chamado para a aventura.

4. — **O encontro com o Mentor**: é o momento em que seu herói se depara com alguém mais experiente ou conflito que exija uma rápida tomada de decisão — exceto nos *flashbacks*. Posso exemplificar usando o livro *O Senhor dos Anéis*, quando Gandalf surge para Frodo e o coloca na Missão, ou se preferir, Rúbeo Hagrid, em *Harry Potter*.

5. — **Travessia do Umbral ou do Primeiro Limiar:** É chegado o momento da descoberta do novo mundo. Seu personagem é lançado em direção a aventura e querendo ou não, ele é obrigado a seguir a jornada, em um caminho sem volta, exceto nos *flashbacks*.

Um exemplo é o livro *O Conde de Monte Cristo*, escrito por Alexandre Dumas, onde o protagonista Edmond Dantès, que é inocentemente preso no dia da festa de seu noivado e é colocado em uma prisão (uma ilha), onde fugir é praticamente impossível. Notem que na travessia do umbral, seu protagonista não tem como voltar e, em alguns casos, seu herói depara-se com o guardião do limiar.

6. — **Testes, provações, aliados e inimigos:** é chegada a hora de seu protagonista se deparar com o horizonte do conflito que o aguarda. É comum, que dependendo do desafio que o colocará à prova, ele sozinho não dá conta do recado. Então, além dos testes que seu herói irá passar antes de chegar no âmago do conflito, ele irá precisar de aliados, que será o pilar que o sustentará para enfrentar os inimigos que estão a caminho.

Os aliados como os inimigos aparecem nesse ponto da história para que seu protagonista se prepare para enfrentar os grandes desafios e desenvolva as próprias estratégias, preparando-se para o conflito final. Exemplo, filme "De Volta para o Futuro", onde Marty McFly (preso no passado), necessita encontrar o Doutor Emmett Brown, para consertar o DeLorean — máquina do tempo -, na qual o cientista ainda irá criá-la. Isso irá levar tempo e Marty ficará aprisionado por um período no passado, onde irá enfrentar os inimigos que afligiam o próprio pai (na época em que era jovem). Tantos problemas e provações podem fazê-lo perder a única chance de voltar para o futuro.

7. — **Aproximação da caverna oculta/objetivo:** é o momento em que o herói atinge o limite máximo da exaustão. Desistir parece se tornar uma ótima ideia ao meio às imensas provações e golpes sofridos pelo seu herói. A tensão é máxima e o futuro incerto. O protagonista tem que se mostrar detentor de uma força incomum, superar os obstáculos e provar seu valor de que é digno a enfrentar o grande desafio.

Gosto de usar o exemplo do filme o "Exterminador do Futuro I", onde em um futuro apocalíptico provocado por um supercomputador de inteligência artificial — *skynet*, que tenta exterminar os humanos do planeta — tem uma pedra no sapato. Um grupo de humanos que se rebelaram contra as máquinas e conhece o ponto fraco das máquinas. Essa inteligência envia para o passado um androide — exterminador — para matar a futura mãe do líder da rebelião — John Connor. Para proteger a mãe, John Connor, aproveitando uma oportunidade envia um de seus tenentes — Kyle Reese — para proteger a futura mãe de John.

Já no passado, Kyle descobre quem é o exterminador e tenta escapar de uma perseguição implacável de máquina de inteligência artificial programada para matar. Ferido, protegendo uma mulher totalmente despreparada, ele atinge o limite máximo do conflito, onde desistir torna-se uma das melhores opções, exceto pelo fato de estar apaixonado por Sarah Connor. É o estímulo que ele precisa para encontrar uma força incomum, e prepará-lo para enfrentar seu grande desafio.

8. — **Provação Suprema/Máxima:** é o ponto extremo da crise, o ponto máximo e auge do conflito que pode resultar na morte de seu herói.

É o momento em que Daniel San, após vencer consecutivas lutas e faltando apenas a luta final para ganhar o torneio — que na verdade não é só um troféu que está em jogo, mas a dignidade, respeito, e até a própria vida do herói — sofre um golpe sujo do adversário e tem uma lesão no joelho. Mas decide continuar. Falta apenas uma luta, e com o joelho ferido, ele volta ao tatame, desta vez para enfrentar o lutador mais experiente.

É o ponto de tensão máxima de sua história, onde seu protagonista está na pior situação possível (cercado por bandidos e sem armas — clássicas situações vivenciadas por MacGyver (uma série exibida entre os anos de 1985 1992. Em alguns casos, como no filme Matrix, o herói chega a morrer, e depois ressurge invencível.

9. — **Recompensa:** o herói atinge seu objetivo, conquista o elixir ou o grande prêmio. É hora que o cavaleiro mata o dragão e ganha o beijo da frágil princesa carregando-a nos braços. É quando Neo — no filme Matrix — vence o agente Smith. A recompensa surge quando o herói coloca as mãos no tesouro, após vencer a provação máxima. No caso do cavaleiro, a princesa. No caso de Frodo, a destruição do anel. Vale lembrar que nem sempre o prêmio é físico ou um objeto como o Santo Graal. No filme Independence Day, o grande prêmio é o momento em que os heróis destroem a nave mãe, salvando o planeta. É o clímax de sua história.

10. — **Caminho de volta:** apesar de seu herói ter vencido os vilões e conseguido a recompensa, ele ainda está com os pés no território inimigo. Existe o risco das forças antagonistas se unirem e prepararem um último confronto, dificultando o caminho de volta para o mundo comum.

Há alguns escritores de literatura técnica que simplesmente pulam essa etapa, ou passam por ela de forma rápida — quase uma citação.

Particularmente, eu a considero uma etapa importante da jornada do herói, pois nesse momento da jornada, quando seu herói destruiu o vilão, no caminho de volta, enfraquecido, recebe um último ataque do aliado. É óbvio que ele irá vencer, mas o interessante é que esse ataque surge de forma inesperada, e irá surpreender seu leitor. Um exemplo é o filme Kingsman: o círculo dourado, onde após os agentes derrotarem a vilã, surge um último confronto com um dos aliados da antagonista. Sou fã do suspense, e nada melhor do que um último suspense antes de saborearmos o final da história.

11. — **Ressurreição / Depuração:** Chegamos ao ponto chave da história. Nesse momento, você leitor irá compreender a razão pela qual eu odeio personagens plásticos. É simples, pense em um herói que passou por toda essa jornada. Com certeza, o psíquico de seu personagem jamais será o mesmo. Asseguro-lhes que seu protagonista é outro, moldado pelo sofrimento e provações/desafios que você criou para ele ao longo dessa jornada.

Neste ponto, você pode surpreender seu protagonista finalizando uma trama secundária com um último ataque, organizado pelas forças antagonistas durante o caminho de volta. O ponto chave é a "Ressurreição" de seu personagem, no momento que irá testar se todo o conhecimento que seu herói adquiriu durante a jornada irá servir para este último confronto. É quando seu protagonista se encontra com si mesmo, e torna-se moldado para quaisquer desafios. Alguns escritores chegam a fazer o leitor acreditar que o protagonista está morto neste ponto da trama, como é o caso de Neo, no filme Matrix, que ressurge como "outra pessoa", capaz de enfrentar qualquer desafio, em especial seu principal antagonista, agente Smith. Cuidado para não confundir com a recompensa, pois na recompensa o prêmio e a descoberta de Neo de que ele é o escolhido. Diferente neste ponto na qual tratamos da ressurreição, onde Neo ressurge como outro protagonista, moldado através do sofrimento, depurado.

12. — Retorno com o Elixir/Herói Depurado: é quando o herói retorna para o mundo comum. O elixir é forma representativa de um tesouro, de um conhecimento ou livro de bruxaria/magia. Gosto de citar como exemplo o livro: *O Senhor dos Anéis*, e genialidade de Tolkien de quando Frodo retorna para o Condado dos Hobbits, a transformação que o herói passou foi intensa, que o condado se tornou um lugar pequeno e então partem para as Terras Imortais, junto com Gandalf e seu tio Bilbo (que por sinal é o herói de outra trilogia *O Hobbit*).

Onde eu vejo a genialidade de Tolkien?

A resposta é simples, pois no livro *O Hobbit* a linha temporal da saga vem antes da do livro *O Senhor dos Anéis*. Quando acaba a jornada de Bilbo, irá se iniciar a de Frodo (parente de Bilbo), criando um protagonista de uma nova Jornada, no caso da Trilogia do livro *O Senhor dos Anéis*. Ao final, tanto Frodo como Bilbo são levados para as Terras Imortais e lá irão passar o resto da vida, com a companhia dos Elfos.

Bilbo retorna com tesouros (elixir) — anel, espada —, além é claro do conhecimento.

Adoro comparar Frodo no início da Jornada com o Frodo do final da jornada. O primeiro Frodo é inocente, despreparado, um perfeito idiota. Já o Frodo depurado é um herói de imensa magnitude que tem que partir; legando a San, seu escudeiro de jornada, prosseguir no condado. Notem que o coadjuvante San também teve sua evolução na história, sendo seu elixir, o conhecimento.

Como podem perceber, na construção do arco de seu herói, existem graus de evolução. E é essa evolução que irá ganhar tanto a simpatia e empatia de seu leitor.

Nas doze etapas da jornada de seu herói, existem três subdivisões, que são fundamentais na técnica de escrita de roteiro. É simples.

As doze etapas que citamos foram divididas em 3 atos, que na verdade é uma subdivisão do início, meio e fim da sua história.

Primeiro ato, também chamado de apresentação: mundo comum, chamado à aventura, recusa ao chamado, encontro com o mentor, travessia do primeiro limiar.

Segundo ato, ou zona de conflito: testes, aliados e inimigos, aproximação da caverna oculta, provação suprema, recompensa.

Terceiro ato — resolução: caminho de volta, ressurreição, retorno com o elixir.

Estes atos, na escrita de roteiro, são chamados de esboço ou "*outline*", e será deste esboço que irá nascer sua história.

> **RESUMO**
>
> — O arco do personagem é uma jornada de doze atos.
>
> — O Herói do início de sua história irá passar por diversas provações e quando chegar ao final, estará depurado.
>
> — Os doze atos da jornada do herói se dividem em 3 atos, que se referem ao início, meio e fim de sua história.

CRIANDO O PERSONAGEM. VAMOS BRINCAR DE DEUS?

◇

Um personagem bem construído é a chave do sucesso de uma boa história.

O grande segredo da criação é que seu personagem além de memorável seja acreditável — foi a melhor tradução que encontrei do inglês —, ou seja, que seu leitor imagine seu personagem como se ele fosse real, que seu personagem invada a mente de seu leitor.

Sabemos que muitos escritores dedicam grande parte do tempo na construção dos personagens de sua história, lembrando que o psicológico de seu personagem irá se modificar ao longo da trama ou nos momentos em que ele enfrenta suas provações e desafios, na procura do elixir.

Bem, vamos dar o primeiro passo na criação de seus personagens, apresentando-lhes a palavra arquétipo, que são padrões que seus personagens exercem em sua história, padrões esses que irão repercutir no físico e intelecto do seu protagonista.

Estes padrões são os mais variados possíveis, irá depender do papel que você quer que seus personagens desempenhem no decorrer de seu livro. Vou lhe apresentar uma lista resumida de arquétipos, que já abordamos no capítulo dos personagens memoráveis

— **Herói** — geralmente o herói de sua história é o protagonista. Nem sempre ele é forte como o super-homem, mas estas habilidades são adquiridas no decorrer da história. Um grande defeito que percebo em muitos livros é que os heróis são excessivamente perfeitos. Está acima do príncipe encantado da bela adormecida. Lembre-se que mesmo um herói tem fobias, tiques e suas manias e defeitos.

Quando falamos de uma mulher, ela também apresenta suas fraquezas. Nenhuma mulher irá lutar desarmada com um crocodilo em uma lagoa. Se isso acontecer é obvio que ela irá morrer. Estou certo?

Errado. Irá depender do contexto de sua história. Eu sempre peço para que o escritor se coloque na posição do leitor. Imaginemos o mesmo exemplo anterior.

Se no contexto da história estivermos falando de uma mulher com poderes paranormais, ou quem sabe é uma personagem mítica — filha da mãe d'água — com poderes supremos, é obvio que ela irá vencer a luta. O grande problema é que a maioria dos escritores, dão tanto poder ao personagem que destroem a credibilidade da história. Esse é o principal erro na criação de seu herói. Pecar pelo excesso.

Certa vez estava lendo um livro, uma trama bem elaborada na qual alguns estudantes — de primeiro ano do ensino superior —, eram perseguidos por seres de outra dimensão e com tecnologia evoluída. Até aí tudo bem. Achei fantástico o processo de criação. A história seguiu com sua trama, até o momento em que após saírem da faculdade, num momento de perseguição alucinante de vida ou morte, em um carro, um dos protagonistas pede uma "granada" à namorada. Resposta:

— Eu tenho uma em minha bolsa.

Ela entrega a granada ao namorado e ele explode um dos veículos dos seres de outra dimensão.

Congela tudo. Vamos partir da lógica simples e pura, mesmo quando falamos de uma história de ficção, fantasia e sobrenatural.

O que esperamos encontrar em uma bolsa de uma estudante universitária?

Caneta, batons, um espelho, rímel, cartão de crédito, alguns reais e um absorvente se ela estiver "naqueles dias", e até preservativos. Mas uma granada é meio complicado, não acham? Mesmo que ela fosse uma agente secreta, duvido que ela fosse carregar uma granada em uma bolsa, além é claro da habilidade em saber usar.

Outro exemplo seria num confronto final, onde seu herói perde uma cabeça e nasce outra no lugar, sendo ele "humano", e por aí podemos imaginar diversos exemplos bizarros que destroem a veracidade de seu personagem. Posso citar aqui um amargo exemplo, onde na série *Crepúsculo* (me perdoem os admiradores da Stephanie Meyer), onde ela coloca um vampiro que brilha na luz do sol. Isso é difícil de digerir, ainda mais considerando que as histórias de vampiros derivam de mitologia, e em todas elas, os vampiros temem o sol, estacas no coração, alho e crucifixo, são sedutores, noturnos e alimentam-se de sangue. Acredito que a autora tenha tentado quebrar o velho paradigma dos vampiros temerem o sol, uma tendência que seguiu a série Blade, o caçador de vampiros, onde o protagonista meio humano e meio vampiro podia andar durante o dia. Perdoem-me, mas brilhar ao sol como cristais de diamantes é demais! Porém, agradou diversos adolescentes e foi um *best-seller*. Mas aconselho que não arrisquem.

Então, cuidado. Temos que construir personagens acreditáveis. Não dê habilidades em excesso para seu herói que estejam além da realidade, mesmo em uma história de fantasia.

— **Antagonista:** é um erro sério dizer que seu antagonista é mal. Como já foi dito, o antagonista é o personagem que irá se opor a seu protagonista e fazer de tudo para que o protagonista não atinja seu objetivo. Às vezes o antagonista pode ser representado por fenômenos da natureza.

— **Aliados:** são os personagens que irão apoiar seu protagonista, para que ele consiga atingir seu objetivo.

— **Oponentes:** resumidamente são os aliados dos antagonistas.

— **Mentor:** algumas vezes são representados por pessoas mais idosas, que farão parte da jornada de seu herói e auxiliá-lo no processo de amadurecimento, bem como prepará-lo para o grande desafio. Exemplo clássico: Obi-Wan Kenobi, mentor de Luke Skywalker — da saga Star Wars.

— **Trapaceiro:** geralmente não tem lado certo na trama. Vão para o que lhes rendem mais e pensam em benefício próprio. Exemplo: Mercenários, que vão ao lado dos que pagam melhor.

— **Idiotas ou estúpidos**: são os personagens inseridos na história para torná-la cômica — quando o personagem cômico é o protagonista — ou para atrasar/atrapalhar os planos de seu protagonista. Gosto de citar como exemplo a clássica série do Chaves, onde a maioria dos personagens (incluindo o protagonista) atrapalha um ao outro, criando uma hilária confusão. Nos filmes de terror, estes personagens são usados nos coprotagonistas para criar o suspense. Eles irão fazer algo idiota, que nenhuma pessoa em sã consciência faria, como ir namorar em um hospício mal-assombrado.

— **Sedutores:** são os personagens que exploram o lado sedutor. Carregam uma personalidade narcisista, como é o caso de Don Juan, ou o próprio agente secreto James Bond, dos filmes 007.

Há diversas formas de criar seu personagem, que vão desde **brutamontes, fracotes, mutantes** (sem arquétipo definido, como as bruxas nos filmes de fantasias, que assumem variadas formas), etc.

Outra chave na criação de um bom personagem, lembrar que qualquer pessoa tem uma personalidade. Não podemos nos prender apenas ao lado físico. Um arquétipo (como os citados acima), sem uma personalidade, não é um personagem, continua sendo apenas um arquétipo.

Exemplos de traços de personalidade:

— *Pacificador*: são personagens estáveis em sua história, de boa índole, apoiadores, fáceis de lidar. Tem como objetivo principal, manter a paz e intermediar/atenuar conflitos.

— *Reformador*: realista, com princípios éticos bem definidos, em especial certo do errado; bem e mal. Chegam a ser considerados sábios. Procuram apoiar, sem deixar de lado o medo de falhar. Geralmente organizados, perfeccionistas, críticos, impacientes e não sabem lidar bem com a ira reprimida.

— *Triunfador*: buscam a vitória, o sucesso e o êxito. São encantadores, ambiciosos, obstinados com o trabalho, competentes e sabem o que desejam para si mesmos. O objetivo principal é o sucesso pessoal. Vaidosos e não lidam bem com a competitividade.

— *Individualistas*: introspectivo, tem consciência de si mesmo. Temperamentais e podendo chegar ao egocentrismo. O problema é que a maioria sente pena de si mesmo.

— *Investigativa*: intensos, racionais e pensantes. Estão atentos a tudo, tem um senso de curiosidade aguçada. Conseguem manter a concentração plena em um problema, podendo solucionar tramas complexas com simplicidade e maestria. Gostam da solidão, excêntricos.

— *Leal*: são fiéis, comprometidos, responsáveis, ansiosos, indecisos, atuam com cautela e reclamam em demasia. Questionam tudo e suspeitam de todos.

— *Entusiasmado*: atuam com agilidade, pensamento positivo, brincalhões, sempre em busca de novos desafios, indisciplinados e dispersos. São personagens vazios e impulsivos.

— *Desafiador*: fortes, decididos, imperiosos, dominadores e intimidador. São personagens que usam a força para alcançar seus objetivos, chegando a ser heroicos e notáveis. Problemas? Relacionamento.

Interessante é que dentro da psicologia existe uma divisão destas personalidades, e se você quiser encontrar o personagem que falta para sua história ou até mesmo a sua personalidade, basta fazer o teste de Myers Briggs, também conhecido como MBTI, que define classifica as personalidades da seguinte forma:

Analistas

- Arquitetos: pensadores criativos e estratégicos, com um plano para tudo.
- Lógicos: criadores inovadores com uma sede insaciável por conhecimento.
- Comandantes: líderes ousados, criativos e energéticos, que resolvem qualquer problema.
- Inovadores: pensadores espertos e curiosos que não resistem um desafio intelectual.

Diplomatas

- Advogado: idealistas quietos e místicos, porém muito inspiradores e incansáveis.
- Mediador: pessoas poéticas, bondosas e altruístas, sempre prontas para ajudar uma boa causa.
- Protagonistas: líderes inspiradores e carismáticos, que conseguem hipnotizar sua audiência.
- Ativistas: espíritos livres, criativos, sociáveis e entusiásticos, que encontram sempre uma razão para sorrir.

Sentinelas

- Logístico: indivíduos práticos e extremamente confiáveis.
- Defensor: protetores dedicados e acolhedores, estão sempre prontos para defender seus amados.
- Executivo: administradores excelentes, inigualáveis em gerir coisas — ou pessoas.
- Cônsul: pessoas extraordinariamente atenciosas, sociais e populares, sempre prontas para ajudar.

Exploradores

- Virtuoso: experimentadores práticos e ousados, mestres em todos os tipos de ferramentas.
- Aventureiro: artistas flexíveis e charmosos, sempre prontos para explorar e experimentar algo novo.

- Empreendedor: pessoas inteligentes, enérgicas e perceptivas, que realmente gostam de arriscar.
- Animador: animadores entusiasmados, enérgicos e espontâneos — a vida nunca fica aborrecida perto deles.

Bem, a esta altura vocês já devem estar fazendo alguma confusão e se questionando o porquê de tanta informação. Vocês vão perceber que é mais simples do que parece. Duvidam?

Escolham um arquétipo (um daqueles nomes logo acima em negrito).

Escolhi: **Brutamontes**.

Agora escolha um traço de personalidade. Vejamos... *Desafiador*.

Pronto, você já tem um personagem. Um *brutamontes desafiador*.

Provavelmente o personagem que criamos é forte, grande, corpulento — de fazer inveja a qualquer fisiculturista —, resolve tudo na pancadaria, domina os mais fracos e quando define um objetivo é quase impossível segurá-lo. Pode ser um homem ou mulher, mas com certeza será solteiro ou divorciado — lembram-se que é difícil de relacionar com este tipo de personagem? —, e com certeza se pensarmos em uma história épica — algo semelhante a *O Senhor dos Anéis* —, o seu personagem estará na frente da linha de batalha — o lugar predileto —, onde poderá atropelar seus inimigos sem o menor remorso ou piedade.

E você pode brincar. Por exemplo, vou criar um Brutamonte associando um traço do Teste Myers Briggs, no caso, logístico. Notem a mudança. Você terá o mesmo personagem corpulento, forte (que desconhece a própria força), grande, só que ao invés de resolver tudo na pancadaria, irá analisar todas as situações e conflitos que se apresentarem diante dele, para então fazer a escolha mais sensata. A força será usada como último recurso.

Perceberam a variedade de brutamontes que podemos criar? Vai desde o brutamonte advogado ao brutamonte animador.

Lembrem-se de que na construção da personalidade, temos dois tipos básicos de personalidade: Positiva e Negativa.

Positiva: generoso, otimista, paciente, consciente, confidente, ambicioso, dinâmico, engraçado, encorajador, inventivo, analítico, entusiasta, observador, adaptável, esperançoso, cuidadoso, carinhoso, leal, responsável, devotado, persistente...

Negativa: preguiçoso, egoísta, ciumento, sem imaginação, obsessivo, compulsivo, pretensioso, melodramático, manipulador, superficial, vingativo, frio (sem emoção), arrogante, impaciente, inflexível, destrutivo, etc.

Já dominando o arquétipo e a personalidade de seu personagem, ainda falta algo, concordam?

Bem, existem algumas regras que irão complementar as informações acima.

Quando criamos um personagem, o autor deverá responder sim as as características a seguir antes de inseri-lo na história.

— Seu personagem requer uma função dramática em sua história?

— É memorável?

— É acreditável?

— É um personagem tridimensional?

Quanto ao papel dramático, memorável e acreditável, isso já foi abordado.

Mas o que é um personagem tridimensional?

Um personagem tridimensional é uma teoria adotada por diversos escritores, para dar consistência e profundidade ao seu herói — automaticamente isso torna seu protagonista acreditável e envolve a tríade: Fator Físico, Social e psicológico.

O <u>Fator físico</u> é nada mais do que a descrição de seu personagem, ou seja, as informações básicas de uma pessoa, como idade, peso, altura, cor dos cabelos (lisos, cacheados, longos), cor dos olhos, constituição física, cor da pele, deformidades, cicatrizes, manchas de nascença, tatuagens, etc.

Já na construção dos <u>Fatores sociais</u>, basta imaginarmos o local onde o personagem nasceu — origem —, nível social, nível cultural que seu personagem foi criado, a relação com os pais, irmãos, demais parentes (que seja relevante), o grau de instrução e consequente nível intelectual e cultural de seu herói, as profissões que ele exerceu, o que ele fazia nos momentos de lazer, é claro, ele era ateu ou acreditava em algo (Deus/ Demônios).

Quando mencionamos os <u>Fatores Psicológicos</u>, temos que lembrar que seu herói tem sonhos, pontos fracos ou fobias (tendões de Aquiles), fantasias sexuais, um amor não correspondido que esconde da atual esposa(o), chora ao ver uma criança passando fome ou tem o estopim curto quando é provocado ou quem sabe tem um intelecto acima da média com uma percepção incrível como Sherlock Holmes.

A essa altura, vocês já devem estar querendo arrancar os cabelos. Concordo que são informações em excesso, mas criar um personagem não é um bicho de sete cabeças.

Lembra-se do nosso brutamonte que associamos um traço logístico do Teste Myers Briggs? O personagem corpulento, forte, grande, que às vezes desconhece a própria força, só que ao invés de resolver tudo na pancadaria, irá analisar todas as situações e conflitos que se apresentarem diante dele, para então fazer a escolha mais sensata?

Vamos brincar um pouquinho mais, dando a ele um traço de personalidade positiva, e inserindo-o com credibilidade, tornando-o memorável, com uma importante função dramática e tridimensionalidade.

Seu Brutamontes lógico *é acusado injustamente de assassinar a ex-mulher e é condenado a ser fritado na cadeira elétrica. Enquanto está na prisão, descobre que a esposa está viva (assumiu nova identidade) e é a atual amante do diretor do presídio. Ele precisa fugir para provar a inocência e revelar ao mundo que foi vítima de um sistema penal, onde a pena de morte é falha* (MEMORÁVEL). **O brutamontes** *pesa 120 quilos, tem 32 anos, 1,70m, olhos castanhos, pele branca, tem uma tatuagem de uma caveira no braço direito e uma cicatriz pouco abaixo do olho direito* (FÍSICO).

Ele foi criado pelo pai alcoólatra, cuja mãe abandonou-o no mundo. O pai era lutador de boxe, e ensinou o filho desde pequeno a lutar contra os desafios que a vida poderia lhe impor. Adorava estudar e ler, em especial, cultivou amor pelas ciências exatas. Nas horas livres, era forçado pelo pai a treinar boxe e malhar, o que se transformou em um hábito. O pai era filho adotivo, os avós já falecidos. Os avós maternos também faleceram. **Nosso brutamontes lógico** *tem um irmão com deficiência mental, internado em uma instituição de caridade, onde com frequência o pouco de dinheiro que consegue arrumar ele doa ao irmão. Teve que abandonar a faculdade de mecatrônica, seis meses antes de formar devido ao falecimento do pai, que morreu de complicações de cirrose hepática.* (SOCIAL).

Na juventude, durante as visitas que fazia ao irmão, apaixonou-se por uma mulher, porém quando descobriu que ela era garota de programa se envolveu em uma briga com a prostituta e levou uma facada no rosto. Isso resultou em sua primeira passagem pela polícia. Aliado ao fato de ter sido abandonado pela mãe, ele passou a procurar uma mulher que lhe desse amor e carinho — uma recatada dona de casa, que seria a mãe de seus filhos. Cultivava rancor contra a bebida devido a perda do pai por abuso do álcool. O primeiro amor verdadeiro só aconteceu anos depois, quando conheceu a atual esposa, ao vencer uma luta de MMA (precisava arrecadar fundos para tentar custear o último semestre da faculdade), mas uma doença do irmão o impossibilitou e o dinheiro acabou indo para o tratamento do irmão. Nunca gostou de lutar, mas cultivava os hábitos que foram passados pelo pai: "No mundo só os fortes vencem". Gostava de resolver os problemas com a razão, a força sempre era utilizada como último recurso. O maior sonho era ter um filho e dar à criança um pai e uma mãe de verdade. O maior ponto fraco é o irmão (PSICOLÓGICO).

*Em meio a uma rede de intrigas, **nosso Brutamontes** precisa fugir da prisão e provar sua inocência (FUNÇÃO DRAMÁTICA), mas sabe que não será fácil, pois a esposa está manipulando o diretor do presídio para que faça de tudo para matá-lo. Sua única saída é uma fuga alucinante, onde utilizará de seus conhecimentos em tecnologia (tem acesso a uma oficina e eletrônica e carpintaria), para tentar escapar e se articular para provar a própria inocência.*

Como vocês puderam perceber, nosso personagem **Brutamontes Lógico** começou a criar uma profundidade para o leitor. Não estamos falando de um brutamontes, mas de um personagem que apresenta um arquétipo, uma personalidade, tridimensionalidade, uma função dramática e é claro, tem algo memorável a ser feito.

Mas, me perdoem, ainda falta algo, não acham?

Falta darmos um nome ao nosso personagem. Para isso, também existem técnicas. Não basta chamá-lo de João e acreditar que tudo está resolvido.

RESUMO

— Seu personagem necessita de uma função dramática na história.
— Crie personagens memoráveis e que sejam capazes de transmitir credibilidade.
— Lembre-se da tridimensionalidade do personagem.

CRIANDO UM NOME PARA SEU PERSONAGEM

◇

A Primeira dica para se criar um nome para seu personagem pode até parecer óbvio, mas o nome de seu herói deve soar bem diferente dos outros personagens. Evitamos colocar nomes iguais ou parecidos para não confundir seu leitor. Imagine uma história com João Antonio seu protagonista e o inimigo dele chama-se Antonio João. João Antonio com seu aliado, Carlos João e seu rival João Antonio Euclides. Perceberam que fica complicado para assimilarmos quem é quem na história? Pode parecer bobagem, mas este é um fato que ocorre com frequência nas mãos de autores iniciantes. Algumas exceções podem ser agregadas, desde que o personagem com o nome semelhante não tenha um papel principal, por exemplo. O protagonista está à procura de seu filho que foi sequestrado pela mãe, uma dependente química e com fortes distúrbios psiquiatras. O filho do casal tem o mesmo nome do pai, por exemplo: Antonio Carlos Júnior. No decorrer da história, você pode chamar o filho do protagonista de Junior, e qualquer leitor irá saber de quem você está falando, sem criar confusão. Lembre-se de que a chance de que estes personagens tenham o mesmo arquétipo, personalidade, tridimensionalidade é próxima de zero.

A segunda dica é para que seu personagem mantenha o mesmo nome do início ao fim da história. Não adianta você criar o personagem Eduardo Luiz, e você ir mudando o nome através da fala do narrador. Inicia como Eduardo Luiz, depois você o chama de Dudu, Edu, Du, Luiz, Lu, na mesma história. Claro que para toda regra tem uma exceção. Estamos falando no narrador não mudar o nome de seu protagonista, mas nada impede da namorada Leticia (outra personagem de sua trama), chamá-lo de Edu, ou outro apelido carinhoso.

A terceira dica na criação de nomes é que você conheça a etnia de seu personagem. Por exemplo, se sua história acontece em Nova Iorque, dificilmente um personagem nativo irá se chamar Sebastião da Silva. O esperado no mínimo seria Sebastian. Acreditem, muitas pessoas cometem esse tipo de deslize, pois os nomes dos personagens "nativos" são influenciados pelo cenário. Se estamos na França, René Pierre será um nome aceitável, se for Itália, Luigi Ferrucio. No Brasil, devido à influência americana, temos mania de americanizar nossos personagens (confesso que já cometi esse erro), mas a dica é conhecer o cenário de sua trama. Porém, nada impede de sua trama acontecer no Brasil e um assassino americano, ser contratado. Nesse caso, seu assassino tem que ter um nome americanizado. Lembre-se também do sobrenome, que pode ter outras origens. Por exemplo, o filho de um americano com uma italiana pode se chamar de Luigi Smith. Sempre recomendo a pesquisar na internet em sites especializados para dar nomes a bebês. Basta pesquisar na internet: nomes masculinos italianos, e você irá encontrar diversos nomes para seu repertório.

A quarta dica na escolha está relacionado ao significado dos nomes. Pode até parecer bobagem, mas quantas vezes você já procurou conhecer o significado de seu nome? E por que não de seus personagens? Pense o tanto que seria estranho, você criar um dragão com o nome de Gabriel.

Sabemos que o significado de Gabriel é o nome de um anjo mensageiro. Mas que tal colocarmos o nome de seu dragão de Darthon? Onde encontrei esse nome? Como lhes disse na internet existem sites onde você poderá encontrar geradores de nomes fantasias — para os aficionados de R.P.G —, seja para duendes, anões, elfos, dragões, anjos, etc.

A quinta dica é criar o nome de seu personagem usando seu arquétipo e personalidade. Um exemplo clássico é o Brutus do desenho do marinheiro Popeye, onde só pelo nome, praticamente temos o arquétipo, físico e psicológico do personagem.

A dica final consiste no uso da tecnologia. Hoje é fácil de se encontrar softwares que auxiliam o trabalho do escritor e a maioria vem com um gerador de nomes para auxiliar. Lembre-se que não basta só criar um nome, temos que ver se ele se adequa ao arquétipo, à personalidade e à tridimensionalidade.

Um último conselho é para não usar o nome de famosos ou pessoas vivas sem o consentimento documentado — exceto que você esteja escrevendo uma biografia —, pois colocarmos nomes reais de pessoas em personagens de nosso livro sem a autorização é sinal de problemas a curto prazo, além de um processo judicial, que poderá trazer uma enorme dor de cabeça. Isso explica a maioria dos livros de ficção virem com advertência de que quaisquer semelhanças dos personagens, com pessoas vivas ou mortas, não passam de mera coincidência.

É lógico que não vamos usar todas as técnicas acima para desenvolver um garçom que irá ser citado na página 237 de seu livro, que irá servir um café a seu protagonista.

Antes de concluirmos o capítulo, temos uma última pergunta a ser acrescentada: o seu protagonista é masculino ou feminino? Existem diferenças? É claro que existem. Toda personalidade sofre o efeito da sexualidade — indiferente se homossexual, transexual ou heterossexual —, existe um comportamento que também influencia na personalidade de seu personagem, e vai desde a inocência da infância ou os cuidados e alterações hormonais de uma gestante. Na mente feminina temos conexão com a temporalidade, onde a mulher mostra-se perceptiva a detalhes que o homem iria deixar passar de lado, por isso o problema com a vitrine, correto? Já a mente masculina é espacial e racional. Daí o pré-conceito de que homem dirige melhor do que mulheres.

E para finalizar, falta um nome para nosso brutamonte lógico, concordam?

Isso, deixo a cargo da imaginação de vocês. Crie um nome e releia a parte em itálico, substituindo no capítulo anterior, o **negrito itálico**, pelo nome que escolheu. Você ficará surpreso.

A dica final na criação de personagens é para tomar cuidado e evitar criar personagens estereotipados.

Bem, na verdade um clichê de um personagem ou estereótipo são bem parecidos, e para nós, escritores, ambos conceitos condizem em uma mesma direção a ser evitada. Um clichê de personagem é o exemplo do anjo, que todo anjo se veste de branco e tem asas longas e com uma aureola dourada na cabeça. São conceitos que nos foram passados desde nossa antiguidade. Por que não criarmos um anjo, de 22 anos de idade, usando roupas descoladas, barbudo, viciado em cigarro e com uma tatuagem de caveira no braço direito? Isso quebra o estereótipo dos anjos e irá atrair ainda mais a atenção de seus leitores. Confesso que se em uma história tiver um anjo, descendo dos céus com suas longas asas e um vestido branco, ia ser deprimente. Com certeza iria colocar o livro de lado, pois este estereótipo de anjo já vem a milhares de anos.

Outro cuidado a ser tomado é que nem todo herói é perfeito. Diversos escritores tentam criar protagonistas como o Superman. Esse é um erro grave, pois o próprio Superman tem seu ponto fraco que é a criptonita e o amor a Lois Lane, ou seja, todos os heróis têm sua vulnerabilidade.

Lembre-se que em determinadas histórias, o personagem principal pode ser um animal ou um alienígena. É claro que nesse momento você irá terá o bom-senso para criá-lo.

RESUMO

— Crie seus heróis usando o arquétipo, perfil psicológico e tridimensionalidade.

— Lembre-se das regras para criar o nome de seu personagem e lembre-se que o nome tem que se adequar ao arquétipo, ao psicológico e complementar a tridimensionalidade.

— Certifique-se sobre a permissão do uso de nomes de famosos ou pessoas conhecidas.

— Seja original! Fuja de clichês e estereótipos.

SIMPATIA X EMPATIA

◇

Um dos conceitos que mais gera confusão é a diferenciação de simpatia e empatia.

Praticamente nos 3 capítulos anteriores, abordamos definições que nos auxiliam a construir um personagem.

Para isso criamos conceitos como o arco do personagem, arquétipos e definimos regras para a criação da personalidade, bem como até na escolha do nome ideal para seu protagonista.

Mas se seu protagonista e seu antagonista já foram construídos seguindo as regras anteriores, onde é que vai encaixar a simpatia e empatia?

Considero o uso da simpatia e empatia, como a forma que você irá fazer o seu leitor se conectar com o seu personagem, e se você escritor/autor, conseguir criar essa conexão, a chance do leitor abandonar a leitura aproxima-se de zero.

Simpatia deriva-se do sim= com, e phatia= compaixão, que na verdade é o sentimento que nos afeta em relação aos outros, no caso é o sentimento que seu leitor irá criar pelo seu personagem, seja ele de alegria, tristeza, pena, misericórdia, etc. Uma das belas características do ser humano é a capacidade de simpatizar entre si, ainda que a outra parte tenha pensamento diferente do nosso.

Já a empatia, deriva-se do em — sentir-se como —, é a parte mais profunda da simpatia, é quando uma pessoa se coloca no lugar do outro e é plenamente capaz de compreender o sentimento do outro.

Um exemplo que deixa bem diferenciado, a simpatia da empatia é o fato que ocorreu nas olimpíadas de Los Angeles, em 1984, onde a suíça Gabrielle Andersen entrou no estádio olímpico atormentada por fortes dores e câimbras, a poucos metros da chegada.

Diversos telespectadores que assistiam pela TV, uma atleta no auge da carreira, a poucos metros da linha de chegada, e tivemos uma comoção coletiva pela corredora. Esse sentimento é chamado de simpatia. Todos ficaram comovidos ao ver a luta pela vitória de Gabrielle Andersen. Já pessoas da área de esporte e outros corredores ou que passaram por episódio semelhante, sentiram a empatia pela corredora, pois sabiam exatamente como ela estava se sentindo naquele momento e o tanto que a vitória era importante para ela, pois não era só uma vitória, mas sim uma medalha para atleta olímpica que representava os sonhos e esperanças de um país, porém eram concorrentes e disputavam a mesma prova que ela, e é lógico que queriam ganhar.

Outro exemplo, seria uma história onde um criminoso após matar a namorada é perseguido pela polícia. O leitor, nesse momento, tem a simpatia com o detetive, que usa de todos os recursos necessários para tentar colocar atrás das grades o criminoso. Pelo criminoso, o leitor tem o sentimento de antipatia, que seria o contrário da simpatia. A necessidade neste ponto da história é de ver a justiça ser feita, a qualquer forma e a qualquer custo.

O criminoso foi capturado pela polícia. Ele está confinado numa penitenciária de segurança máxima. Ele apanha quase que diariamente de uma gangue rival dentro do presídio, é ameaçado de morte. Então a história começa a colocar *flashbacks* da infância, onde seu prisioneiro foi molestado sexualmente pelo pai, a mãe era drogada e ele foi colocado em um orfanato após a mãe sumir no mundo e a prisão do pai (que era um pedófilo que foi assassinado dentro do mesmo presídio que seu protagonista está). Para piorar, na penitenciária, existe um criminoso, já idoso (chefe da gangue que quer matar o bandido), e sabe que ele era molestado sexualmente pelo pai e começa a usar essa informação contra seu personagem. Diversos leitores passarão a sentir empatia pelo prisioneiro, pois compreendem que ele teve uma infância atribulada. O presente de seu personagem é o dia a dia numa prisão que é um verdadeiro inferno, e o prisioneiro não sabe se irá chegar vivo ao final do dia.

Outro exemplo que usei nos capítulos anteriores, é do marido que foi preso injustamente à cadeira elétrica — armação da esposa, que mudou de identidade e é a atual amante do diretor do presídio que o protagonista está preso. Muitos leitores irão ter empatia pelo prisioneiro, pois qualquer pessoa, alguma vez na vida, foi passada para trás, e obviamente conhecem esse sentimento. Os leitores irão se colocar no lugar do personagem. Irão sofrer juntos, até o desfecho final da história.

Em Harry Potter, sentimos simpatia pelo jovem Harry, que vivia na casa dos tios, sofrendo indiferença. No início, desenvolvemos uma simpatia por Harry Potter, que apesar dos sofrimentos que lhe era infligido, ele conseguia manter o carisma. Até o momento que o preconceito entra em ação. Tudo ia para o primo. Harry era pior do que um animal. Qualquer leitor no mundo já deve ter sido vítima de algum tipo de preconceito. São dores e sentimentos que conhecemos de forma verdadeira. Neste ponto, surge nossa empatia por Harry Potter, ao lado da necessidade de acompanharmos até o final da história para saber se o assassino dos pais de Harry irá pagar o preço ou não, que no caso era um bruxo negro, chamado de Voldemort.

A simpatia é afeição e superficial, a empatia é a imersão e envolve profundidade nos sentimentos.

Como podem perceber, essa conexão entre leitor e personagem, seja protagonista ou antagonista, é a essência de uma boa história.

Posso citar diversos exemplos, a começar pelo livro *O Velho e o Mar*, de Ernest Hemingway, onde a princípio você cria a simpatia pelo pescador. No decorrer da história, sua simpatia transforma-se em empatia e ver a persistência de um velho pescador e travar uma luta de persistência que põe a prova os valores humanos, ou em *Romeu e Julieta*, a simpatia que temos pelo casal de namorados, que no decorrer da história transforma-se em empatia ao assistirmos um casal ser proibido de se amarem, pela rivalidade das famílias.

Bem, chegamos ao topo de nosso pico Everest da construção de nosso personagem e posso lhes assegurar que no cume desta construção encontra-se a simpatia e a empatia embutidas em nosso personagem, para que propositalmente nosso leitor se conecte com profundidade na leitura de seu livro.

Por questão de curiosidade, outras áreas como marketing e vendas também utilizam dos recursos de empatia e simpatia para com o consumidor. Por que será? Tenho certeza que você já sabe a resposta.

RESUMO

— Simpatia é compaixão que criamos no leitor em relação a seu personagem. É uma afeição superficial.

— Empatia é profunda, é uma imersão nas profundezas dos sentimentos de seu leitor em relação a seu personagem.

— A empatia e simpatia são técnicas amplamente difundida em outras áreas, além da literária, onde o objetivo principal é conquistar o leitor/consumidor.

POV — PONTO DE VISTA — A BASE PARA A NARRAÇÃO

◇

POV deriva do inglês *Point of View*, que quando traduzimos, a definimos como ponto de vista.

Parece óbvio, não é?

Concordo, mas é um dos erros mais grosseiros a se cometer no contexto de uma história.

O ponto de vista é uma variável que oscila dentro da história. Ao menos essa é minha definição.

Vamos entender melhor. O conhecimento desta técnica irá ajudá-lo a diferenciar as narrativas em primeira e terceira pessoa.

Imaginemos que desenvolvemos uma protagonista chamada de Lúcia Valverde, seguindo todas as regras para a criação de personagens. Ela mora sozinha e está dentro de seu quarto — um confortável apartamento de 4 quartos localizado no bairro Gutierrez, na cidade de Belo Horizonte.

Vamos então colocar na cabeça de Lúcia Valverde um capacete com pequena câmera de vídeo que irá captar todos os movimentos de Lúcia. Essa câmera serão os olhos de sua protagonista. Toda a história será contada a partir das imagens que essa câmera captar. Iremos além, vamos supor que essa câmera esteja conectada com o cérebro de Lúcia, e ela é capaz de interpretar todos os sentidos de Lúcia — visão, audição, tato, paladar —, bem como conhecer suas emoções, anseios, desejos, medos e etc.

Bem, quando uma história é contada através do seu protagonista — da câmera que colocamos em Lúcia —, é conhecida como POV em primeira pessoa, o mesmo princípio para a narração. É claro que o Ponto de Vista da história será da protagonista.

Lúcia está acordada no quarto, deitada em uma cama de casal. Os olhos da personagem — e nossa câmera —, irão captar as imagens próximas, que nada mais é do que o cenário que você criou. Ela poderá descrever o teto do quarto, o raio de sol atravessando o blackout da cortina rosada, a luz vermelha do rádio relógio que está no criado, marcando 7:00. Ela poderá ver — dependendo da iluminação que você queira colocar no quarto de Lúcia —, o armário fechado, o rack com uma televisão em frente à cama, à porta do quarto fechada. Ela poderá ouvir a buzina dos carros, que passam na rua — já que ela mora no quarto andar do prédio —, sentir o cheiro do café sendo preparado na cozinha ao lado pela empregada, bem como ouvir o barulho de talheres e louça. Se ela se sentar na cama ela poderá enxergar o tênis jogado no tapete, a lingerie branca, jogada no chão.

Porém, os olhos de Lúcia, nosso atual POV, não serão capazes de ver o que acontece em outros cômodos da casa, nos apartamentos acima ou abaixo, na rua, nos outros bairros e em outras cidades. Toda a história será contada sobre a impressão de Lúcia. Um cuidado especial deve ser tomado. Imagine que a empregada de 1,72 entrou no quarto, usando lingerie vermelha por baixo do uniforme.

Tudo certo até aí? Errado, erros grosseiros.

Como é que sua personagem sabe a altura exata da empregada? Acredito que nenhum patrão tenha interesse em conhecer a altura exata de seus funcionários. Essa altura é a criação do escritor, da mesma forma que Lúcia não saberá que a empregada está usando lingerie vermelha. Essa informação é da empregada e do escritor que a criou.

Dois andares acima do apartamento de Lúcia, está ocorrendo um assassinato. A vítima está amarrada e com a boca tapada por uma grossa fita adesiva. O assassino acabou de cravar a faca no coração da indefesa mulher.

A sua protagonista Lúcia, continuará alheia ao assassinato que ocorre a dois andares acima. Se a história for narrada em primeira pessoa, ela nem imaginará o que está acontecendo e poderá cruzar com o assassino no elevador ou até mesmo abrir a porta para ele em outro momento. Porém, essa informação do assassinato seria pertinente se o ponto de vista fosse de terceira pessoa, que no caso, conforme interesse do escritor, poderia descrever as ações de Lúcia, as da empregada, do assassino no terceiro andar.

Sabemos que os POV de terceira pessoa, dividem-se em onisciente, múltiplo e limitado.

No POV limitado, o narrador geralmente acompanha um protagonista durante toda a história, e as descobertas e desfechos serão as que o protagonista escolhido irá descobrir. É semelhante ao POV de primeira pessoa, porém contado pelo narrador. Os fatos que acontecerem com outros personagens só poderão ser narrados se o seu protagonista estiver presente.

No POV onisciente, o narrador tem conhecimento de toda a história e a narra de diferentes pontos, pois ele sabe tudo o que acontece. É o exemplo de Lúcia Valverde que acordou no quarto, com a diferença de que o narrador sabe do assassinato nos andares acima, das atitudes da empregada na cozinha e até da bomba atômica cujo presidente dos EUA está com o dedo no botão vermelho pronto para disparar contra a Rússia e iniciar a terceira guerra mundial.

Já no POV múltiplo — o ponto de vista não se prenderá a ação central de um protagonista exclusivo. Cada cena surgirá um personagem ou reaparecerá em outras cenas, pertencendo ao que se destacar mais na cena o POV. Um escritor mestre em usar múltiplos POV é George R. R. Martin, da série Game of Thrones, onde cada episódio será do ponto e vista do personagem que o escritor escolher.

Outra técnica importante a ser agregada em sua história, é o uso dos *Flashbacks*.

Flashback é quando interrompemos a progressão e nossa história para voltarmos ao passado e relatarmos no momento atual de sua história, algo ocorrido.

Por exemplo, para quem assistiu a série Lost, a série é carregada de *flashbacks* ou no gênero policial, onde as reconstituições — *flashbacks* — são fundamentais nas resoluções das investigações.

Como recurso literário, os *flashbacks* não devem ser usados à revelia. Ele terá seu momento e seu papel na história, como explicar o porquê seu protagonista tem medo de água, devido a um trauma no passado por quase ter morrido afogado em uma piscina numa festa da faculdade, ou quem sabe pelas mãos de um psicopata que tentou afogá-lo em uma banheira. O papel do *flashback* na história é para reforçar a credibilidade do leitor com seu personagem — caso se faça necessário —, até para aumentar a simpatia e empatia do leitor com seu protagonista.

Um cuidado a ser tomado é evitar em criar *flashbacks* nos capítulos iniciais, caso contrário o leitor terá a sensação de repetição de cenas.

RESUMO

— POV é o ponto de vista usado para o desenvolvimento de sua narrativa. Os mais usados são POV em primeira pessoa, os POV em segunda pessoa — menos utilizados ao menos que eu esteja contando a história de você que está lendo estas páginas — e o POV em terceira pessoa.

— Lembrar que os POV em terceira pessoa se dividem em múltiplo, onisciente e limitado.

— Nos POV de primeira pessoa, limita-se a visão e percepções de seu personagem. Não confunda com POV limitado, pois neste caso é a visão do narrador que acompanha o seu protagonista como se fosse uma sombra.

ESBOÇO: A ALMA DO LIVRO

◇

O corpo humano não consegue "ficar em pé" se não houvesse o esqueleto para sustentá-lo. É claro que por cima deste esqueleto existe uma estrutura complexa. Quando falamos de uma história completa, ou em outras palavras, seu livro finalizado, sim, tem que existir um esboço para sustentá-la, ainda que escondido por trás de uma história que envolva os três atos — início, meio e fim.

As finalidades do esboço são diversas, e é empregado em várias áreas que vão desde o desenho até um presidente na criação de um discurso.

O esboço é bem diferente da *logline*, pois no esboço trabalhamos com um número de páginas maior e que tem a finalidade de orientar o escritor durante a evolução da história, evitando conflitos, repetição de ideias, erro de trama, confusão de personagens, etc.

O princípio do esboço, tanto literário como de roteiro, é o mesmo de quando planejamos uma rota no GPS. Temos um ponto de partida, um ponto de chegada e uma distância a ser percorrida. No meio deste caminho, haverá pontos de parada, pontos de abastecimento, antes que você atinja seu objetivo. O esboço é como um GPS, que irá nos orientar o caminho a seguir — detectar os radares neste caminho —, para atingirmos nosso objetivo final.

Qualquer que seja o esboço, roteiro, novela, série, ele será regido pelo mesmo princípio. A história terá um início, um meio e fim, o primeiro, segundo e terceiro ato, que citamos nos capítulos anteriores. Podemos dizer que o esboço seja o GPS de nossa história, evitando que fiquemos perdidos ou sigamos pelo caminho errado.

Então, como é que elaboramos um esboço?

Vou utilizar como princípio básico, o esboço que pode ser usado para roteiro ou livro. O princípio é idêntico.

Para exemplificar o esboço, vamos criar uma história usando um personagem que criamos nos capítulos anteriores — qualquer semelhança da história abaixo com nomes, pessoas vivas ou mortas é mera coincidência.

A FACE DA INJUSTIÇA
By
Hermes Lourenço
DRAMA

Logline: Brutus Klaine é um exímio lutador de boxe e um gênio da tecnologia, acusado injustamente de matar a esposa. Ou ele prova a inocência ou irá morrer na cadeira elétrica.

CENÁRIO
— Cidade de Nova Iorque
— Presídio Clinton Correctional Facility
— Brooklin e Harlem como *flashbacks*

PERSONAGENS
Brutus Klaine
Pesa 120 quilos, tem 32 anos, 1,80m, olhos castanhos, pele branca, tem uma tatuagem de uma caveira no braço direito e uma cicatriz pouco abaixo do olho direito. Criado pelo pai alcoólatra, cuja mãe abandou-o no mundo. Aprendeu desde pequeno a lutar contra os desafios que a vida poderia lhe impor. Nas horas livres, era forçado pelo pai a treinar boxe e malhar, o que se transformou em um hábito. Adorava estudar mecatrônica, mas abandonou a faculdade depois da morte do pai, para ajudar o irmão. Odiava bebida, carente de amor feminino, mulherengo e com bom coração. Usava a razão ao invés da emoção, exceto com as mulheres. Precisa provar a inocência ou morrer injustamente.

Celeste Monroe
Pesa 60 quilos, 35 anos, 1,68m de altura, loira, olhos verdes, pele branca. Tem uma pinta no lábio superior direito. Criada pela mãe — uma golpista internacional — que se suicidou no rio Sena, em Paris.

Egocêntrica, aventureira e sempre procurou desafios que a colocasse em destaque. Queria dar o golpe perfeito, mas não aceitava ser apaixonada por Brutus Klaine, um brutamontes sem futuro. Com tendências a promiscuidade e psicopáticas, era graduada em moda. Queria matar Brutus Klaine, por ele a ter traído com Lucy Scoth, uma escocesa modelo do MMA. Elaborou um sórdido plano de vingança. Usa a identidade falsa de Susie Kellen.

Demetrius Cassius

Pesa 45 quilos, 52 anos, 1,78m de altura, olhos negros, pele negra. Portador do vírus da AIDS, adquirido por uso de drogas endovenosas. É o único amigo de Brutus Klaine na prisão. Cresceu no Harlem, sabe como sobreviver em ambientes adversos. Abandonou as drogas, exceto o cigarro e as bebidas. Exímio observador e analista, com grande vivência otimista a ser compartilhada apenas com quem é amigo de verdade. Nunca teve oportunidade de estudar, mas é um fiel amante do jazz.

John Hard

Pesa 70 quilos, 59 anos, 1,60m de altura, olhos azuis, loiro e pele branca. É enérgico executor e desafiador. Foi criado pelo pai, um ex-militar e cresceu desde pequeno regido por rigorosa disciplina. Pelo comportamento enérgico nunca conseguiu segurar o casamento, exceto por Susie Kellen, uma mulher que conheceu em um leilão beneficente. Graduado em direito, mas sempre foi a favor de fazer justiça com as próprias mãos. Apesar de enérgico, tem medo de baratas e é vaidoso.

PRIMEIRO ATO

Brutus Klaine, é filho de um boxeador envolvido com alcoolismo que desde cedo ensina o filho a lutar, sempre relatando que a vida poderia impor desafios cada vez mais difíceis. Brutos, queria seguir o caminho diferente, pois gostava de estudar e era apaixonado com mecatrônica. Fez diversos cursos de eletrônica e mecânica. Tinha um irmão mais velho com paralisia cerebral, e de tanto o pai beber, a mãe o abandonou e desapareceu sem nunca mais dar notícias. Apaixonou-se por uma prostituta na juventude, e devido a uma briga com ela, ganhou uma cicatriz no rosto e a primeira passagem pela polícia. A saída da mãe fez o pai mergulhar cada vez mais na bebida e Brutus teve que abandonar a faculdade — graças a uma bolsa conquistada pelo MMA — para ajudar nos cuidados com o irmão e as diversas internações do pai com cirrose hepática. Com a perda da mãe, conheceu Celeste Monroe após uma vitória na luta de MMA, a mulher que lhe oferecia o carinho que lhe faltava.

SEGUNDO ATO

Brutus Klaine queria parar de lutar e tentar arrumar uma forma de voltar para a faculdade, mas o custeio do irmão deficiente em uma clínica especializada sugava o pouco dinheiro que conseguia juntar. Amava com todas as forças a Celeste Monroe, que não suportava a vida que levava. Ela queria viver no luxo e ostentação, mas percebeu que Brutus Klaine não seria o campeão de MMA que sonhava. Se ficasse com ele, estaria dando pérolas aos porcos.

Com o passar do tempo e as cobranças da esposa, Brutus Klaine descobriu que Celeste Monroe o estava traindo. Desde então, evitando atrito com Celeste, passou a sucumbir aos desejos carnais e envolveu-se num *affair* com Lucy Scoth, de forma a retribuir a traição de Celeste com a mesma moeda. Começou a sair com diversas mulheres em todas as lutas de MMA que participava. Nos momentos que voltava para casa, mergulhava de cabeça nos livros pouco se importando com Celeste, que cada dia, sem perceber que passava a amá-lo cada vez mais, e a indiferença e a traição do marido tornavam-se insuportável. Tanto ódio somado ao amor, fez com que Celeste criasse um plano contra Brutus. Ela escreveu uma carta de próprio punho, acusando Brutus de violência doméstica e que ele dizia que iria queimá-la viva. Depois de assassinar uma indigente, preparou o corpo com anéis e roupas que usava. Forjou uma cena de crime de forma que até o DNA tornasse impossível analisar. Retirou os dentes e unhas da indigente e ateou fogo na casa onde morava, de forma a incriminar o marido.

Celeste guardou os dentes e as unhas da indigente em uma pequena caixa de metal e arrumou uma nova identidade: Susie Kellen. Após ver nos jornais que o marido — propenso candidato a campeão do MMA — havia sido preso em um presídio de segurança máxima, descobriu que o diretor do presídio, John Hard, era um cara durão, com muito dinheiro, e facilmente manipulado, graças a necessidade de um casamento duradouro, pois os outros não haviam dado certo, devido ao temperamento de John Hard.

Brutus Klein recebeu a sentença de morte na cadeira elétrica.

Ele tentou de todas as formas provar sua inocência, mas evidências conspiravam contra ele. Nenhum advogado via esperanças para o caso de Brutus.

Enquanto estava no presídio, Brutus soube que o irmão havia sido transferido para uma casa de doentes mentais, onde passava por sofrimentos agonizantes.

Na prisão, Brutus fez amizade com Demetrius Cassius, um detento, portador de HIV devido ao uso excessivo de drogas, que havia nascido e crescido no Harlem e o ensinou a sobreviver dentro do presídio. A ira de Brutus Klaine tornou-se incontrolável, quando em uma celebração da independência americana, Brutus reconheceu Celeste com cabelo tingido, de mãos dadas com o diretor. Ele partiu para cima dela, mas foi contido pelos policiais. O diretor a partir daquele dia, passou a perseguir Brutus tornando insuportável seu dia no presídio.

Os únicos momentos de paz que Brutus tinha era na oficina do presídio, onde tinha acesso à informação. Em meio à tecnologia, conseguiu invadir o computador do diretor John Hard, e descobriu que ele acelerava o processo de execução.

Um belo dia, para surpresa de Brutus, Lucy Scoth apareceu e se propôs a ajudá-lo. Ela era graduada em direito, em Harvard, mas guardava segredo de Brutus, que havia descoberto que só possuía 48 horas para a execução.

TERCEIRO ATO

Brutus consegue, da oficina, invadir o sistema de segurança da casa do diretor e descobre que Celeste guarda uma pequena caixa de alumínio com a prova que poderá inocentá-lo.

Temendo arriscar Lucy Scoth, Brutus desenvolve um pequeno robô-drone de altíssima tecnologia e no momento que Celeste sai com John, ele consegue invadir a casa de Celeste e retirar a pequena caixa de alumínio que estava escondida. Ele entrega a prova para Lucy Scoth, que tem apenas 24 horas para anular a sentença de morte e, ao lado de Brutus Klaine, provar ao mundo que a pena de morte apresenta falhas.

Quando Brutus está sentado na cadeira elétrica, o diretor oferece a honra para a esposa Susie Kellen para apertar um dos botões que irão disparar a carga elétrica.

O livro termina com a última cena de ação, quando Celeste é desmascarada e cabendo a ela pressionar ou não o botão que colocará fim na vida de Brutus.

Bem, temos acima um esboço de livro.

Na verdade, com o andar da história, o esboço pode ser modificado a gosto do escritor. Perdoem-me se vocês ficaram na dúvida se Celeste matou ou não Brutus Klaine, mas eu já dei uma dica. Ela amava o sujeito. Acho que ela não teria sangue frio para pressionar o botão, por outro lado quem é capaz de compreender a mente de uma mulher furiosa?

O divertido do esboço é que seu livro começa a ganhar forma. A partir do esboço, você já pode começar a criar as cenas do seu livro.

Após anos de estudo, compartilho com vocês uma estrutura que desenvolvi, usando todos os recursos que lutei para aprender em prol da construção de uma boa história. Pode parecer complicado, mas é simples e envolve o conhecimento que adquirimos até o momento.

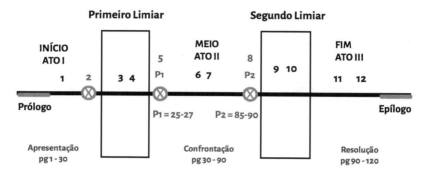

Temos uma linha horizontal, com o prólogo e epílogo da história — opcional ao escritor. Há escritores que não abrem mão de colocar um prólogo na história. Eu sou um deles, a valorizar (quando necessário) a importância do prólogo ou epílogo irá depender da informação na qual o escritor quer transmitir ao leitor. Usei o prólogo e o epílogo em meus livros *A Conspiração Vermelha*, *O Retrato de Camille Claire* e *O Duende*.

A linha horizontal que se sucede do prólogo ao epílogo e linha temporal de sua história. Repare que a história é dividida em Ato I, II e III, ou início, meio e fim. Notem que temos o número 2, 5 e 8 em vermelho sendo os pontos de virada da história, porém os grandes dois grandes pontos de viradas estão representados por P1 e P2.

Um ponto de virada, como próprio nome diz, é uma situação clímax e ímpar na sua história. Toda história tem dois grandes pontos de virada. O primeiro ponto de virada causa impacto na vida do protagonista e o lança na trama, na qual ele irá buscar o desfecho, que ocorrerá no segundo ponto de virada. Um exemplo clássico de ponto de virada é no filme

O Fugitivo, baseado na série de televisão criada por Roy Huggins, onde o Dr. Richard Kimble passa pelo primeiro ponto de virada quando ele é preso acusado do assassinato da própria esposa por falta de evidências, e após um acidente de ônibus que transportava os detentos, Dr. Kimble consegue fugir ileso, dando início a uma perseguição implacável comandada pelo Delegado Federal Samuel Gerard, o protagonista começa a investigar por conta própria o assassinado — o meio da história — e o desfecho final é quando Kimble descobre a verdade sobre o assassinato da esposa, que ele estava envolvido em uma conspiração a respeito de uma medicação que ele condenou no passado. O confronto final com o verdadeiro responsável pelo assassinato da esposa é o P2, segundo ponto de virada. Daí em diante, a história segue seu desfecho final.

Já o número dois, na verdade, retrata o final do primeiro ato, ou a travessia do primeiro Limiar, onde não tem mais volta para o protagonista/herói. Na história que criamos, os dois pontos de virada, seriam a prisão de Brutus Klaine e Celeste com o dedo no botão que irá acionar a cadeira elétrica, pronta para pressioná-lo, num momento em que ela tem o conhecimento de que foi desmascarada.

Com o conhecimento das técnicas de roteiro, sabemos que um "roteiro" ideal tem que ter aproximadamente 120 páginas, pois os escritores que sonham em ver seu livro nas telonas e conhecem as técnicas de escrita de roteiro, sabem que um minuto de projeção no cinema equivale a uma página de livro e vice-versa. Daí o número mágico que oscila de 90 a 120 páginas, que na verdade sugere 90 a 120 minutos de projeção.

Você pode me questionar sobre por qual razão existem livros com 200, 300, podendo chegar a 1200 páginas como na trilogia do Livro *O Senhor dos Anéis*.

Não fique triste com a informação que você irá receber agora. Quando um livro é convertido para um roteiro e depois ser transformado em filme, informações desnecessárias são perdidas. O roteiro sempre irá trabalhar com informações essenciais. Para quem já leu um livro e o viu adaptado nas telas do cinema, sabe que há uma grande diferença. Basta ler o livro *O Senhor dos Anéis* e depois assistir ao filme, aí vocês irão compreender o que eu estou dizendo. O mesmo vale para *Harry Potter*.

De qualquer forma, um roteiro tem as páginas iniciais que vão da apresentação (página 1-30), confrontação (página 30-90), e resolução (página 90-120).

Fique à vontade quanto ao número de páginas de seu livro. O que importa é que ele seja bom, e, independente do número de páginas, é pela qualidade de sua história que você irá criar legião de fãs.

Caso seu livro um dia seja transformado em filme, fique tranquilo, existem roteiristas experientes capazes de converter seu livro em um excelente roteiro. Fiz questão de inserir a estrutura de roteiro "para ajudá-lo" na construção de sua história e, por consequência, de seu livro.

E você pode me perguntar a razão dos números de 01 a 12. Simples, estes números expressam a jornada de seu herói — vide capítulo "Arco do personagem" —, caso você decida escrever um livro semelhante a *O Senhor dos Anéis*, ou *O Hobbit*.

Terminado o esboço, qual será o próximo passo?

Há escritores que após o esboço preferem partir para rascunhar as cenas que caberiam em cada Ato — um novo esboço mais detalhado, enriquecido com cenas, que iremos aprender a construir no capítulo seguinte.

Outros preferem já partir para a história, tendo o esboço como fio guia.

Particularmente eu me enquadro no grupo dos outros, porém aí vai da memória e capacidade de cada um. Vocês irão perceber que, com o passar do tempo, o escritor vai amadurecendo. As técnicas que foram apresentadas, apesar de parecerem complicadas, vão se fundindo e meio que acabam sendo absorvidas para o subconsciente do escritor, que quando se dá conta as utiliza de forma automática.

RESUMO

— O Esboço é o esqueleto que irá sustentar sua história.

— Lembre-se que uma história tem início, meio e fim. O esboço é o GPS que irá guiá-lo para com que você não se perca ou entre em contradição com o que você escreveu.

— Uma boa história tem dois pontos de viradas. O primeiro coloca o protagonista mergulhado na trama em um caminho sem retorno. O segundo ponto de virada é o confronto/desfecho da trama, e o conduzirá ao final da história.

— Um segundo esboço mais detalhado pode ser criado a partir do primeiro esboço, e neste segundo esboço irá constar o esboço de cada cena, em outras palavras um mini resumo completo de sua história.

CRIANDO A CENA

◇

Em qualquer site respeitável que dê dicas para escritores de como se constrói uma cena, você irá encontrar uma repetição dos métodos, fundamentada em informações gratuitas e de domínio público.

Como vocês já puderam perceber, apreendemos a construir um cenário, o personagem, compreendemos o arco do personagem, escolher o nome ideal e agregar a ele sentimentos que façam com que ele cative o leitor. Já estamos com o esboço de nosso livro em mãos. O que está faltando?

Chegamos na parte de mãos à obra, ou seja, o momento de escrevermos o livro.

Stephen King diz que para se escrever um livro basta colocar uma palavra após a outra. Eu digo que uma história é criada em cima de uma sucessão de cenas e posso lhes garantir que chegamos ao ponto crucial "o divisor de águas" que separam um bom manuscrito — com chances de ser aceito para a publicação — de um manuscrito para ser triturado ou incinerado, seguido de uma carta de recusa para o escritor.

Vocês se lembram de quando falamos na construção da premissa e da *logline*? De que uma *logline* precisa de um personagem, um conflito e uma solução?

A criação de uma cena segue o mesmo princípio.

Uma boa cena é dividida em duas partes.

A primeira seria "ativa" e a segunda parte seria "reativa". De forma mnemônica, lembrem-se da lei da ação e reação, a famosa terceira lei de Newton.

Isso se aplica na elaboração de uma cena, que na verdade é um conjunto de ação e reação de seu personagem.

Não confundam cena com capítulos. Um capítulo é construído a partir de um ou mais de um conjunto de cenas.

A primeira parte ATIVA da cena, subdivide-se em:

— Objetivo/Meta
— Conflito/Atrito
— Desastre/Contratempo

Um personagem, quando aparece em uma cena, ele tem um objetivo a cumprir dentro dos 12 passos do arco do personagem.

Uma cena bem elaborada, é o caminho dessa jornada do arco de seu Herói.

Um capítulo é um conjunto de cenas enquanto a cena é o somatório do cenário, temporalidade, ações dos personagens, POV. Resumindo é uma ação que ocorre em determinado local em determinado espaço de tempo.

Vários livros trazem as diferentes técnicas para elaboração da construção da cena. Gosto de iniciar uma cena com duas simples perguntas: O que há de grandioso em sua cena e como você irá emocionar seu leitor? Essas perguntas destroem qualquer regra, e carregam o principal objetivo de qualquer livro, ou seja, "amarrar o leitor e emocioná-lo".

Premissa: *protagonista chega no apartamento e encontra a esposa morta e é surpreendido pelo vizinho que estava acostumado a ouvir as brigas do casal. Ele tem duas opções: explicar ao vizinho que é inocente ou fugir e deixar para tentar explicar depois.*

Logline: Protagonista chega em casa, encontra a esposa morta. É surpreendido pelo vizinho que supõem que ele é o assassino. O protagonista decide fugir.

Objetivo/meta: personagem chegar ao apartamento após um exaustivo dia de trabalho.

Conflito/atrito: ao chegar à sua casa, ele não consegue abrir a porta, e vê marcas de sangue no chão. Ele arromba a porta e entra.

Desastre/contratempo: ele encontra a esposa morta, com a faca suja de sangue ao lado.

A seguir surgem as **sequelas** da história, em outras palavras as consequências ou a parte PASSIVA.

— **Reação/resposta**
— **Dilema/impasse**
— **Decisão/resolução**

Reação: chamar a polícia, mas um vizinho bisbilhoteiro (que escutou a porta ser arrombada — já estava familiarizado com as brigas do casal) chamou a polícia quando ouviu o chute na porta — e entrou na casa encontrando o protagonista segurando uma faca suja de sangue ao lado da esposa morta.

Dilema: permanecer na cena e tentar explicar para o vizinho e a polícia que não tardaria em chegar, que ele arrombou a porta porque a esposa não atendeu e a chave não funcionava e encontrou a esposa morta ao lado de uma faca suja de sangue; ou fugir, contratar um advogado e tentar provar a inocência depois.

Decisão: o personagem decide fugir para descobrir quem matou a esposa e provar a inocência depois.

A outra opção e o uso das famosas e pouco divulgadas regras dos 6W que fazem parte do jornalismo investigativo: WHO, WHAT, WHEN, WHERE, HOW, WHY — quem, o quê, quando, onde, como e por quê.

A mesma cena pode ser construída usando as regras do 6W.

O Que seu personagem está buscando? Resposta: chegar no apartamento para descansar após um dia cansativo da rotina do trabalho.

Quem: um sujeito que brigava muito com a esposa a ponto de incomodar o vizinho.

Quando: após um dia exaustivo de trabalho.

Onde: no apartamento do casal.

Como: o Personagem ao chegar no apartamento, não conseguiu abrir a porta e teve que arrombá-la. O som chamou a atenção do vizinho, que preocupado com a segurança do prédio, chamou a polícia. O vizinho impulsionado pela curiosidade foi ao apartamento, surpreendendo o protagonista ao lado da esposa morta, segurando a faca do crime.

Por que: o protagonista decidiu fugir, pois não havia como convencer o vizinho de que era inocente, e precisava descobrir quem realmente era o verdadeiro assassino, entregá-lo à polícia e dessa forma provar a sua inocência.

Na cena existe algo de grandioso? Sim, pois não é todo dia que chego em casa e encontro a esposa morta.

Você conseguiu emocionar seu leitor? Claro, pois ele ficará apreensivo, querendo saber quem é o assassino e criará empatia pelo seu personagem por saber que ele é inocente.

Como podem perceber, temos dois caminhos com o mesmo destino. A cena pode ser escrita das duas formas e o resultado bem parecido.

Com o tempo, o escritor irá tomar afinidade com uma das técnicas. Confesso que já usei as duas em livros diferentes e o resultado é idêntico.

Houve escritores que me disseram que a regra dos 6W é longa. Não concordo, acho que para quem está começando no mundo literário ela é adequada, desde que as respostas não fujam do objetivo principal que é o desenvolvimento da cena.

Usei os exemplos acima de forma superficial, apenas para ajudar na criação do "esboço" da cena.

Com o esboço da cena em mãos, é chegado o momento de dar asas a sua imaginação e iniciar a escrita da cena, utilizando a técnica que lhe você mais se adaptar.

RESUMO

—Uma história é uma sucessão de cenas, assim como um capítulo, que pode ser uma ou um conjunto determinado de cenas.

—Lembre-se da técnica que usa a parte Ativa: Objetivo, conflito, Contratempo e sequela que é provocada, ou seja Passiva: Reação, Dilema e Decisão.

—Outra técnica é a dos 6Ws, *WHO, WHAT, WHEN, WHERE, HOW, WHY* — quem, o quê, quando, onde, como e por quê.

GANCHOS, *CLIFFHANGS*, REVIRAVOLTAS

◇

Vamos iniciar este capítulo e os próximos, revelando algumas informações primordiais de escrita. Informações estas que ajudam a prender o leitor com sua história.

A primeira informação é sobre *Cliffhangs*, que é um recurso utilizado como técnica de roteiro, cujo objetivo principal é colocar o personagem/protagonista em uma situação extrema, que seria algo semelhante (fundamentando-se na tradução), colocar seu personagem "Na beira do Abismo".

Os *cliffhangs* têm o objetivo de amarrar o leitor na história, geralmente usado no final de uma cena, com o intuito de criar um gancho.

Reparem que séries de televisão utilizam o recurso de *cliffhang* e ganchos continuamente. No final de cada episódio, acontece algo de inesperado (*cliffhang*) e a história encerra em aberto. Você só vai ficar sabendo a continuidade quando for assistir o próximo episódio ou ler a continuação do livro. Essa técnica é usada em excesso pelos roteiristas de séries e escritores de trilogias/séries, gera reclamações por parte dos leitores/telespectadores, que muitas vezes o livro não consegue ser publicado ou a série não tem uma nova temporada.

Alguns escritores usam a trilogia de forma errônea tentando amarrar a editora para que continue sendo publicado. O ruim é que quando não consegue a publicação, deixa o leitor na mão sem a continuidade do livro, o que resultará ao escritor diversos e-mails, solicitando a continuação da história e decepções de ambos os lados.

Porém, quando o *cliffhang* é utilizado como gancho no final de cada cena a história torna-se interessante. Você consegue amarrar seu leitor nas páginas de seu livro, de forma que o abandono da leitura, torna-se algo quase impraticável.

Vamos partir do princípio de que seu leitor ama o gênero literário na qual você escreveu. Ele vê seu livro na livraria, com uma bela capa. Lê a quarta capa, a primeira orelha e pronto. Decidiu comprar a sua história.

No meio da leitura, você consegue cativá-lo criando ganchos no final das cenas, cujas revelações irão aparecer nas cenas futuras. A chance de seu leitor colocar seu livro de lado é quase mínima.

Bons ganchos criam bons livros como é o caso do livro *O Guardião de Memórias*, da escritora Kim Edwards, que aguçou minha curiosidade. Confesso que cheguei a abandonar a leitura algumas vezes por achar a história descritiva em demasia, mas o *cliffhang* criado no início do livro me deixou curioso, a ponto de fazer que eu retomasse a leitura e seguisse adiante. A história gira em torno de uma criança rejeitada pelo pai — o médico David Henry —, que na hora do parto esconde um pequeno detalhe da própria esposa Norah Henry: que ela teve gêmeos e uma das crianças, a menina Phoebe, tinha Síndrome de Down.

Ele mente para a esposa, dizendo que a menina com síndrome, morreu na hora do parto, e em segredo entrega o bebê para Caroline, pedindo para que ela abandonasse a menina.

Caroline não teve coragem de descartar a criança como o pai e médico a orientou, e acaba assumindo a menina.

A mãe começa a entrar em depressão e com isso coloca em xeque o próprio casamento, devido ao trauma da suposta "morte da filha". O irmão, sente-se rejeitado e para completar, o pai, David Henry, tem um grande segredo escondido. Pronto, essa foi a fórmula mágica para o sucesso do livro, que o colocou em primeiro lugar como um dos livros mais vendidos, conforme o New York Times. O interessante é que neste livro o *cliffhang* cria um gancho central na trama que amarra o leitor, fazendo com que ele continue até o final do livro para saber o final da trama. Note que o gancho foi usado em apenas uma das cenas iniciais do livro, criando um significado tão intenso à história, amarrando o mais cerne leitor.

Na criação de uma cena, além da técnica que apresentamos no capítulo anterior, é interessante colocarmos um *cliffhang* e criando um gancho. Não obrigatório que a solução do seu gancho esteja na próxima cena ou capítulo. Pode estar lá no final da história, mas de qualquer forma ela deve ser revelada. Já li livros com histórias tão complexas que o escritor no final da história acabou se esquecendo de finalizar o gancho que havia criado e este é um dos perigos da técnica. O escritor que citei era iniciante, pois com certeza se ele tivesse relido a própria obra antes da publicação teria encontrado esse nefasto erro.

Outra terminologia que tem importante papel na sua história são as reviravoltas, que como o próprio nome diz traz uma ação que muda por completo a história. Essas reviravoltas podem ser guardadas em segredo pelo narrador da história, podem acontecer no início da trama como no filme E.T, onde o alienígena fica para trás, no meio da história quando o FBI descobre que o assassino é um dos investigadores, ou quando você está prestes a se levantar da cadeira do cinema e é surpreendido por uma cena que muda todo o final da história.

Uma reviravolta que acho interessante citar é do filme Matrix, onde Neo após tomar a pílula vermelha irá conhecer o verdadeiro mundo dominado pelas máquinas.

Notem que a reviravolta tem que ser bem empregada para não destruir a sua história, pois como no caso do filme Matrix, a partir do momento que Neo opta pela pílula vermelha, o mundo que ele vive torna-se um mundo falso, uma realidade virtual criada por computadores. O mundo que ele acreditava ser real era algo inconcebível e inimaginável, caso ele optasse em tomar a pílula azul.

Em todos os *cliffhangers*, ganchos ou reviravoltas, uma observação é notória, são elementos que colocam seu personagem em uma situação de complicação fazendo o leitor fugir do trivial, pois sabemos que quando seu leitor tem em mãos um livro para ler, tudo o que ele mais deseja naquele momento é esquecer da rotina do dia a dia e entrar em uma dimensão desconhecida e ser surpreendido.

Os ganchos que foram apresentados são elementos que a princípio podem parecer um desastre na história, porém deverão ser seguidos por uma revelação de proporção idêntica ao desastre.

RESUMO

— O *cliffhanger*, ganchos e reviravoltas servem para enraizar o leitor na sua história.

— Uma reviravolta pode ter *cliffhanger*, mas nem todo *cliffhanger* é uma reviravolta.

— No gancho, não existe obrigatoriedade para que seja solucionado na cena seguinte. O importante é não esquecer de solucioná-lo.

SHOW DON'T TELL – MOSTRE, NÃO CONTE

◇

Quando iniciei meus estudos de técnicas de escrita, a regra que mais me encantou e com certeza mudou o rumo de minha escrita, foi quando me deparei com a frase: "Show, dont't tell", que traduzido significa **mostre, não conte**.

O princípio é o mesmo de quando estamos ansiosos para ir ao cinema e assistir ao superlançamento que você há tempos vem aguardando.

Então, caminhando pela rua, desapontado por não ter encontrado o ingresso, você encontra seu amigo, que teve mais sorte e na noite anterior foi ao cinema e assistiu ao filme que você tanto aguardava. Só que seu amigo não é um cara legal. Você comenta com ele que perdeu o filme e que ficou chateado demais e que está sobrecarregado de afazeres e que conseguiu se programar para assistir ao superlançamento só na próxima semana.

Mas entristecido diante de seu amigo, ele em um ímpeto solidário, começa a lhe "contar" todo o filme, inclusive que o herói morre no final.

Algumas pessoas podem ficar com muita raiva. O princípio vale também para livros. Estamos falando sobre os famosos *spoilers*, que são informações que revelam fatos cruciais referentes ao enredo de um livro, filme ou série.

Melhor seria se o seu amigo lhe desse um convite para a tão cobiçada sessão de cinema, e você com seus próprios olhos assistisse o filme — vendo o filme se mostrar — na telona do cinema. Com certeza você sairia satisfeito, com a sensação de missão cumprida.

O princípio é o mesmo para a técnica mostre, mas não conte.

Vamos aos exemplos:

(1) Ana Mariana, entrou em casa com raiva do noivo. Não conseguia pensar direito. As roupas estavam rasgadas pela briga ao flagrar o namorado com Maria Eduarda na cama, até então a melhor amiga. O vestido branco que havia ganhado de Marcos estava todo rasgado.

Havia algumas manchas de sangue. Estava feliz por ter destruído o rosto de Maria Eduarda. Sabia que poderia ser presa, mas a vingança havia se concretizado. O amor que sentia por Eduardo era imenso. Só que o amava tanto, a ponto de perdoá-lo.

(2) A passos largos e com uma forte batida na porta da sala — quase fazendo cair o quadro de Chaplin pendurado na parede —, Ana Mariana com a respiração acelerada, entrou aos prantos e se atirou no sofá.

Pegou o telefone e ligou para a polícia.

Até que ouviu a voz rouca do policial.

— Policial Henrique, boa tarde. Em que posso ajudá-la?

Ana Mariana tentou controlar o ódio.

— Eu gostaria de denunciar um crime.

— E quem é a vítima? — Perguntou o policial.

— A amante de meu noivo. Ela não está morta, mas o cirurgião plástico vai ter muito trabalho. — Afirmou enquanto olhava para o último presente de Marcos, um vestido branco, ensanguentado e despedaçado, assim como o rosto de Maria Eduarda.

Ouviu a voz do policial ao telefone chamá-la com insistência.

Apesar do ódio, não conseguia parar de pensar em Marcos.

Estes são os princípios do mostre, mas não conte. Acredito que a parte mais clara tenha sido no primeiro parágrafo, onde no exemplo 01 a raiva do noivo é substituída por passos largos, forte batida na porta da sala, respiração acelerada e aos prantos se atira no sofá.

Espero que a diferença tenha ficado nítida nos dois exemplos acima.

No texto dois, apesar de haver revelações no diálogo, elas foram transmitidas de forma indireta, pelo personagem e não pelo narrador.

Esse é um dos mais belos recursos de escrita, e acredito que a ausência deste recurso em uma história seja a principal causa de recusa por parte das editoras.

Imaginem o editor pegar um "livro inteiro" escrito da forma do exemplo (1).

Após exaustiva leitura — diga-se de passagem, tediosa —, ele pega um original com uma escrita seguindo o exemplo (2), cativante, intrigante e capaz de criar a conexão entre o leitor e a história. Com certeza quem escreveu o livro seguindo o primeiro exemplo, não tardará a receber uma carta de recusa por parte da editora.

O conceito mostre, mas não conte é utilizado com frequência na maioria dos *best-sellers*.

Devo deixar uma observação clara. Em determinados momentos da história, às vezes há necessidade de contar, porém, deve existir o equilíbrio entre o mostrar e o contar. Nos exemplos acima, quando mostramos, os trechos da história tendem a ser mais longos, mas cativantes, conforme já foi explicado. Já quando contamos, resumimos passagens. Os trechos tornam-se mais curtos, porém menos cativantes. Temos que usar o bom senso. Não iremos empregar está técnica para descrever o jardineiro que irá aparecer uma vez em sua história, como um figurante. Se você for mostrar o jardineiro, seu livro agregará mais páginas. O foco sempre será no seu protagonista e antagonista, que são os dois pontos centrais de sua história.

Quando contamos os fatos, a história torna-se acelerada e quando mostramos os fatos, a história ganha páginas e torna-se mais lenta.

Você pode então me questionar. Hermes, no exemplo que você utilizou no início deste capítulo, você tenta mostrar que o amigo que me contou sobre o superlançamento que eu estava doido para assistir, na hora que ele me passou o *spoiler*, isso me enfureceu.

Pois bem, concordo com você. Só que se você observar a dosagem do *spoiler*, foi errônea. Seu amigo lhe contou todo o filme. Ao passo que se ele tivesse lhe contado apenas a primeira cena, ou algumas pinceladas do tipo: "Cara, a atriz que interpreta a mocinha na história, aparece numa cena picante com um astro de Hollywood" ou "Meu amigo, esse filme tem uma tremenda mensagem que nos faz arrepiar", lhe asseguro que isso iria apenas aguçar sua curiosidade em assistir ao filme e com certeza você tentaria antecipar sua ida ao cinema.

Perceberam a diferença? Compreenderam que sua história deve ser dosada com os ingredientes que lhe apresentei?

Cuidado com assuntos irrelevantes em sua história, onde vinte páginas poderiam ser resumidas em meia página. Livros com conteúdos irrelevantes na mão do editor, aumentam as chances de rejeição.

RESUMO

— Saiba dosar o que você irá mostrar e o que você irá contar em sua história.

— Um editor procura originalidade em um livro, por isso o termo original.

VOZ ATIVA, VOZ PASSIVA, TIPOS DE DISCURSO E A MALDIÇÃO DO ADVÉRBIO

◇

Quando era criança, lembro de que minha mãe tinha mania de contar histórias para dormir.

É engraçado, pois minha mãe é graduada em língua portuguesa e literatura brasileira. Quando ela estava com pressa, e queria que eu dormisse logo, uma das técnicas que ela usava era transformar a história discurso indireto. Rapidinho eu embalava no sono, sem ter a necessidade de contar carneirinhos.

Na verdade, ela mudava a voz do verbo, que se subdivide em Ativa, Passiva e Reflexiva.

A voz do verbo na verdade é usada para indicar se o sujeito da ação é o agente ou paciente da ação. Em outras palavras, se o sujeito pratica a ação ou se ele recebe a ação.

Um exemplo de voz Ativa:

Helena fez um delicioso bolo de chocolate.

Já na voz passiva, a situação muda.

Um delicioso bolo de chocolate, foi feito por Helena.

E voz Reflexiva é o somatório da ativa e passiva. Como assim? Simples, pois neste caso o sujeito faz a ação e a recebe de volta como passivo.

Helena se queimou. O sujeito pratica e sofre ação ao mesmo tempo.

A voz ativa e a voz passiva, são os pilares para a compreensão do discurso direto, discurso indireto e discurso indireto livre.

No discurso direto, o narrador dá um descanso. Deixa a fala por conta do personagem.

No discurso indireto, o narrador toma para si a fala da personagem.

No discurso direto e indireto temos o somatório dos dois tipos de discurso.

Vamos aos exemplos:

1) Discurso direto:

André perguntou:

— Quem sou eu?

O sujeito pratica ação

2) Discurso indireto:

André tinha dúvidas de quem ele era.

O sujeito sofre ação.

3) Discurso indireto Livre:

André, por mais que refletisse, era atormentado pela dúvida.

— Quem sou eu? — Indagava a si mesmo.

Notem que no discurso direito, temos o uso da primeira pessoa, o verbo no presente do indicativo/pretérito perfeito ou futuro do presente; modo imperativo e alguns pavorosos advérbios como ontem e amanhã.

Já no discurso indireto, temos a terceira pessoa, uso do pretérito imperfeito do indicativo ou pretérito mais que perfeito, futuro do pretérito, pretérito imperfeito do subjuntivo e alguns adjuntos adverbiais.

Quando escrevemos e fazemos o uso do discurso indireto — visão do narrador —, a leitura tende a ser longa e cansativa. Já quando usamos o discurso direto, a leitura é mais rápida.

O segredo é saber dosar para não deixar a leitura cansativa e nem rápida demais. Esses recursos teoricamente regem a velocidade de sua história.

Como vocês devem perceber, eu usei o termo pavorosos advérbios.

Apesar de parecerem singelos e delicados, o escritor Stephen King diz que a estrada para o inferno é pavimentada por advérbios.

Eu digo que o caminho para a rejeição de um manuscrito é o uso de advérbios, como os "... mente".

Vou dar dois exemplos:

Hoje, Sofia acordou e depressa caminhou maravilhosamente e com muito amor no coração. Ela sentia-se exclusivamente radiante, pois aquém de sua janela, na cafeteria da esquina, realmente estava o homem que tanto amava.

Como podem perceber, no texto acima, existe um abuso de advérbios.

Notem que o mesmo parágrafo pode ser escrito de diferentes formas, sem rebuscamentos adverbiais ou ornamentos, como no exemplo a seguir:

Sofia acordou radiante. O coração aquecido sabia que a distância que a separava de seu grande amor, era o caminho até a cafeteria da esquina.

O fato é que não devemos sair feito louco e cortando todos os advérbios de um texto. O que o Stephen King quis dizer é que existem melhores formas de transmitirmos a mesma mensagem. Ao invés de dizermos "Eu te amo muito", podemos simplificar com "Eu te amo", ou "Nunca vou te amar!" por "Meu coração já tem dono".

Determinadas situações e personagens podem exigir o uso do advérbio, como na fala de uma criança. "Estou muito triste com você."

Para uma criança é uma frase aceitável, ou para outro personagem específico. O que não cai bem é a mesma frase sendo dita pelo seu protagonista que tem um nível de escolaridade "Você me decepcionou".

Um dia após fazer a leitura crítica de um livro, entrei em contato com o escritor, devido a uma passagem com o exemplo que acabei de citar.

Ele me disse:

"Hermes, o meu herói é um agente da inteligência e descolado"

Minha resposta foi simples:

"Veja bem, um agente da inteligência — que seja a nossa ABIN (Agência Brasileira de Inteligência) —, ele tem que ter nível superior e se preparar para uma prova. É improvável que ele use o termo que você colocou. De maturidade a seu protagonista, pois você destruiu a fala de seu personagem com um uso de advérbios mal colocados.

Outro grande problema — vocês podem até rir —, e o uso de diminutivos, que infantiliza o texto. Os famosos "INHO(s), INHA(s)". É claro que também não é regra proibitiva. Há momentos que na fala de seu personagem — na maioria das vezes se referindo a crianças — ele pode ser utilizado, como uma mãe que fala a um amigo do próprio filho. "Eduardo fica tão bonitinho quando fica bravo", mas jamais seu 007 irá chegar para a musa da história e dizer:

"Nossa, você é muito gatinha". Concordam que "Meu nome é Bond, James Bond" fica bem melhor?

Não vou me prender a parte gramatical, pois existe no mercado nacional uma infinidade de livros especializados. Minha intenção neste capítulo é de fazer com que o escritor compreenda o uso do discurso adequado para seu texto e sobre a periculosidade dos advérbios.

RESUMO

— Procure dosar os discursos em sua história.

— Cuidado com o uso excessivo do advérbio.

— Uma frase pode ser escrita de formas diferentes. Cabe ao escritor decidir qual será a melhor.

ESCREVENDO DIÁLOGOS

◇

Um diálogo consiste na reprodução da conversa entre duas pessoas ou mais, fazendo com que exista a interação e a troca de ideias.

O escritor tem como tarefa aprimorar o diálogo entre seus personagens, trazendo-o o leitor o mais próximo possível da vida real, mantendo a ideia base de emocioná-lo.

Observo a dúvida comum entre os escritores iniciantes que é a diferenciação entre narração e diálogo.

Quando temos um texto narrado, toda a informação será transmitida pelo narrador, ou seja, a impressão que o leitor irá criar sobre um protagonista é a impressão que o narrador irá transmitir. Já no diálogo — como estudamos a criação do personagem —, a impressão que será transmitida referente ao protagonista é a impressão real, ou seja, o leitor irá tirar as conclusões com base nas palavras de seu personagem. O princípio é o mesmo, na nossa vida real. Imagine que você está indo para seu primeiro dia de trabalho em uma editora. Digamos que você foi contratado na sessão de avaliação de originais.

Ao chegar na editora você tem uma impressão do seu chefe (na qual foi transmitida para você através seus amigos), ou seja, você ouviu diversas opiniões de diferentes pessoas a respeito de quem realmente é o seu chefe. Porém, essas impressões são na verdade impressões de outros narradores (funcionários) que foram repassadas para você. Com base nessas informações, você irá imaginar um tipo de pessoa com base nas informações que lhe foram repassadas. Diferente seria se você chegasse à empresa e encontrasse com seu chefe, na qual vocês iriam conversar por alguns minutos. E através desta conversa, ou seja, através do diálogo, você iria ter outra impressão a respeito da pessoa que acabou de conhecer, no caso, seu chefe.

O diálogo tem a função de dar vida a sua história, ele conduz a história com mais velocidade, bem como ele apresenta o personagem, sob os holofotes da realidade, pois O leitor irá conhecer os personagens da sua história de forma direta, sem rodeios e através das palavras do próprio personagem.

Um deslize comum de autores iniciantes é, através do narrador, passar uma impressão sobre um personagem, e este personagem quando se manifestar através do diálogo, apresentar-se diferente do que foi anteriormente narrado. Essa divergência de impressão tira a credibilidade do narrador, e também do escritor e confunde o leitor.

O primeiro passo para se escrever um diálogo é começar a prestar atenção nos seus diálogos reais. Preste atenção na conversa que você tem com seus familiares e amigos. Repare que as pessoas são diferentes, cada uma apresenta boas e más qualidades, vícios de linguagem e, no final, você irá ter a impressão sobre a pessoa.

Você irá perceber que as conversas mudam de acordo com a faixa etária, e o diálogo sofre essa influência. Nos dias de hoje, é comum você observar os termos: "cara", "véi", "meu" nas conversas de adolescentes. É claro que não podemos nos esquecer do nível cultural do adolescente, que com certeza os termos citados não seriam usados pelo príncipe adolescente da Inglaterra.

Um erro que considero grosseiro é ver escritores colocando em histórias uma criança de seis anos, com uma fala respectiva a uma criança de dois anos, ou vice-versa.

Se pesquisarmos na internet o desenvolvimento da fala e da linguagem, observarmos a medida que a faixa etária se eleva, a criança é capaz de usar certos recursos avançados da fala. Lembre-se que não é só a fala que se desenvolve com a criança, mas a capacidade de manusear objetos, caminhar.

Já vi livros com crianças de 5 anos engatinhando e com fala monossilábica.

Isso gera conflito e em consequência a perda de credibilidade em relação ao escritor.

Mas então qual é a razão que se esconde por trás deste conhecimento da escrita de diálogos?

Simples, pois é através da fala de seu personagem que você irá conectá-lo ao seu leitor. Lembram-se da simpatia e empatia? Tanto a simpatia quanto a empatia são reforçadas através do diálogo, pois é através dele que seu leitor irá julgar e criar a imagem mental de seu personagem. Por isso não pode existir conflitos ou disssonâncias.

Uma das primeiras complicações que observo quando se trata de escrita de diálogos, é com relação a pontuação.

Muito cuidado, pois o travessão (—), é o sinal usado quando criamos um diálogo. Ele não é o sinal de menos ou hífen (-) e não é o underline (_).

Pensem no trabalho do revisor em ter que corrigir um livro inteiro com sinal de pontuação empregado de forma errônea.

Você pode me dizer. É simples. É só ir no *word* e localizar e substituir. Concordo, só que pense que a palavra "conectá-lo" irá aparecer "conectá—lo" e o mesmo ocorrerá com as separações silábicas no final de frase.

Outro recurso que alguns escritores iniciantes desconhecem é que o diálogo pode ser escrito também através do uso do sinal de aspas (""), que no Brasil é pouco ou quase não é utilizada.

O uso do travessão tem a função de demarcar os diálogos na história, delimitando-os bem como separando a fala do personagem (discurso direto) e a do narrador (discurso indireto).

— Tubarões... Quem tem medo de tubarões? A morte nesse momento é um alívio para tanto sofrimento. — Disse olhando para o céu onde as estrelas cintilavam sem se importar com o que se passava abaixo delas.

Em O Último Pedido.

"Topa tomar um café?", pergunta Nell, recolhendo os livros.

"Não posso. Tenho um ensaio em vinte minutos." Fico em pé, mas não o acompanho até a porta.

Em O Acordo.

Notem que os diálogos acima foram extraídos de livros diferentes. No primeiro exemplo, temos o uso do travessão (—), que para quem desconhece, ele deve ter o tamanho da letra m e o hífen (-), o tamanho da letra n.

A primeira citação poderia ser escrita com o recurso da meia-risca (–) — particularidade essa que nem todos revisores ou diagramadores utilizam —, porém ele jamais deve vir no início da fala. Esse é o papel do travessão (—).

— Tubarões... Quem tem medo de tubarões? A morte nesse momento é um alívio para tanto sofrimento –disse olhando para o céu onde as estrelas cintilavam sem se importar com o que se passava abaixo delas.

As duas formas com uso do travessão ou da meia-risca estão corretas.

Já no segundo exemplo, os diálogos são escritos entre aspas.

Não há problemas em escrever os diálogos usando aspas. Algumas editoras nacionais podem acatar ou não, porém em meu ponto de vista, acho elegante escrever os diálogos com uso do travessão, pois o texto se revela. Por costume, usamos citações e pensamentos com o auxílio das aspas, e isso gera nos leitores assíduos quando se deparam com um livro literário com diálogos escritos entre aspas, uma sensação de não participar da conversa e de forma inconsciente estar diante de uma citação. Porém, como disse é questão de costume. Com certeza o uso do travessão em países onde os diálogos são escritos entre aspas, iria gerar certo desconforto aos leitores. São tendências, mas eu acredito na padronização e quando ocorrer acredito que o vencedor será o travessão.

Vamos entrar em um ponto delicado do diálogo. O uso do inciso ou marcações, o vejo como uma faca de dois gumes, que nas mãos do escritor iniciante podem resultar na rejeição por parte da editora.

Quando comecei a escrever meus primeiros livros procurei por livros especializados na escrita de diálogo. Após reler alguns de meus livros, notei que havia algo de errado nos diálogos, apesar de bem escrito tinha algo que destoava de um bom livro. Na época cheguei a criar a tabela a seguir que me auxiliava na escrita do diálogo, como se fosse uma fórmula matemática, a seguir:

• Disse • Questionou • Exclamou • Orientou • Esclareceu • Negou • Explicitou • Reagiu • Falou • Respondeu • Determinou	**+**	• Humor do personagem: triste, feliz, com raiva, perplexo. • Sensação: nauseado, com as mãos trêmulas. • Ação: esmurrando a mesa, batendo a porta. • Gestual: enfiando o dedo no nariz, mostrando o dedo do meio. • Qualificativos: tímido, entristecido, feliz.

Em meu mundo imaginário, a criação de diálogo resumia-se na mágica fórmula que lhes apresentei. Era simples, utilizava-se um elemento da primeira coluna e um elemento da segunda coluna para ampliar o efeito e pronto, problema resolvido.

Exemplo:

— Saia daqui! — Determinou Marina, com o dedo em riste.

— Você enlouqueceu? — Questionou Mario com ódio pela traição.

O que eu desconhecia era que a fórmula acima apesar de parecer genial, eu acabava engessando minha escrita, pois eu deixava de fora o principal elemento, a liberdade de expressão, além de robotizar todos meus personagens.

Acabei devido à "fórmula mágica" — que se revelou em um desastre — tirando a vida de meus personagens. Imaginem que o leitor irá se deparar com as mesmas expressões diversas vezes, criando uma repetição de marcações, o que além da robotização do diálogo, tornava os diálogos com uma essência repetitiva. Neste ponto, surgiu meu segundo problema. O que fazer para corrigir tal erro. Após longas reflexões, surgiu a resposta com sua simplicidade absoluta:

"Deixe fluir e viva como se fosse o seu personagem".

O texto do exemplo anterior pode ser escrito de diversas maneiras, livre dos pesos das regras e com a originalidade do escritor.

— Saia daqui! — Gritou Marina, quase enfiando o dedo nos olhos de Mario.

— Você enlouqueceu? — Questionou o marido cerrando as mãos, preparando-as para um violento soco. Tão violento quanto a traição da mulher.

Um diálogo bem escrito tem a capacidade de dar asas à imaginação do leitor.

Vale lembrar que às vezes o silêncio também faz parte do diálogo.

Notem o exemplo a seguir:

— Eu te amo! — Gaguejou Mario ao revelar seu verdadeiro sentimento, pela primeira vez.

Marina sorriu enquanto colocava as mãos no rosto tentando esconder o rubor, mas incapaz de silenciar o coração que disparava dentro do peito movido pela felicidade.

Percebam que no diálogo anterior o texto fica melhor do que:

— Eu te amo! — Disse Mario com timidez.

— Eu também te amo! — Respondeu Marina, feliz.

Outro cuidado a ser tomado é escrever diálogos sem sentido, vazios de significados como já vi em diversos livros. Vejam o exemplo a seguir:

— Oi, tudo bem? — Perguntou Letícia.

— Comigo tudo bem. E com você? — Respondeu Carlos.

— Tá tudo jóia! — Exclamou Letícia guardando o celular.

— Quem bom. — Afirmou Carlos olhando para a garota.

Carlos estava feliz, pois ela o havia cumprimentado. Era um bom sinal, pois Letícia era a menina mais disputada do colégio.

Você pode não acreditar, mas já li páginas e páginas similares ao que acabei de mostrar. O que há de informação? Quatro linhas utilizadas com qual finalidade, além de torturar o leitor?

É obvio que um livro com diálogos semelhantes a esse é carta marcada para a rejeição pela editora.

Melhor seria:

Carlos aproximou-se pela terceira vez de Letícia, até que tomou coragem.

— Oi, Letícia! — Falou quase não conseguindo escutar a própria voz, sufocado pela timidez.

Letícia fingiu não escutar. Guardou o celular no bolso assim como guardava a experiência dos relacionamentos anteriores. Via Carlos como um filhote de coelho, pronto para ser abatido por uma experiente e venenosa serpente.

— Por que você está me olhando? — Perguntou Letícia já sabendo a resposta.

Carlos sentiu as pernas amolecerem e coração disparar. Ela finalmente sabia que ele existia.

Notem que quando deixamos a criatividade fluir, um diálogo é capaz de transmitir toneladas de informações em poucas linhas. Ele cria conexões fortes entre o leitor e o personagem, gera curiosidade sobre a trama, os conflitos, fazendo nascer o suspense e até emocionar seu leitor.

Essa é a essência da escrita de um bom diálogo. Existem livros específicos sobre a escrita de diálogo, mas não deixe que isso torne mecânico sua história. Use o bom senso, coloque-se no lugar do personagem além do dever de você escritor começar a observar seus diálogos e ações no decorrer de um dia e aplicá-las no desenvolvimento de sua história.

RESUMO

— Saiba diferenciar sinais de pontuação, em especial o travessão (—) e o traço (-), no teclado de seu computador e empregá-los corretamente na escrita de sua história.

— Quando tiver um tempo de sobra estude sobre o uso da pontuação.

— Não torne mecânico seus diálogos e lembre-se que um bom diálogo é capaz de transmitir informações que vão além de uma simples conversa.

INÍCIO E FINAIS

◇

Hoje em dia existem livros dedicados apenas à escrita das cinco primeiras páginas, pois segundo alguns estudos são elas que irão determinar se o leitor irá seguir adiante ou irá abandonar a leitura já no início.

Pode soar estranho, mas bons filmes do cinema, também utilizam a mesma técnica. Note que os filmes de sucesso de bilheteria, nos primeiros cinco minutos (que equivalem a cinco páginas de um livro), algo interessante tem que acontecer. Não confundam este interessante com ponto de virada.

Dan Brown, soube aproveitar essas 5 primeiras páginas, colocando um fato interessantíssimo — um *cliffhanger* — já no início da história. Reparem que nas cinco primeiras páginas do livro de Dan Brown, temos um assassinato — seja na neve ou dentro de um laboratório de estudos da antimatéria, ou quem sabe um ritual de elevação maçônica — uma das sociedades masculinas, mais herméticas do mundo com milhares de teorias da conspiração —, mas espera aí... Ele está revelando os segredos da iniciação maçônica? Quem nunca teve curiosidade de saber sobre o que acontece dentro da maçonaria sem ser maçom? Talvez você não, mas lhe asseguro que existem milhares de pessoas no mundo que tem esse interesse, abrindo questionamentos sobre: Dan Brown é maçom? Se ele é, ele vai ser punido?

Queridos leitores, em meu ponto de vista, a maior fonte de informação atual para qualquer escritor se chama internet. Isso sem contar aqueles mais malucos que se aventuram na Deepweeb — um submundo da internet, onde você irá se deparar com a podridão humana e hackers em todos seus níveis, submersos em um verdadeiro inferno dantesco. Particularmente prefiro ficar na superfície — na surface — e nas páginas de bons livros.

Como podem perceber, observo escritores que movidos ao desespero buscam informações para criarem seus livros nos piores submundos, isso sem contar outros que mergulham na bebida e nas drogas à procura do lampejo criativo. Isso é completamente errado e posso lhes afirmar que fazer isso é dar o primeiro passo para a autodestruição.

As cinco primeiras páginas de um livro é o local onde o escritor apresenta seu cartão de visitas ao leitor, com informações que devem amarrar seu leitor durante toda a história até o desfecho final.

Alguns escritores utilizam da criação do prólogo. Se um livro tem um prólogo, por obrigação ele tem que ter um epílogo. Se o prólogo começa no oceano, o epílogo tem que terminar no oceano. São regras literárias a serem seguidas, semelhante a etiqueta que nos orienta a não mastigar de boca aberta, mas há quem o faça...

Certa vez fui abordado por alguns colegas escritores que me questionaram. Hermes, a literatura é livre. Vivemos num momento de liberdade de expressão e eu posso fazer o que eu quiser.

Minha resposta foi concisa. Concordo que vivemos em um momento de liberdade de expressão cultural, porém tudo tem seu preço. Se você sair caminhando pelado dentro deste shopping, ainda que você cante aos quatro ventos que você está divulgando sua arte, você será preso. No caso do livro, recusado.

O grande problema de alguns livros encontra-se na metáfora. Exagera-se no início, tirando a credibilidade da história, ou no caso de autores de primeira viagem, que encaminham seu original para editora, desprovido de técnica e de revisão (quando digo revisão, me limito apenas na revisão do próprio autor)

Como foi citado anteriormente, existem livros especializados para a escrita de início e de finais. Sim, existem. E vou além. Existem livros para ensinar a escrever cenas, livros para escrever diálogos, livros para criar conflitos, livros com técnicas de terror, como desenvolver suspense e etc... Ou seja, no que você pensar existem livros de técnicas, mas lhe asseguro que no que concerne as cinco primeiras páginas, a palavra mágica é *cliffhanger* ou gancho, e no que concerne ao final obrigatoriamente deverá ser apresentada uma solução ou desfecho da trama. Não tem mistério. Simples assim. A complexidade vem da imaginação e inteligência do autor.

Utilizando Dan Brown como exemplo, no livro *Ponto de Impacto*, as primeiras páginas (prólogo) criam dois suspenses. O primeiro com o pronunciamento do presidente Bill Clinton, sob uma descoberta conhecida como ALH84001 — aproximadamente 5 linhas — e a seguir um segundo suspense, um assassinato no meio da neve do geólogo Charles Brophy, que é capturado por militares, junto com seu trenó puxado por quatro huskies, e obrigado a ler uma mensagem por rádio em uma frequência praticamente desconhecida. Depois é conduzido ao helicóptero militar e assim que a aeronave atinge uma determinada altura, primeiro o trenó é lançado em meio ao nada e depois é a vez do geólogo Charles Brophy.

Pronto, foi lançado o engodo para o leitor. Um pronunciamento (fictício) de um presidente de uma das maiores potências do planeta — que nada revela sobre a trama, mas aumenta a curiosidade de forma exponencial —, seguido de um assassinato no local mais vazio do planeta, uma imensidão gélida e branca.

Não precisa ser um gênio para deduzir que algo grandioso está acontecendo e que estamos diante apenas da ponta do iceberg, além é claro da maestria de Dan Brown em criar o suspense, arremessando primeiro o trenó com os cachorros e a seguir o geólogo.

No prólogo do livro *Ponto de Impacto*, temos diversos ganchos, que serão respondidos no decorrer da história.

Então, a grande dica é que você deve surpreender o seu leitor e instigar a curiosidade com relação à leitura.

Notem que no prólogo deste livro inicia com um trenó, quatro huskies e um geólogo caindo em meio ao nada de um helicóptero. Quando chegarem no epílogo, irão observar que a cena se repete — com personagens diferentes, local diferente —, com algo sendo lançado de um jato da Nasa em meio ao oceano, ponto um ponto final em toda as 470 páginas de uma trama meticulosamente elaborada.

Com relação aos finais, lembrem-se que uma história pode caminhar para três tipos de finais — que podem agradar ou não o leitor.

Para quem é aficionado em cinema, já deve ter observado que as últimas tendências têm sido finais neutros, fugindo dos clichês e nos surpreendendo.

Vamos aos tipos de finais:

— Positivos: quando acontece o que o leitor deseja, porém, cuidado com os clichês do tipo: O herói mata o dragão, salva a mocinha e se casa com ela.

— Neutros: quanto o leitor tem o final diferente do que ele esperava; não o agrada, também não o decepciona. O herói fica amigo do dragão, salva a mocinha, mas não se casa com ela.

— Negativos: o dragão mata a mocinha e o herói deixa o dragão escapar.

— Inexplicável: o dragão antes de ser morto pelo herói, lança um feitiço e a mocinha desaparece.

Bem, se como pessoas nem sempre agradamos a todos, imaginem como escritores. Os finais negativos têm sido usados mais em comédias, pois é o oposto do que desejamos ver, concordam? O herói desastrado que deixa o dragão esturricar a mocinha e o dragão consegue fugir.

O fato é que em livros sérios, não podemos decepcionar o leitor, oferecendo a ele um final negativo. Imagine o detetive com a esposa grávida, pai de 3 filhos (sendo um deficiente) caçar o *serial killer* o livro todo e no confronto final o *serial killer* mata o detetive e consegue fugir. Concordo que é um tipo de final, mas de que adianta o leitor ler 450 páginas de seu livro para se deparar com esse tipo de final? Ou seja, diversos leitores desejariam que o criminoso fosse para a prisão, indiferente se de lá ele tem meios para escapar antes da pena de morte. Na maioria dos livros os leitores gostam de finais positivos ou neutros.

Asseguro a você, por mais complexa que seja sua trama, cabe a você criar recursos e conseguir surpreender seu leitor no final.

Então a regra de ouro é: não desaponte o seu leitor. Essa é a chave.

RESUMO

— Use o *cliffhanger* para amarrar o leitor no início de sua história.

— Seja sensato ao escolher o final para sua história. Dê ao leitor o que ele deseja, porém surpreenda-o.

LINHA TEMPORAL OU TIMELINE

◇

Toda a história acontece em um período de tempo. Basta lembrarmos de que a nossa própria história acontece a partir de uma linha temporal, ou seja, o dia de nosso aniversário.

Podemos ir além, a história clássica também acontece dentro de uma linha temporal, onde a velha linha temporal divide-se em A.C e D.C (antes e depois de Cristo, respectivamente). Fiquem atentos que hoje não se usa mais A.C ou D.C e sim A.E.C para "Antes da Era Comum" e E.C "Era Comum".

Querendo ou não, um dia tem 24 horas ou 1440 minutos ou 86400 segundos.

Vejamos o exemplo a seguir.

Anderson acordou as 5 horas da manhã, como de costume, com o toque do despertador, levantou da cama meio sonolento. Foi até o banheiro e esvaziou a bexiga. Aproximou do espelho e tentando reconhecer o próprio reflexo, com os cabelos despenteados, o pijama amassado e o gosto horrível na boca além dos olhos pregando. Deixou o pijama de lado e entrou no chuveiro. Regulou a temperatura da água e entrou embaixo do chuveiro e ali ficou por algum tempo pensando na vida, planos e o que iria fazer no final de semana.

O banho foi tão relaxante que Anderson não se preocupou com o tempo. Ao sair do chuveiro, secou-se, vestiu a roupa para o trabalho e seguiu até a cozinha. O relógio na parede marcava 5:40. Ligou a cafeteira e quando foi tirar a caixa de leite da geladeira, avistou o papel que havia pregado na noite anterior com um lembrete que parecia uma sentença de morte:

"O voo sairá as 7:05 no aeroporto de Guarulhos. As passagens e o passaporte estão na pasta".

Foi aí que acordei de verdade...

Havia me esquecido por completo! O meu emprego e minha promoção estavam em jogo caso perdesse o voo para Nova Iorque.

Sabia que gastaria de casa até o aeroporto pelo menos 50 minutos, isso se o transito cooperasse.

Peguei minha pasta, tranquei a porta do meu apartamento — a essas alturas pouco me importava com a cafeteira que ficara funcionando, ela é automática —, e corri em direção ao elevador.

Apertei o botão, mas a luz não acendeu. O display continuava marcando que o elevador estava enroscado em algum lugar entre o oitavo e nono andar. Não podia esperar. Corri em direção as escadas e comecei a descer enquanto chamava pelo taxi. Degrau por degrau, ou melhor, 14 andares de degraus, e determinados lances de escada, ainda na escuridão problemas nas luzes automáticas que não se acendiam. Por sorte usei meu celular como lanterna.

As 5:51 consegui chegar até a rua. Estava impaciente, pois sabia que se o taxi demorasse a tendência do transito seria piorar cada vez mais. Foi quando as 6:05 vi o taxi dobrar a esquina.

— Pé na tábua! — Disse ao taxista, sem me dar conta do senhor de idade que estava por trás do volante.

— Calma, meu filho. O mundo não foi feito em um dia só! — Ecoou uma voz rouca no carro e para meu pesadelo, quando olho para o volante, era um senhor que devia beirar os 75 anos, que acelerou o carro tão rápido quanto uma cadeira de rodas elétrica.

Meu coração palpitava. Juro que tive a sensação de que iria ter um infarto. O carro parecia não andar e para variar todos os semáforos conspiravam em vermelho em meu trajeto até o aeroporto.

As 6:20 recebi minha primeira mensagem de meu chefe:

"Cadê você, porra!"

Com as mãos trêmulas, respondi: "Estou chegando", mas sabendo que a verdade estava longe disso.

O motorista tentava puxar conversa o tempo todo. Tudo o que eu queria era chegar logo no aeroporto. Ao menos havia preparado a pasta com o passaporte, dólares e meu carregador de celular... Espera aí! Meu carregador de celular! Apenas a lembrança de eu desconectando um fio branco do meu aparelho de celular. Olhei para a bateria e estava em 8%. A maldita lanterna que usei para descer os lances de escada consumiram a bateria de meu celular.

Por sorte, o velhinho conhecia os atalhos. Era experiente e conhecia a cidade como a palma da mão.

Overbook... Meu Deus! *Overbook*... A palavra americanizada passava em minha mente como uma maldição em outro idioma.

— Chegamos disse o velhinho. Fui pegar minha carteira... Minha carteira! Havia esquecido em casa junto com os cartões. Só tinha dólares e meu passaporte na pasta.

— Hoje é seu dia de sorte! — Disse ao motorista, arrancando uma nota de 50 dólares — bem mais do que a corrida valia — e entregando a ele.

O velhinho travou a porta do carro.

— Você está achando que eu sou idiota? A corrida ficou em 100 reais e você quer me pagar com uma nota de 50!

Não havia tempo para discutir, meu emprego, meu destino e minha promoção estavam em jogo.

Sem dizer nada retirei outra nota de 50 dólares e a entreguei para o bom velhinho, que cotou o dólar em 1:1 com o real.

As portas se destravaram para minha liberdade. Corri desesperado em direção à entrada, com a pasta na mão. Por que os aeroportos são tão grandes? Parecia não ter mais fim.

Foi quando o celular tocou. Era meu chefe.

Ofegante, atendi ao aparelho.

— Cadê você, Anderson! Faltam 25 minutos para o avião decolar. Se você não vier...

A ligação caiu, ou melhor, a bateria de meu celular acabou! Olhei para o relógio do aeroporto, e marcava 6:40.

— *Overbook*. Já era!

Não podia fazer mais nada, exceto ir até a companhia aérea e implorar para me deixarem embarcar. Não adiantava correr.

Ao aproximar da moça da companhia aérea, que me atendeu com um sorriso largo e com um doce bom-dia. Entreguei-lhe o bilhete.

— Moça, tenho um voo que sai as 7:05. Sei que faltam 20 minutos, mas eu preciso embarcar, por favor.

Ela sorriu, enquanto olhava para a tela do computador e preparava-se para pronunciar minha sentença de morte.

— Calma senhor, seu voo está com 30 minutos de atraso, vai dar tempo.

Juro que naquele momento queria beijá-la e dançar uma valsa no meio do aeroporto. Por sorte não estaria viajando sozinho, e meu chefe me ajudaria com relação a minha carteira que havia esquecido. Aliviado, peguei o cartão de embarque e meu passaporte.

Às 8:00 horas o avião decolou de São Paulo.

Como de costume, tomei meu remédio e só fui acordar 10 horas depois, babando nos ombros de meu chefe.

***

Percebe-se que em qualquer outra história existe uma linha temporal.

A linha temporal deve ser respeitada, pois já vi em livros, o sujeito almoçar com a namorada — qualquer pessoa irá pensar que o almoço ocorre entre uma e 15 horas — e a seguir sair para assistir ao pôr do sol —, deixando um grave conflito temporal.

A linha temporal, quando bem utilizada como no texto que foi dado como exemplo, gera expectativa e mais interessante fica, quando estamos falando de uma bomba que irá explodir em 24 horas. Ou seja, o protagonista terá que encontrar o terrorista, encontrar a bomba e desarmá-la em menos de 24 horas. No exemplo acima era o emprego de Anderson que foi colocado em xeque, além, é claro, da oportunidade de promoção.

O tempo deve ser demonstrado na trama com sutileza. Algumas palavras no contexto da história sugerem horário, pois quando dizemos amanheceu, sabemos que o sujeito acabou de acordar. Não é necessário dizer que são 6:01 da manhã — isso vale para o Brasil, fora do horário de verão —, da mesma forma que quando colocamos um personagem em sol a pique ou sem sombra, ou na hora do almoço, sabemos que é por volta de meio dia e o pôr do sol, é sempre as 18 horas — de novo no Brasil fora do horário de verão. Essas palavras transmitem a noção de temporalidade em sua história. Notem que no texto que criei, tive que informar o horário, para com que o leitor se situasse em relação ao compromisso — um lembrete na geladeira. A partir dessa informação desencadeou-se uma corrida contra o tempo, onde tudo parecia dar errado. Observem que, a partir do primeiro bilhete, o tempo surge em momentos diferentes e de forma rotineira, pois existia uma preocupação do protagonista com relação ao horário. Notem que as fontes de informação do horário foram diversas, afinal, hoje em dia encontramos relógios em tudo quanto é lugar, concordam? Porém, não podemos esquecer que o relógio não é o personagem principal. O tempo sim que é o antagonista da história, ou seja, a linha temporal, onde o chefe — que mal aparece —, e apenas um oponente, relevante para a trama.

A linha temporal é relativa, assim como dizia Einstein em sua teoria da relatividade. Reparem que depois que o protagonista entra no avião, 10 horas se passam sem nada ser narrado, diferente das duas horas cruciais para o embarque de Anderson no avião. Lembre-se de um recurso longo quando uma história aconteceu há muito tempo é o *flashback* — que pode ser trazido à tona através de um jornal com uma notícia do passado.

Uma história pode ser contada em uma hora, como a última hora de um condenado a injeção letal sem ser necessário relatar os minutos faltantes. O texto pode se iniciar com a frase: Em minha última hora; e finalizar com: Até que meus olhos se fecharam pela eternidade. O leitor já tem a informação de que o prisioneiro irá viver apenas uma hora, então para que ficar narrando os minutos? Se você fosse o prisioneiro em sua última hora de vida você iria ficar olhando para um relógio, vendo os minutos? Acredito que iria querer um bom almoço, escrever uma carta e nela revelar sua culpa ou seu crime, ou quem sabe enlouquecer e tentar se enforcar dentro da própria cela.

Ou quem sabe, quando criança, ficar preso na escuridão em uma dimensão desconhecida e quando voltasse você seria adulto, porém em nossa dimensão tivesse passado apenas um minuto?

Perceberam que o tempo é relativo também nas histórias?

O grande cuidado é para não cometer deslizes, como no dia de natal comer o ovo da páscoa que o alegre coelho saltitante lhe trouxe. São erros temporais grosseiros e imperdoáveis.

RESUMO

— Faça o esboço de suas cenas na linha temporal. A sua história será em dias, meses, anos?

— Os *flashbacks* são um ótimo recurso que ajudam a resgatar uma cena do passado.

— A relatividade de Einstein também vale para a escrita literária ou de roteiro.

A ARTE DE ESCREVER

O MÉTODO DO FLOCO DE NEVE

Particularmente, no Brasil, não gosto de usar o termo floco de neve, por uma simples razão: aqui não neva. Prefiro utilizar o método diamante, onde você irá lapidar sua história, o princípio é o mesmo.

Porém, é interessante que vocês conheçam esse método como uma nova forma para se escrever todo arco da história.

Basicamente em qualquer história existe 3 momentos: início, meio e fim. As formas pelas quais a história será escrita e os caminhos ou recursos que você irá utilizar são inúmeros, como as possibilidades de lance em uma partida de xadrez.

A experiência vem com a prática, e quanto mais se escrever — e ler — melhor serão seus livros.

Minha ideia é apresentar-lhes duas ou mais técnicas e através destas duas, você escolha a que você sinta uma maior afinidade e facilidade na hora que você for trabalhar com sua história.

Então vamos ao método do "floco de neve".

Este método foi criado pelo escrito e físico Randy Ingermanson.

Aprendemos a criar o esboço da sua história, através de um método linear. Ok. Já o método do floco de neve ensina criar sua história partindo do simples para o complexo, que por sinal, também é uma mitologia do ensino, pois em nossa formação escolar, aprendemos do simples ao complexo, basta lembrar-se da matemática que você aprendeu no colégio.

Mas como então colocar esse método em prática?

Simples, basta seguir os 10 passos apresentados pelo método.

A figura abaixo nos apresenta a estrutura geométrica de um floco de neve. O princípio é chegarmos a ela através de estruturas mais simples.

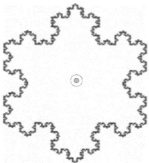

Basta observar na próxima imagem, que a partir de um simples triângulo, podemos evoluir para a estrutura mais complexa acima, seguindo o passo a passo.

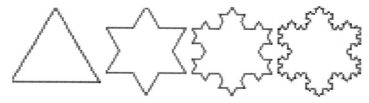

A sua história irá seguir a mesma evolução. Irá iniciar a partir de uma simples ideia contida em uma frase e transformá-la utilizando de sua criatividade, fazendo a história evoluir e tomar forma gradativamente até chegarmos à estrutura complexa. É válido lembrar que para desenvolver da forma correta o método do floco de neve poderá demandar alguns meses, mas o resultado vale a pena. O autor da técnica relata o tempo gasto para seguir os 10 passos do método, irão demandar aproximadamente 100 horas.

Uma grande dica antes de começar é que você tenha a ideia já preparada para que possa seguir o primeiro passo do método do floco de neve. Achei interessante colocar esses cinco itens a seguir, para lhe preparar para o primeiro passo do método do floco de neve. Vamos lá:

1º Desenvolva um *brainstorm* de ideias — vale pensar nas histórias mais absurdas ou idiotas. Quanto mais ideias melhor e no final, você irá selecionar a melhor.

2º Pense em algo semelhante ao enredo da sua história — que tenha início, meio e fim —, que envolva algo extraordinário ou monumental, e as formas que seu personagem irá atuar para conseguir cumprir o objetivo proposto, bem como as forças internas ou externas que irão atuar como opositoras para que seu personagem não consiga (notem, que neste ponto já temos um personagem central) e a conclusão final (positiva, neutra ou negativa).

Saiba que seu herói ou protagonista deve ter um objetivo claro e bem definido, que o impulsione a seguir em frente para conquistá-lo, e obrigatoriamente esse objetivo deve ficar claro e bem estabelecido já no início da história. Evite criar mais de 3 personagens centrais, lembrando-se de que seu herói irá fazer o possível ou impossível para conquistá-lo, sacrificando a própria vida se preciso for e em meio a jornada. Conflitos irão surgir com a finalidade aumentar a importância da motivação de seu protagonista, diante do objetivo delimitado no início. Lembre-se dos pontos de virada ou clímax de sua história, que são formas de criar suspense e o conflito e não se esqueça de que o final da história deve ser memorável.

3º Delimite bem seus protagonistas e antagonistas. Não se prenda apenas ao personagem central. Fuja de personagens superficiais.

4º Não deixe pontas soltas em sua história. Lembre-se de solucionar todos os problemas e conflitos que você apresentou a seu leitor ou ainda pensa em colocar em sua história.

5º Crie seus personagens conforme a técnica que lhe foi apresentada. Diversifique seus personagens, tornando-os diferentes entre si.

Feito isso, já estamos preparados para o método do Floco de Neve.

Vamos então aos 10 passos para desenvolvermos nossa história.

1º PASSO: STORYLINE

Escreva uma curta sentença de seu romance. Exemplo: "Uma violinista, em lua de mel, perde a mão após o avião cair no oceano" (ideia central de meu livro o Último Pedido).

O objetivo desta pequena frase é fazer com que você comece a criar uma imagem mental que corresponde ao primeiro triângulo do método floco de neve. Geralmente ele aparece no início do *book proposal* e será o elo de ligação entre você, o editor e seu leitor. A tradução original desta técnica relata que essa frase inicial é o que irá forçar as vendas e atrair os leitores, ou seja, estamos nos referindo a uma ideia central de sua história, portanto você deve caprichar e criar a melhor ideia possível. A ideia central não pode ter mais do que 15 palavras, e neste momento não se faz necessário dar nome ao personagem. O importante é você deixar claro o que seu protagonista está perdendo algo de importante na história e começar a refletir qual será o ganho final do protagonista.

Por isso coloquei os cinco itens anteriores para lhe preparar para o primeiro passo do método floco de neve.

2º PASSO: CRIANDO SENTENÇAS

Momento de expandir a história. Iremos trabalhar fundamentados na sentença que elaboramos no 1º passo, e vamos transformá-la em um parágrafo, esboçando a história, citando o final e o maior desastre ou o ponto de virada mais intenso que irá acontecer na trama. O próprio autor do medo, Randy Ingermanson, relata que devemos trabalhar com a estrutura dos três atos, onde o final do primeiro desastre corresponde ao primeiro ato — uma situação forçada pelas circunstâncias —, o final do segundo ato corresponde ao ponto central, provocado pelo protagonista sob efeito das circunstâncias, e o final do terceiro ato, seria o protagonista tentado consertar os problemas resultantes dos desastres do primeiro e segundo ato, em um meio adverso onde tudo dá errado.

O parágrafo deverá conter cinco frases, e nele deve estar bem nítido o objetivo de seu personagem e ajustando a história. Novamente a importância dos itens colocados anteriormente. A dica é elaborar cinco sentenças, dedicando-se 3 sentenças para cada desastre (limiar de cada ato), e uma sentença com o esboço da história e o cenário, e uma sentença para esboçar seu final.

Primeira sentença: esboço história + cenário

Segunda sentença: primeiro desastre -> primeiro ato

Terceira sentença: segundo desastre -> segundo ato

Quarta sentença: terceiro desastre -> terceiro ato

Quinta sentença: final

3º PASSO: PERSONAGENS

É chegado o momento de conhecermos os personagens que irão compor a sua história e o papel que cada um irá desempenhar na trama que você criou. A ideia é a mesma do segundo passo, porém voltada exclusivamente ao personagem. Você deverá dedicar-se com mais atenção e focar-se nos personagens centrais de sua trama. O autor do método orienta que você dedique uma página para os personagens centrais, semelhante a um histórico de antecedentes. Deve constar:

— Nome do personagem;

— Resumo de uma frase sobre o envolvimento do personagem na história;

— A motivação de seu personagem (o que ele ou ela procuram de abstrato);

— Qual é o objetivo do seu personagem? O que ele realmente quer de concreto?;

— Quais são os conflitos que envolvem seu personagem (o que o impede e o que o impulsiona a alcançar seu objetivo);

— O que seu personagem irá aprender com a jornada e como ele irá se autotransformar?;

— Elabore o resumo de um parágrafo com a história de seu personagem.

4º PASSO: EXPANDINDO A HISTÓRIA E LINHA TEMPORAL

É a hora de você ampliar sua ideia e estruturar a sua história. Nessa etapa, iremos ampliar as sentenças ou frases que criamos no segundo passo e transformá-los em parágrafos e encontrar as inconsistências ou erros de posse do esqueleto de sua trama. Tente encontrar a melhor ideia que vale ser trabalhada e dando a ela intensidade. Verifique seus pontos de viradas e as situações de desastre que você criou. Reavalie inconsistências. Torne intenso os conflitos, e analise se eles estão no ponto certo da história. Ao final, dessa etapa você já terá o esqueleto. Lembre-se de que é melhor você errar agora e encontrar o erro nessa etapa do que depois que seu livro estiver pronto.

Que você gaste dois, três dias, até um mês nessa etapa. Vai valer a pena, pois estamos no ponto mais importante da criação de seu livro e ele deve ser visto e revisto diversas vezes. Uma dica: utilize os aprendizados do capítulo do arco do personagem e do esboço para esta etapa.

No que concerne a linha temporal, lembre-se de colocar o tempo que sua história irá ocorrer: 3 dias, uma semana, um mês? Coloque os pontos de virada na sequência temporal correta.

5º PASSO: DESCREVENDO SEUS PERSONAGENS

Chegou a hora de fazer a descrição minuciosa de seu personagem, com todos os detalhes possíveis. No capítulo criando o personagem, você irá encontrar as orientações para você aplicá-las neste passo do método floco de neve. Lembre-se de dedicar uma página para seu personagem principal e meia página para os personagens de menor importância. Vale lembrar de que o garçom que irá aparecer apenas para servir o café, não necessita de meia página de descrição, ao menos que ele vá aparecer mais vezes na história e tenha um papel secundário na trama. Use uma folha para cada personagem, pois ela lhe valerá para consultas futuras, como se fosse uma sinopse. É importante que se coloque na folha de cada personagem uma sinopse relatando o ponto de vista de cada personagem em meio à trama que você elaborou. Isso torna os personagens diferentes, o que aumenta a chance da aceitação de seu livro pelas editoras, pois os editores dão atenção especial a obras que apresentam personagens com o ponto de vista distintos e às respostas individuais que cada um revelará diante de uma situação de conflito.

6º PASSO: TRANSFORMANDO SEU ESBOÇO EM SINOPSE

Neste ponto vamos dar consistência à história para cada personagem. Iremos expandir as frases que criamos no 4º passo utilizando as 4 sentenças (lembram-se das frases do 2º passo?). Agora é hora de trabalharmos cada sentença e transformá-la em uma página. Temos 4 sentenças, logo teremos no mínimo 4 páginas. É uma parte divertida, pois é neste ponto que irá figurar seu raciocínio lógico com relação a história, bem como as estratégias que serão utilizadas e as respectivas decisões. Você irá perceber que diversas ideias irão surgir neste ponto, enquanto você aprofunda no desenvolvimento da sinopse. Neste ponto você está criando uma mini trama.

7º PASSO: APROFUNDANDO NOS PERSONAGENS

Chegou a hora de detalharmos (se possível em uma ficha), elementos que integram seu personagem a história, como descrição, passado de seu personagem, as relações interpessoais, as motivações e os objetivos que ele tem dentro da história e acima de tudo o que ele irá transformar na história e o impacto que isso terá sobre ele. Lembram-se de que o personagem no início do livro após seguir sua jornada não será o mesmo no final? Neste ponto você está tornando seu personagem acreditável (crível) e de relevantes dentro de sua história. Leia e releia todos os passos anteriores, para ver se seu personagem se adequa.

8º PASSO: PLANILHA DE CENAS

Neste ponto é o momento de tornarmos mais fácil a escrita de seu livro. Em inglês é chamado de *First Draft*, ou primeira versão provisória (antes das revisões sucessivas que iremos falar na Parte II.

Para essa etapa, iremos precisar das 4 páginas que criamos no 6º passo e a utilizaremos para criarmos uma lista de cenas que iremos colocá-las dentro de nossa história.

Iremos elaborar uma planilha, isso mesmo! Uma planilha e pode usar até o excel para criá-la. Iremos dividi-la em linhas e colunas, onde as colunas devem constar:

Nº da cena, personagem, cenário, data, dia ou noite, POV (qual personagem vai carregar a cena (em histórias na terceira pessoa), acontecimentos, ação principal, sub ações/ganchos, nº de páginas esperado para cada cena, etc...

Muitos softwares para escritores já apresentam esta planilha para facilitar na hora de escrever para que você não se perca. O ideal é que a planilha tenha pelo menos 100 linhas com as descrições sucintas das cenas, personagens, local (conforme foi explicado acima). Preste atenção que não estamos falando de capítulos. Lembram-se de que o capítulo é um conjunto de cenas? Pois bem, então é o momento de você estipular quais cenas compõe o capítulo 01, 02, etc..., lembrando-se de que

9º PASSO: EXPANSÃO DE CENAS

Boas e más notícias... Se você já é um autor com várias publicações, esta etapa é opcional. Caso contrário, más notícias. Você terá que passar por essa etapa, que consiste em expandir cada cena que você criou na planilha, descrevendo-a em vários parágrafos, inserindo linhas de diálogo que você acha importante, o conflito "motor" que impulsiona a cena, descrições de partes importantes do cenário, lembrar dos ganchos nos finais de cada cena.

Quando estiver escrevendo, lembre-se de colocar o POV do personagem que impulsiona a cena e sua interação com o meio — envolve sensações externas e internas.

10º PASSO: ESCREVENDO A PRIMEIRA VERSÃO.

Chegou a hora de fazer o que você mais gosta: escrever.

Você já conhece as técnicas de escrita e é momento de colocá-las em seu texto apoiado pelo esboço que desenvolveu, sendo ele um norteador de sua história. Você sabe que agora já possui todos os recursos para escrever uma história consistente, sem riscos de se perder no meio do caminho. Procure um lugar silencioso para que você tenha tranquilidade, um lugar que ninguém lhe interrompa, podando suas ideias ou processo criativo.

Não tenha pressa em escrever. Se você chegou até aqui seguindo o passo a passo, a chance de que seu projeto tenha algum erro ou inconsistência lógica é praticamente inexistente. O legal é que você já está com todo o esboço de cenas e personagens construídos com a vantagem de que você os conhece bem, com profundidade. Se tiver dúvida com relação ao personagem, data é só consultar a página do personagem ou a planilha das cenas.

Lembre-se que ao concluir a sua primeira versão, você já está preparado para ir para parte dois deste livro.

RESUMO

— Lembre-se de que existem diversas técnicas para se preparar um bom esboço e começar a escrever seu livro. Cada técnica tem o objetivo de lhe auxiliar para que você não se perca no meio da história.

— A técnica do floco de neve permite que você desenvolva sua história começando com uma frase, ou seja, do mais simples para o mais complexo.

— Mesmo utilizando a técnica de preparação do esboço de seu livro, pode levar meses até tudo ficar pronto. Não queira fazer tudo em um dia.

SOFTWARES PARA ESCRITORES

◇

Esta é a segunda vez que escrevo um capítulo sobre software para escritores e lhe asseguro que nesta segunda edição revisada e ampliada deste capítulo houve alterações significativas no que concerne aos softwares.

Bem, se você é daqueles que acredita que a velha máquina de escrever ou o Word — processador de texto da Microsoft —, dentre outros processadores de texto são suficientes como ferramentas de escrita para o escritor são suficientes, lamento informá-lo. Você está errado.

Mas como os escritores que usavam máquinas de escrever, que não viveram a geração do computador faziam?

Bem, esses escritores utilizavam o velho fichário. Onde havia um cartão com as informações sobre cada personagem e folhas — escrita à mão ou datilografado caso o escritor tivesse compulsão por organização.

Com a evolução da tecnologia, em especial com o surgimento dos primeiros processadores de texto — no caso vou citar o Word, pois é o mais conhecido — houve uma melhora significativa nas imagens, fontes, espaçamentos, erros (que na velha máquina de escrever tinha que usar o famigerado lápis-borracha — que chegava a furar a folha) — além é claro de uma infinidade de fontes que você pode até fazer downloads gratuitos pela internet. Essa tecnologia se ampliou para as editoras, da quais a diagramação — onde um profissional especializado irá escolher a fonte adequada, os espaçamentos e fazer a configuração final de seu livro deixando pronto para a impressão — e softwares para a produção de capa vêm produzindo livros de extrema qualidade editorial, que dá orgulho a qualquer leitor ao folheá-lo.

Porém, mesmo utilizando o processador do Word, ainda surgia o problema de criar um arquivo para cada personagem, um arquivo para a trama, um arquivo para o esboço, um arquivo para o esboço da cena, arquivo para a linha temporal, notas importantes, e no final ficar abrindo e fechando janelas tornava-se um martírio.

Há os que utilizavam (e ainda utilizam) o velho método dos cartões de papel e esboço manual, e vão escrevendo a história no Word.

Alguns escritores, conhecedores de programação, observando estes problemas, desenvolveram softwares para auxiliar o escritor a se organizar melhor e utilizando um único software.

Bem, daí surgiram os primeiros softwares para escritores, que em outras palavras, são programas (tipo o Word) desenvolvidos para o escritor trabalhar com todas as informações necessárias em uma única tela.

Atualmente existe uma infinidade de programas, alguns gratuitos e outros pagos.

Nem todos os softwares para escritor são processadores de texto exclusivos. Surgiram programas especializados para lhe ajudar a desenvolver a trama, conflitos; programas para ajudá-lo a escrever e organizar suas fichas, cartões, *timeline*, roteiros, programas para criar *brainstorm*, dentre outros.

Antes de citar os principais programas que são processadores de texto exclusivos para escritores, vou fazer alguns comentários que acho que são pertinentes, entre vantagens e desvantagens do software.

VANTAGENS:

— Organização;

— Criação de *timeline*;

— Gerador de nomes de personagens (em alguns programas);

— Múltiplas janelas com funções diferentes;

— Contador de palavras e caracteres;

— Meta de palavras a serem escritas por dia;

— Compilação para diferentes formatos de saída (.docx, .pdf, .rtf, etc.);

— Configuração do manuscrito já no padrão de apresentação para a editora;

— Identificador de palavras repetidas;

— Corretor ortográfico (quando disponível no idioma do escritor);

— Som de máquina de escrever durante a digitação;

— Leitor virtual de texto (o escritor ouve uma voz virtual lendo seu texto);

— Salvamento automático;

— Alguns softwares dispensam a digitação e o texto pode ser ditado;

— Visualização do resumo do texto em cartões com fundo semelhante a quadro de cortiça;

— Rotulação de cenas por cor ou personagens;

— Consulta de dicionários online, enciclopédias online, dicionários de sinônimos (sem necessidade de abrir janela de navegador);

— Inserção de imagens, gráficos;

— Funções estatísticas quanto a sua história;

— Gerador automático de sinopse;

— Modo de revisão;

— Recursos semelhantes ao Word na hora da escrita;

— Personalização das janelas;

— Notas de cena;

— Criação de fontes bibliográficas;

— Múltiplos idiomas;

— Função conversão para e-book.

Bem, citamos acima algumas das funcionalidades presentes na maioria dos softwares. Notem que foquei com relação aos softwares como função de processador de texto. Não estou falando para o desenvolvimento de trama.

Algumas das funcionalidades acima podem estar presentes em alguns softwares e estarem ausentes em outros. Sempre digo que os softwares são como calçados. Cada cliente irá se adaptar com um e odiar o outro e vice-versa.

VAMOS ENTÃO AS DESVANTAGENS DOS SOFTWARES:

— Tempo de aprendizado das funcionalidades globais do software (que raramente acontece);

— Maioria dos softwares em inglês;

— Vírus;

— Perda de todo o trabalho por travamento;

— Ausência de *autobackup*;

— Incompatibilidade com Windows ou iOS;

— Poucas atualizações ou atualizações pagas;

— Preço elevado, geralmente em dólar;

— Dificuldades técnicas;

— Ausência de corretor atualizado ou indisponível no idioma do usuário;

— Ausência de *timeline*;

— Ausência de compilação para outros formatos (.pdf, .rtf, etc.);

— Ausência da função para compilação em ebook;

— Poucas fontes disponíveis;

— Indisponibilidade da função roteiro;

— Ausência de gerador de nomes;

— Dificuldade de configuração;

— Ausência de tutorial;

— Tutorial em outro idioma;

— Ausência de *storyboard*;

— Demora para envio quando comprado em dvd para instalação;

— Falha no download de instalação;

— Uso limitado em apenas uma máquina;

— Surgimento de outros softwares com mais recurso em curto espaço de tempo;

— Ausência de opção de armazenamento em nuvem — poucos apresentam essa opção;

— Tela preta;

— Uso de softwares piratas com dano ao computador.

Nota-se que nem tudo são flores quando estamos falando em software para escritores.

Acredito que primeira grande dica antes de você se aventurar a instalar um software com processador de texto, seja você pesquisar na internet ou conversar com escritores que fazem uso deste recurso.

O maior problema que enfrentei com a utilização destes softwares foi o tempo que tive que dedicar no aprendizado das funções. Como não tenho dificuldades com inglês, comprei um software americano, de atualização automática gratuita. Ele tem me servido bem, e, por estar utilizando-o há um bom tempo, acabei pegando os macetes. Antes o tinha instalado no Windows, na versão em português e isso é legal, pois o fato de você trabalhar com um software em sua língua nativa é fantástico. Com o passar do tempo, me cansei das atualizações do Windows e troquei minha máquina por uma com IOs. Foi outro grande aprendizado, sair do Windows e entrar no Os X El Capitan. Tive que comprar outra licença para o software de escrita e para minha surpresa, não tinha a versão em português do software para o Os X da Apple. Baixei a versão em inglês. De qualquer forma, não mudou a estrutura e espero que em breve exista uma atualização para o português Brasileiro.

Para o sujeito "pão duro", recomendo que faça economia e compre o software original evitando baixar softwares piratas. Estes softwares têm atualização quase que semanal (na pior das hipóteses mensais), e a cada dia surge um novo recurso. Com um software pirata você irá perder esta atualização e trabalhar sempre com um software desatualizado, cheio de travamentos, além do risco de perder todo seu livro. Imagine, você chegar na página 377 de sua história e não conseguir fazer backup, imprimir ou salvar o seu conteúdo. Eu sei o que isso, pois antes do advento destes softwares, uma vez eu perdi um livro inteiro, por causa de um jogo que instalaram em meu computador. Perdi o HD e o disquete (era usado na época em que comecei a escrever) usava) que não gravou o backup. Por sorte tinha o livro impresso e com certeza posso afirmar que não é nada legal ter que digitar 280 páginas de um livro que já estava pronto.

Vamos à lista com os principais softwares para escritores.

GRATUITOS — PODEM TORNAR-SE PAGO. ATÉ O DIA QUE ESCREVI ESTE CAPÍTULO, OS SOFTWARES AINDA ERAM GRATUITOS.

— YWriter: dando sinais de que se tornará pago.

— Celtx: tem as duas versões, paga e gratuita.

— FocusWriter.

— WriterMonkey.

— Libre Office Writer.

— Sigil.

— Trelby.

— Scribus.

— Hemingway.

— Evernote.

— Fremind — mais utilizado para organização de ideias, do que processador de texto.

PAGOS — ATUALIZAÇÃO 2021

— Write it Now.

— Write Way.

— Power Structure.

— Power Writer.

— Dramatica Pro.

— Contour.

— Writer's Blocks.

— Master Writer.

— StoryWeaver.

— Scriviner

— Celtx — versão paga.

Acredito que tenha citado os principais softwares para escritores bem como as principais vantagens e desvantagens.

Uma dica antes de comprar o software, eu sugiro que entre na página do desenvolvedor, onde você irá conseguir visualizar algumas imagens das janelas do software que você escolheu, além, é claro, de pesquisar na internet as críticas e elogios a seu programa escolhido.

De posse de um bom software, então é chegada a hora de ter uma boa dose de paciência para se aventurar no universo da descoberta das funcionalidades de sua nova ferramenta de escrita.

RESUMO

— Software para escrita irá fazê-lo gastar boa parte de seu tempo descobrindo suas funcionalidades, por isso pesquise antes de comprar e não fique trocando de software com frequência, pois você desperdiçará horas de escrita no desenvolvimento de seu livro.

— Use software originais. Se você não fala outro idioma, verifique se você irá encontrar o software que deseja em sua língua nativa.

— Antes de comprar verifique a compatibilidade com seu sistema operacional.

— Verifique se há tutoriais disponíveis no site do desenvolvedor ou no Youtube para lhe auxiliar no aprendizado.

— Lembre-se a tecnologia se desenvolve mais rápido do que podemos acompanhar. Sempre existirá um software disponível e com mais recursos.

— Não esqueça antes de comprar de verificar se as atualizações são gratuitas.

RESUMO DA PARTE I

Quando era criança, certa vez minha mãe estava aguardando visitas e antes que as amigas dela chegassem, ela me chamou no canto e me disse: "Filho, está para chegar visita, e eu só tenho um pouquinho de doce de abóbora para servir. Por favor, quando elas chegarem não peça doce de abóbora, pois não terei o suficiente para servir a todos".

Na época, eu era apaixonado por doce de abóbora, independente de ter visitas em casa ou não; elas chegaram e minha paixão pelo doce continuava no ápice.

Assim que minha mãe serviu as amigas, eu olhei aquele prato de doce de abóbora e disse na frente das pessoas queridas e tão aguardadas pela minha amada matriarca: "Mãe, eu quero doce de abóbora!".

Mamãe na hora ficou da cor do arco-íris, indo gradativamente do branco ao violeta até que uma das amigas dela se dispôs a dividir o doce comigo.

Após as visitas irem embora, mamãe foi a uma vendinha onde ela comprava a bendita abóbora e voltou para casa com uma gigante. Descascou, enquanto eu inocentemente brincava com meu único boneco de playmobil — bonequinho franjinha que ainda existe.

Para minha surpresa, após algumas horas, mamãe me chamou sem eu sequer imaginar o que me aguardava.

Ao chegar na cozinha, havia na mesa um prato fundo lotado de doce de abóbora que quase transbordava, ao lado de um vidro imenso, repleto até a tampa do bendito doce. Minha mãe com o olhar lustroso de vingança disse algumas palavras que me marcaram toda vida: "Come tudo ou você vai se arrepender. Você não queria comer doce de abóbora?".

O fato é que depois de mais de trinta anos é que voltei a sentir sabor por este doce, mas o amor acabou.

Em uma época da minha vida — principalmente quando era rejeitado pelas editoras —, comecei a devorar livros importados de escrita, gastar fortunas com cursos de escrita criativa — e havia alguns cursos que me faziam sentir que iria vender mais do que o Stephen King —, até que montei uma pasta recheada de técnicas e orientações para se escrever. Em outras palavras, tinha um vidro gigante de doce de abóbora e a obrigação de devorar as técnicas evitando a rejeição das editoras.

Mergulhei de cabeça no aprendizado do inglês — já que a maioria dos livros, vinham dos EUA ou Europa —, além do espanhol, para aprender a bendita arte.

O pesadelo tornou-se real quando minha mente saturada de técnicas e mais técnicas, tornava o trabalho de escrever uma página num martírio — algo como ter que comer mais do doce de abóbora quando você já está lotado e quase vomitando, até chegar num ponto que eu não conseguia mais escrever aprisionado em um universo inquisidor de técnicas, dicas, macetes, orientações, etc.

Nesse momento tive que rever todos meus conceitos sobre escrita e cheguei a simples conclusão de que o excesso de técnica e meu respeito implacável por elas, bloqueavam meu processo criativo.

Foi uma grande lição. É lógico, que em meio a vastidão de informações, "pesquei" as que eram necessárias e fundamentais no processo da escrita, que no meu caso em particular, procurei corrigir meus erros e vícios de escrita.

Recentemente um leitor me enviou um comentário, após o rompimento da corrente de técnicas que me prendia pelo tornozelo, dizendo que minhas últimas publicações tinham uma escrita bela, e por isso a obra tornou-se preciosa e encantadora, melhor do que as anteriores que foi minuciosamente escrita sobre a compulsão inquisidora de minha autocobrança e do manto negro das técnicas.

Porém, nem tudo são flores e não se pode pensar que é só sair escrevendo como se fosse uma metralhadora, disparando palavras para todos os lados e em quem acertar acertou. Algumas regras são essenciais na hora da escrita, por isso as pesquei e tentei dividir com vocês neste livro. É claro, que o estudo e a leitura crítica de livros de técnicas nunca acabam, pois a cada dia surge uma vasta bibliografia para os amantes do *storytelling*.

Então a grande dica neste final de capítulo é não se cobre demais. Construa os alicerces de suas técnicas básicas e sobre ele edifique a suas ideias, remodele-as, até que se torne um produto apresentável.

Com o passar do tempo e estudo, você irá perceber que as técnicas se repetem e o que você irá encontrar é "mais do mesmo" só que explicado de diferentes formas.

Lembrem-se, de que a técnica as vezes pode não ser o suficiente, pois elas apenas moldam o seu talento, e talento nascemos com ele. Da mesma forma que existem exímios enxadrista, existem exímios escritores. Não é só você aprender a jogar xadrez e acreditar que você irá se tornar um grande mestre. Para isso, existe dedicação, persistência, estudo e horas incansáveis de treinamento e podem ter certeza de que diversas pessoas desistem no meio do caminho.

Lembrem-se de que não adianta você buscar uma profissão só pela fama ou pelo retorno financeiro. Hoje, raros são os escritores conseguem viver da literatura e poucos conseguem o reconhecimento de *best-seller*, e mesmo que o consigam, o sucesso é passageiro, assim como nossa vida e o que vale são os bons momentos. Acreditem, são esses bons momentos é que levamos quando é chegada a hora da partida, ou quando encerramos o livro da história de nossa vida.

Se seu sonho é escrever um livro, vai em frente. Prepare-se para isso. Lembre-se de que ninguém é capaz de pular de paraquedas, se não tiver treino e conhecimento.

Escrever um livro carrega a mesma ideia.

PARTE II
PREPARARANDO SEU ORIGINAL

REVISÃO DO AUTOR

◇

"Quanta felicidade! Acabei do colocar o ponto final na última página de meu livro. Chegou o momento de mandar para o revisor e depois para a editora. É só abrir um bom vinho e comemorar", pensa você com o coração acelerado, sentindo-se o suprassumo da sociedade literária.

A única verdade de seu pensamento é abrir um bom vinho — isso se você for conhecedor de vinhos e não tiver contraindicação para bebida —, e lhe asseguro, que seu trabalho está só começando, após o enganoso ponto final da página 427 do 109º capítulo do seu livro, com o título provisório de "A Peçonha do Amor".

Acreditem ou não, existem diversas pessoas que, após o ponto final, imprimem o livro e o despacham por sedex para a primeira editora que encontram. Elas têm em mente que acabaram de escrever o maior clássico da literatura e que são simplesmente a sensação do momento. O mais assustador é que existem algumas gráficas que se intitulam editoras e acabam fazendo o trabalho, com base no antigo ditado: "Pagando bem, que mal tem? ".

O problema é o que quando o autor recebe seus livros impressos — na maioria das vezes custeou o próprio trabalho — terá no mercado, no mínimo, quinhentas "dores de cabeça" (uso o termo quinhentos, pois é a tiragem que a maioria das gráficas exigem para publicar). Notem, que não utilizei o termo "editora" desta vez. Ou seja, o escritor acabará com um livro mal revisado, com capa malfeita, além de uma impressão e miolos de péssima qualidade. Irá fazer um lançamento e a maioria das pessoas que compareceram serão amigos ou parentes. Irão comprar o livro em respeito ao escritor e, ao final, o escritor irá ficar com pelo menos metade dos livros que não conseguiu vender empilhado dentro de casa. Os leitores que adquiriram a obra irão qualificá-la como péssima, o que ficará aliado à imagem do escritor. E, assim, o fato se repetirá até o momento em que o autor se dê conta de que ele errou.

E o que fazer, então, após o ponto final?

Bem, se você seguiu as etapas corretas para escrever seu livro, eu posso lhe garantir que o trabalho está só começando.

Após o ponto final da última página de seu livro "A peçonha do Amor", o primeiro passo é esquecer o livro por algum tempo.

Espera aí? Você está dizendo que eu devo esquecer o livro que gastei horas e horas a fio na frente do computador para escrevê-lo?

Exatamente. É o momento de você deixar sua mente descansar um pouco do seu último livro. Acredite, você está conectado a ele com olhos de criador. Sugiro que escolha um livro para ler, uma série com no mínimo 8 temporadas para assistir, ou, quem sabe, se você estiver bem tranquilo e em paz consigo mesmo, prepare o esboço de seu próximo livro. Guarde o seu exemplar "A peçonha do Amor" na gaveta e deixe-o mofar lá por algum tempo. Particularmente eu só retiro um livro da gaveta quando acabei de colocar o ponto final em outro. É um costume.

Você deve estar tentando compreender a razão de tal atitude. O motivo é simples — as respostas sempre serão simples —, pois existem dois importantíssimos lances de mestre com essa atitude. O primeiro é para que você realmente descanse sua mente do que acabou de escrever, pois a maioria dos escritores ficam conectados com a história que criaram por um bom tempo. E ao terminar de escrever existe um longo caminho a ser trilhado antes de você retirá-lo da gaveta. Se você for ler seu livro neste momento, seu olhar não será crítico, pelo contrário, irá apenas massagear seu ego. O segundo motivo é para que você se desapegue do livro que escreveu. Lembra-se da fábula da Coruja e a Águia, de Monteiro Lobato? Pois é, o princípio é o mesmo. Seu livro não está pronto para a editora, alguns passos primordiais precisam ser dados antes que chegue a hora para que você encaminhe seu original para avaliação. A moral da fábula é "Quem ama o feio, bonito lhe parece", e não fique bravo comigo, mas seu livro ainda está feio. Ainda que aos seus olhos seja um diamante, ele precisa ser lapidado.

De que maneira irei fazer essa lapidação? Seguindo o caminho que estou lhe mostrando, deixar seu livro na gaveta por um tempo.

Tudo bem. Já deixei meu livro 2 meses na gaveta (tempo mínimo que recomendo), ou se você já é um escritor nato e acabou de terminar outro livro.

Bem, então é a hora de você tirar a sua obra anterior da gaveta e fazer a primeira "revisão" — recomendo no mínimo três revisões do escritor/autor.

O objetivo principal dessa primeira revisão é encontrar as pontas desatadas que geram conflitos em sua história, além é claro aprimorar suas frases. O grande passo dessa primeira revisão, consiste em enxugar seu texto, cortando os excessos. Sinta-se um cirurgião plástico literário, onde você irá esculpir sua história que está no formato bruto.

A seguir, a imagem de um de meus livros que estava na gaveta. Acredite, tenho outro aguardando para passar pelo mesmo processo e só irei trabalhar nele assim que terminar este livro que irá entrar na fila da gaveta.

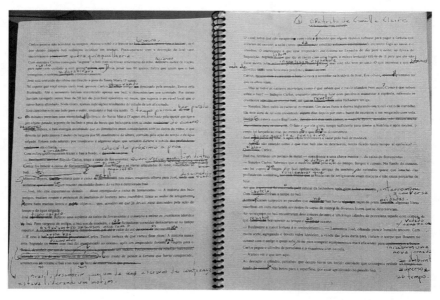

Observando a imagem anterior, notem que já comecei a trabalhar na primeira "revisão" do livro — revisão entre aspas, pois não é uma revisão gramatical especializada, mas deixo claro que se eu encontrar algo gritante pelo caminho conseguirei amenizar o trabalho do revisor especializado.

Neste primeiro momento, não estou preocupado com a gramática — para isso existem os revisores gramaticais —, mas com erros de primeira grandeza, incoerências, inconsistências na história, frases mal construídas, procurar palavras repetidas no mesmo parágrafo ou excesso de palavras repetidas na mesma página (na maioria das vezes, nomes de personagens, porque(s), mas, mais, também, pois, etc.) — erro comum para autores iniciantes —, trocas de nomes de personagens, avaliando cenários, POVs, linha temporal, se os personagens foram bem escritos, se não ficou nenhum gancho sem desfecho e se o prólogo condiz com o epílogo (quando houver na história) e até uma frase mal escrita que precisa ser melhorada — e acredite, você ficará horrorizado na quantidade de inconsistências e frases que você irá corrigir.

Geralmente nesta parte eu prefiro imprimir a obra com parágrafos com espaçamento de 1,5 entre linhas, para que caiba minhas notas e encaderná-la. Gotcha! No exemplo da imagem anterior não fiz isso, por uma simples razão. Como lhes disse, utilizo um software para escritor e quando converti o livro no formato word, na pressa acabei me esquecendo de colocar o espaçamento correto. Erro que não ocorre já na imagem a seguir que aguarda na gaveta minhas anotações.

Bem, eu posso afirmar que sou um escritor calejado. Tudo o que aprendi foi na base do erro e posso lhes assegurar que um erro custa caro, mas quando o escritor sabe aproveitá-lo e aprender com ele, o erro torna-se uma experiência de aprendizado incrível, pois você nunca mais irá esquecê-lo.

O motivo da impressão é que você irá olhar para sua obra como um livro. Pergunto, quantas vezes você estava lendo um livro e encontrou um erro e ficou pensando? "Não acredito que encontrei um erro no livro da editora XX, do escritor XY". Já encontrei erros em livros de Dan Brown, que fiz questão de comprar o original em inglês e a danada da inconsistência estava lá — muitas vezes o erro é de tradução —, de Stephen King, e de outros escritores.

Confesso que muitas vezes corrijo meus livros no clube que costumo frequentar nos finais de semana, na beira da piscina saboreando um suco de açaí, enquanto meus filhos se divertem. Chamo isso de unir o útil ao agradável.

Bem, finalmente terminei de fazer minha última correção na cópia encadernada de meu livro. E agora qual será o próximo passo?

O próximo passo será você ajustar seu texto original (de onde saiu a sua cópia em seu notebook ou desktop). Essa parte é um pouco mais rápida e acredite, sem você perceber estará fazendo a segunda revisão e irá encontrar erros que você se questionará: Como é que fui deixar isso passar?

Após alguns dias, você irá terminar os ajustes. Não tenha pressa, pois você ainda tem trabalho pela frente.

Ufa! Acabei de fazer os ajustes! Já posso enviar o livro para a editora?

Não. Não e não.

Você terá ódio do que irei lhe dizer aqui, mas você deve imprimir sua cópia mais uma vez e encaderná-la e fazer a segunda revisão impressa ou terceira leitura de seu livro.

Bem, lhe asseguro que nesse momento, a leitura irá fluir melhor, pois a maior parte dos erros você já os sanou com sua primeira leitura, outros enquanto você corrigia o arquivo no computador.

Mas acredite, "SEMPRE" escapa algo aos olhos do autor. Leia sua segunda cópia impressa mais uma vez e tenha certeza que você irá fazer alguns ajustes. Comparo essa etapa com um processo de reabilitação, onde quanto mais se pratica, melhor o resultado no final. No caso, quanto mais o autor revisa, melhor será sua obra literária, e mais elogios você irá receber.

A grande vantagem dessa segunda leitura de sua obra encadernada, é que você irá realizar uma leitura limpa, dinâmica e com fluidez.

É claro que algumas pedras ficaram no caminho e chegou a hora de encontrá-las e retirá-las, para que o leitor não tropece no meio de sua história.

Tente fazer essa terceira leitura (pois você já fez a primeira quando corrigiu, a segunda quando fez os ajustes no arquivo do computador) com olhos críticos.

O objetivo desta segunda leitura de seu livro impresso é mais ou menos assumir o papel de copidesque — que é o profissional que faz esse tipo de serviço para algumas grandes editoras, em especial para obras que irão concorrer a prêmios literários. É claro que existem profissionais que faz esse tipo de trabalho, e terá um custo. Caso queira enviá-lo para um profissional especializado em copidesque, sugiro que siga os passos que foram lhe indicados, pois independente do profissional, posso lhe afirmar com toda plenitude de certeza de que ele não terá os mesmos olhos do autor.

É mais ou menos como arrumar a bagunça da casa, em um dia que a empregada não foi trabalhar.

Nesse momento, é a hora de avaliar as notas de sua história — se você irá mantê-las ou irá suprimi-las, caçar ambiguidades, erros de digitação, conferir se o texto está na configuração correta, a disposição dos capítulos, os espaçamentos entre cenas, falhas de lógica e se você está usando uma linguagem clara para o leitor.

Encerrada essa terceira leitura, é chegada a hora de voltar para o arquivo de seu computador e aplicar as alterações que você fez na cópia impressa.

Com isso você estará lendo seu livro pela quarta vez. Pode parecer estranho, mas nessa etapa aplique as correções de seu livro encadernado no arquivo, do último capítulo para o primeiro. Isso irá lhe desconectar da história e irá melhorar suas ações de copidesque.

É claro que antes de fechar o capítulo, ainda temos uma ponta neste capítulo que não foi amarrada, ou seja, o título de seu livro que não ficou legal. Imagine você encontrar na livraria um livro com o título "A Peçonha do Amor". É algo para ir se pensando, mas que será explicado no capítulo a seguir.

RESUMO

— O livro não acaba quando você termina de escrever seu texto e coloca o ponto final. Pelo contrário, o trabalho está só começando.

— Imprima sua obra, encaderne-a e a deixe descansar na gaveta no mínimo por dois meses.

— Faça a primeira revisão, aplicando os ajustes propostos, depois dos apliques uma segunda revisão, fazendo os ajustes no arquivo do computador.

— Imprima outra cópia de seu livro após os ajustes que você fez no arquivo original. Faça a terceira leitura como um copidesque e as aplique no arquivo original do último capítulo para o primeiro.

— Existem profissionais que fazem esse trabalho por um custo. Você não está proibido de contratá-lo para fazê-lo, mas lembre-se de que ele não irá ler a obra com os mesmos olhos de quem a criou.

LEITURA BETA E LEITURA CRÍTICA

◇

Certa vez uma amiga escritora me pediu para fazer a leitura crítica de seu romance. Ofereci a ela uma troca. Primeiro eu leria o livro dela e daria minha opinião. Depois encaminharia meu livro para a opinião dela.

O fato é que desci a caneta e literalmente rasguei o verbo no livro que ela acabara de escrever. É lógico que essa era minha intenção, pois eu queria incitar o ódio dela com relação a minha leitura crítica e, acima de tudo, mandar meu livro para oferecer a ela a oportunidade da doce vingança.

No Brasil, eles são chamados de Leitores Betas, ou Beta Reader's ou Ghost Reader's nos EUA e Europa.

A essas alturas você já deve estar colocando a mão na fronte e se perguntando: Onde é que eu vou arrumar dinheiro para arcar com isso tudo?

Não se preocupe. Para tudo tem solução.

O beta *reader* na verdade é um leitor no modo teste.

Imagine que você acabou de abrir sua padaria e você está querendo vender um pudim que você acha maravilhoso e que é uma receita bem antiga de sua avó. Para um empreendedor visionário, ele sabe que a produção do pudim da vovó terá um custo que envolve desde a matéria-prima até o gás que será usado na produção. Com certeza ele irá recomendar que você produza alguns pudins e o ofereça para a degustação na sua padaria, na qual será criado uma pesquisa de satisfação, referente ao pudim da vovó, com opiniões de como melhorá-lo para que ele se transforme em um sucesso de vendas ou que seja descartado.

O mesmo procedimento você irá adotar quanto a seu livro. Você irá encaminhá-lo para no mínimo seis leitores betas diferentes para que no final eles opinem sobre o que acharam de sua história. Recomendo três homens e três mulheres e de idades diferentes, ou na faixa etária que é indicada sua história.

O fato é que mulheres e homens, e se tratando de livros, tem opiniões diferentes.

Gosto de usar o exemplo do filme Titanic, onde no final Jack colocava sua amada Rose num pedaço de destroço do navio enquanto congelava-se lentamente diante da amada até morrer e desaparecer nas profundezas do oceano.

Nesse momento, milhares de mulheres choravam diante da tela do cinema, alguns homens também (os mais emotivos), mas tinha alguns homens que se questionavam: "Caramba! O Jack cabia junto com a Rose no pedaço do destroço. Ele morreu por que quis. Que idiota!".

Você pode estar achando que sou insensível, mas essa observação é pertinente e gerou inúmeras críticas ao filme, até que com o auxílio da computação gráfica foi provado que Jack realmente cabia no pedaço de destroço do navio ao lado de Rose na história Titanic e lamento informar, além do Jack, ainda sobrava espaço.

Não é que eu seja insensível ou psicopata. O fato é que esse foi um erro que podia ser evitado.

O objetivo não é detonar com o filme, pelo contrário. Jack iria morrer. Essa era a emoção impregnada na história, o amor verdadeiro, sublime e eterno. Mas essa crítica poderia ser evitada, o pedaço de destroço fosse menor. Isso não geraria crítica e sequer estaria nas páginas deste livro.

Como pode perceber existem olhares de diferentes leitores beta no que concerne ao seu livro.

Eu tenho costume de enviar um questionário para meus leitores betas nos pontos que acho principais em minha história, além de deixar espaço aberto para as opiniões e comentários. O motivo do questionário é para direcionar o leitor a responder fatos referentes à trama, aos personagens, nomes, cenários, etc. Já tive leitores beta que responderam em cinco linhas o livro e que pouco me ajudou. Por isso elaborei o questionário que fará com que o leitor apresente seu ponto de vista diante da necessidade do leitor, sem ceifá-lo de deixar o comentário livre no final.

A seguir lhes apresento as respostas de um dos questionários que utilizei com um dos leitores beta referentes a meu livro: "A Conspiração Vermelha".

A Conspiração Vermelha

1. **Qual a sua opinião a respeito do título da obra. Que tipo de história você imagina encontrar com o título referido?**

Quando leio alguma coisa do tipo, sempre me leva a entender que tem alguma coisa a ver com o comunismo da antiga União Soviética, e assim, no final do livro realmente tem tudo a ver com o título escolhido.

É bom lembrar, espalhar a cultura comunista sempre foi o objetivo da União Soviética, e para isso utilizou-se de várias estratégias. E isso só não aconteceu porque o capitalismo se mostrou mais eficiente que o socialismo, levando a União Soviética à bancarrota, e se viu obrigada a tirar os apoios às nações que sustentava.

E a União Soviética também não contava com o nazismo de Hitler, isso porque após a derrota na primeira guerra mundial, o nazismo ganhou força, e a União Soviética começou a apoiar secretamente a Alemanha em reestruturar seus armamentos, porque pelo Tratado de Versalhes, estava impedida de produzir armas, aviões, etc.

Aconteceu que a ideia de Hitler era a mesma da União Soviética, só que com o nazismo. Então, podemos concluir que de alguma forma a segunda guerra mundial acabou contribuindo de para que o comunismo não fosse disseminado em toda a Europa, e a Alemanha sozinha também não conseguisse seus intentos.

2. **Você compraria esse livro pelo título?**

Compraria, sim, tem um apelo comercial forte, que chama a atenção e desperta interesse.

3. **Qual outro título que você daria a este livro?**

Poderia ser um título envolvendo a busca da imortalidade, porém dentro do que trata a história, o título escolhido está bem adequado.

4. **O título se adequa ao drama da história? Em caso negativo qual título você escolheria?**

Considero plenamente apropriado o título escolhido, já no início da história, com a perseguição aos pais do nosso amigo Dimitri, já temos que a trama transcorrerá em um clima de perseguição, buscas e grandes momentos de embates.

5. Na sua opinião, qual é a faixa etária, sexo dos leitores que provavelmente gostariam de ler este livro? Por qual razão?

Acredito que é um livro voltado mais para o público adulto, a partir dos 30 anos, que gostam de aventuras ligadas a algum fato ou período histórico da nossa humanidade.

6. Você acredita que esse livro deva ser publicado? Por quê?

Deve ser publicado, é um livro interessante, dinâmico, bem elaborado, que trata de assuntos polêmicos e ao mesmo tempo apaixonantes, tais como: congelamento criogênico, medicamentos que conseguem a restauração de células, que é o sonho da medicina, que parece estar bem próximo de acontecer com as pesquisas envolvendo células tronco, e a manipulação da alma humana, isso já bem polêmico, que com certeza deixará os espíritas de cabelo em pé.

7. O que lhe motivou a ler este livro até o final?

O livro é estruturado de tal forma que te leva a querer chegar logo ao final, não é cansativo, pelo contrário, é empolgante e mantém o interesse em cada página, mesmo nos momentos em que termos médicos aos quais não sou familiarizado são citados, não se torna enfadonho, pela forma que estão inseridos. O final é algo surpreendente, porque o agente disfarçado consegue enganar até o mais atento dos leitores.

8. As informações contidas em FATOS foram relevantes? Despertaram seu interesse pela leitura?

A leitura dos FATOS é muito importante para termos uma ideia de quais temas o livro abordará, nesse momento talvez o leitor fique um pouco confuso com o título do livro, isso porque quando lemos os fatos, temos a impressão que o livro trata apenas destes dois assuntos, a preservação dos corpos através do processo de congelamento criogênico, que é um assunto já bastante abordado principalmente em filmes, já vi alguns, como Austin Powers, Sleeper, 2001: Um odisseia no espaço, Eternamente Jovem, e sobre o "Livro dos Mortos", passa a impressão que o livro será apenas sobre o congelamento de corpos e futura ressuscitação, e não que tem toda uma conspiração e luta de poder por trás. Sobre o assunto "Livro dos Mortos" não conheço nada, ouvi falar de alguns filmes que tratam o tema, mas como geralmente são filmes de terror, que não estão entre os meus preferidos, nunca assisti nenhum.

9. O prólogo lhe chamou a atenção? Por quê?

É importante conhecer o que deu início a toda trama desenvolvida depois, e a que até ponto poderiam chegar para colocar a mão no projeto, que neste momento ainda não sabemos do que se trata.

10. Você abandonaria a leitura deste livro antes do primeiro capítulo?

O primeiro capítulo já é um diferencial, vemos um homem que acredita em seus valores e não permite que a pressão econômica sobreponha a verdade, contrariando todo interesse econômico envolvido, mesmo sabendo dos riscos que corria, neste momento, ficamos instigados a continuar a leitura pra saber quais serão as consequências deste ato heroico do nosso médico pesquisador. Embora saibamos que ali tem mágoa pela morte da esposa, que para ele foi causada pela irresponsabilidade do laboratório, só no final da trama, ele, e nós leitores vamos saber que já era uma conspiração dos que procuravam o projeto Nephesus.

Só fica uma dúvida, naquele momento, o Karl, pelo que ele tinha conhecimento do caráter do Dr. Harrison, não compactuaria com a farsa da eficiência do medicamento, então, embora se mostrasse contrariado com as declarações do Dr. Harrison, isso já é mostrado no diálogo entre ambos antes da apresentação, mas parece que tudo é um teatro do Karl. Afinal uma bomba naquele momento era tudo o que ele queria, pois seu objetivo era desacreditar o presidente da empresa para tomar o seu lugar.

Tudo isso é verdade porque o próprio Dr. Harrison se mostra surpreso em ter sido designado para a apresentação, então tudo leva a crer que foi realmente planejado, porque sendo o Dr. Harrison, haveria credibilidade e não haveria questionamentos em suas declarações.

Mas tudo isso ainda nos coloca em dúvida, quando se percebe que ele se apoiou em algumas garrafas de whisky após o ocorrido, principalmente depois da ameaça de demissão feita pelo presidente da empresa, aí ficamos na dúvida, será que ele já tinha orquestrado inclusive a morte do presidente da empresa simulando suicídio em razão do ocorrido na apresentação do novo medicamento? Mas isso vai ficar sempre na cabeça e por conta do leitor, Karl realmente subestimou Dr. Harrison e achou que ele faria exatamente o que estava planejado, ou já sabia que o Dr. Harrison não se sujeitaria a isso e ele já tinha tudo muito bem planejado.

11. Os nomes dos personagens foram adequados? Você tem alguma restrição quanto a nomes "gringos" em uma trama que se passa em território brasileiro?

Nada a opor com os nomes utilizados, mesmo na realidade, o que mais temos, hoje em dia, são brasileiros natos, utilizando nomes estrangeiros, haja vista os Noah, Eric, Kévim, Robson, Yuri, Ian, Yara, Yasmin, Kyara, Sarah, Raíssa, etc., etc.

12. Você se sentiu confuso em alguma parte da história? Se sim, indique o capítulo.

Não me senti confuso em nenhum dos capítulos, mas me senti enganado, porque no momento da luta pra salvar Sophie, a filha do pesquisador, tanto lá no início, ainda no hospital, dá a impressão que o pesquisador não conhece nada daquilo que o amigo Nicolai está propondo a ele, quanto no laboratório quando tudo parece perdido; com o Nicolai ferido, dá a impressão que Harrison não conhece nada daquilo, demonstra insegurança quando executa os comandos, e só no final da história, na praia, temos o conhecimento que ele era o verdadeiro filho dos cientistas russos, e que tinha todo o conhecimento do laboratório para onde levou a filha para salvar, e das possibilidades de salvá-la.

Em alguns momentos, somos levados a tentar entender alguns pontos mais obscuros, como já respondi na questão 10.

Mas isso não prejudica em nada, só nos faz ficar mais tensos e interessado na leitura, para saber o que vai acontecer.

13. Qual é o seu comentário sobre a trama desenvolvida pelo autor. Você a considera previsível ou comum? Justifique.

Nem um pouco comum, vamos dizer que o autor consegue uma miscelânea de ficção científica, espionagem, aventura, suspense, tudo muito bem entrelaçado, com final surpreendente, como já aconteceu no livro anterior, *Faces de um anjo*. Acredito que seria até um ótimo roteiro para um filme de ação.

14. Você achou que os personagens foram bem descritos? Em sua imaginação houve dificuldade para desenhar mentalmente algum deles?

Não houve problemas de imaginação dos personagens, estão todos bem descritos.

15. O que mais lhe chamou a atenção nesta história? Por quê?

Os bastidores da guerra de poder entre nações, em busca da dominação mundial, sempre os líderes de nações como EUA, RÚSSIA, querendo utilizar o conhecimento científico para sobrepujar as demais nações, nunca para compartilhar conhecimento e colaborar no desenvolvimento do ser humano. Se houvesse união entre as nações para o bem da humanidade tudo seria diferente, mas aí o que seria da indústria bélica, que tem que arrumar uma guerra a cada 10 anos no mínimo para justificar seus gastos com pesquisas armamentistas.

16. O que mais lhe desagradou nesta história? Por quê?

Não encontrei pontos fracos, em nenhum momento tive vontade de parar de ler, muito pelo contrário, a leitura flui com muita facilidade, e empolga, queremos saber logo o resultado de toda a trama.

17. Você encontrou algo conflitante durante a leitura?

Bom, tirando as ações do Sr. Karl, que sabia da integridade do Dr. Harrison e da morte da esposa dele, que ele achava que foi motivada por um medicamento do laboratório, e mesmo assim o colocou a frente do lançamento do medicamento que já havia rejeitado em seus relatórios, então fica aquilo já citei, podemos entender que tudo foi uma trama muito bem elaborada, que ele já sabia o que ocorreria e o que iria fazer.

Não durante a leitura, mas no final, quando a história já está toda desvendada, ficamos um pouco confusos com os personagens Nicolai e Dr, Harrison, afinal o Nicolai, não deve ser apenas um simples agente se passando por Dimitri, e sim um cientista que domina todo o conhecimento do projeto. Já que durante todo o processo para salvar Sophie, foi ele que comandou tudo, e nesse momento o Dr. Harrison parecia desconhecer a capacidade daquele equipamento e mostrava até certo ponto cético quanto ao sucesso. Só quando ele pensa, Nephesus funciona, agora tenho certeza de que funciona, dá alguma pista que ele está familiarizado com o projeto.

Mas tudo isso leva ao suspense, que é uma variante muito rica no desenrolar da história.

18. Você se envolveu em algum momento com algum personagem? Por qual razão?

Principalmente quando Sophie está com a bomba na cabeça, e o idiota do atirador se livra do comunicador, não tem como não se envolver, naquele momento ficamos com o coração na mão, aguardando o que vai acontecer.

19. Você achou confuso identificar os gêmeos pelas tatuagens e não pelos nomes? Por qual motivo você acredita que o autor usou essa técnica?

Não foi confuso, achei uma estratégia bem legal, claro que algumas vezes tive que voltar algumas páginas para saber quem era quem, mas isso foi muito interessante. Eu acho que foi uma forma de chamar a atenção para os personagens, fazendo exatamente o que fiz, voltar páginas para decifrar quem era quem, e isso nos fazendo envolver com os personagens.

20. Você se sentiu tenso em alguma parte da leitura? Qual e por quê?

Sim, no momento do sequestro da garota Sophie, não tem como ficar alheio a uma situação como aquela. E outro momento foi quando iniciou o processo de recuperação da garota já no laboratório em BH, quando os gêmeos invadiram e começou a luta entre todos, não sabíamos como ia acabar tudo aquilo, quase todos feridos e lutando pela sobrevivência principalmente da garota.

21. Você considera que algum ponto da história houve exagero ou abuso de clichês por parte do autor? Em caso afirmativo, mencionar as partes.

Não, acho que as colocações estão adequadas, sem exageros.

22. Novamente o autor aborda a religião de forma mais sutil. Você abandonaria a leitura quando o autor aborda a "alma" em seu cunho científico?

Então, essa é uma colocação complicada, quando envolvemos religião, por isso que disse que se algum espírita ler, com certeza vai ficar revoltado e de cabelo em pé. Claro que é um livro de ficção, onde tudo é possível, e temos que ler com essa ótica. Eu não abandonaria a leitura, mas não posso dizer o mesmo de leitores evangélicos sistemáticos ou espíritas, embora quando chegar à fase da manipulação da alma, transferindo de corpo, o momento já estará tão empolgante, que acho que até o mais aficionado por alguma religião vai querer saber o resto da história.

23. Essa obra se assemelha a alguma que já tenha lido? Se sim, qual e por quê?

Não, não conheço nenhuma obra semelhante, já vi alguns filmes sobre o assunto congelamento criogênico, mas nada com o enfoque deste livro.

24. O que você achou do final da história?

Surpreendente, a eliminação do General Heinz praticamente encerra o capítulo da luta da Rússia na busca do projeto ou da reestruturação do socialismo russo, e os Estados Unidos também acreditam que o projeto Nephesus se perdeu para sempre.

25. Você apresentou alguma dificuldade com a leitura — incoerência, falta de cenário, uso repetitivo de palavras — ou com o modo de escrita do autor?

Dificuldade na leitura não, a história flui de forma simples, algumas vezes nos vemos na necessidade de voltarmos algumas páginas para entendermos alguma passagem, mas isso é uma situação normal em qualquer livro.

A única incoerência, volto a citar, o caso do Nicolai, por exemplo, lá no laboratório ele diz para o Dr. Harrison que é difícil ter que viver o resto da vida no corpo de um dos assassinos do pais dele, mas no final vamos saber que o verdadeiro Dimitri é o próprio Dr. Harrison.

26. Você achou que as informações contidas na história são relevantes e enriquecem a leitura? Por quê?

São sim, principalmente aos leigos em medicina, a forma como os assuntos são colocados nos faz entender o que estamos lendo sem maiores dificuldades, ou termos que recorrer a outros meios. Nos faz viajar para o mundo surreal, divagar sobre a possibilidade de identificar nossa alma, mesmo que separada do corpo ainda em vida, muito louco, mas ao mesmo tempo excitante.

27. Entre *Faces de um Anjo* e este livro, você percebeu alguma diferença do processo de escrita do autor? Quais? (Caso não tenha lido nenhum livro do mesmo autor pule para a questão seguinte).

Entendo que neste livro houve uma melhora substancial na estruturação do livro, embora o outro já tenha sido muito bom, este envolve mais assuntos, no livro *Faces de um Anjo*, a história transcorre na vingança pessoal do personagem principal contra as mulheres de uma família, e se limita neste núcleo, já neste não, o autor consegue diversificar, sem fugir ou complicar a história, consegue, envolver drama, ambição, espionagem, aventura, política, ciências médicas, religião, ficção e tudo muito bem costurado na história.

28. O número de páginas do livro em sua opinião está insuficiente/suficiente/excessivo?

Suficiente.

29. Você achou o texto muito descritivo? Em caso afirmativo você abandonaria a leitura por isso?

Não, descritivo o necessário para uma fácil leitura e entendimento.

30. Como você escreveria a quarta capa deste livro? — a quarta capa é o resumo do livro situado na capa posterior, que traz uma breve descrição sobre a obra e que fará com que o leitor decida em comprá-la.

Um projeto científico de grande impacto para a humanidade é objeto de disputa entre grandes potências...

Num texto fluente, o autor nos coloca de frente a situações das mais diversas, tais como o risco de uma explosão nuclear e a luta para salvar uma garota já tida como morta, em meio a uma disputa acirrada para tomar posse do projeto.

A leitura desta obra proporciona-nos uma viagem ao centro das lutas para assegurar o poderio militar e de conhecimento científico entre nações que pretendem dominar o mundo.

31. Qual foi o trecho de maior impacto nesse livro?

A luta no laboratório entre os gêmeos e Nicolai e Dr. Harrison, para salvar a garota Sophie.

32. De 0 a 10, qual nota você daria para esta obra?

9.

33. Existe alguma consideração que queira salientar? Se sim, qual.

Não, acho que as questões tiveram ampla abrangência, não necessitando de mais considerações.

34. Deixe aqui seu comentário ao autor.

Considero que o autor encontrou sua real vocação para escrever ficção carregadas com aventuras e finais inéditos, que sempre surpreendem o leitor no final, espero que novas obras venham para nos entreter, visto que infelizmente as livrarias hoje são menos frequentadas que as lojas de vídeo game e *lan house*, é importante ainda termos autores que lutam para continuar a escrever seus livros, mesmo que para um pequeno universo de pessoas.

Como podem perceber, o questionário que recebemos do leitor beta oferece informações preciosas ao autor. Lembre-se que as respostas revelam o olhar de quem está lendo o livro; a primeira impressão de um leitor, daí a razão de termos opiniões diversificadas, e da faixa etária a que se refere seu livro.

É lógico que quanto mais opiniões forem coletadas, mais informações você terá sobre seu trabalho. É o princípio de escrever um artigo científico, onde quanto mais fontes bibliográficas você tiver, maior chance de você ter seu artigo aceito. No caso do livro, você terá melhor receptividade por parte da editora e em especial de seus leitores.

Outra dúvida que recebo em meus e-mails, é sobre o plágio. "Hermes, e se o leitor frio registrar meu livro, o que eu faço?"

Bem a resposta desta pergunta é simples. A chance de alguém "furtar" seu livro é mínima, mas se você duvidar da idoneidade de seu leitor frio, então registre sua obra, mas posso lhe assegurar que as chances são mínimas pelas seguintes razões:

1) Você deve conhecer para quem irá enviar seu livro. Lembre-se de que o prazer do leitor frio é ler (ainda mais uma história inédita antes de qualquer leitor), e não publicar.
2) Você irá enviar uma cópia impressa de sua história, e é obvio que seu nome irá aparecer em todas as páginas. Duvido que alguém queira digitar no mínimo 200 páginas de um livro, ou escanear página por página para se apropriar de uma história.
3) Ninguém quer ter envolvimento com a justiça.
4) Quem vai querer se apropriar da história de um autor desconhecido.
5) Quando o suposto meliante for tentar publicar, com certeza ele desistirá.
6) Se você tem dúvida quanto a idoneidade do leitor frio de seu livro, então registre e depois faça averbação para atualização das alterações.
7) Essas dicas também valem para o revisor, que iremos falar adiante.

Não posso finalizar o capítulo sem antes falar sobre a **leitura crítica**. Preferi deixar no final, apesar de ser "fundamental" não é todo escritor que tem condições financeiras para custear um trabalho profissional de leitura crítica. Sim, no mercado existem leitores críticos profissionais, que são pessoas que trabalham em editoras ou até mesmo editores que fazem seleção de livros, que quando têm tempo livre atuam como *free lancers*, atuando com leitores críticos e são profissionais do ramo, com foco exclusivo voltado ao livro. Quando estiverem com seu livro, eles irão relativamente fazer uma cirurgia plástica na sua história, oferecendo opinião sobre diversos aspectos, como linguagem, coesão, cadência (velocidade de leitura), consistência e coesão da história, clareza, e a real chance de um editor aceitar seu livro para publicar. No final da leitura, o leitor crítico irá lhe encaminhar um parecer sobre seu livro, desde os positivos aos negativos.

Geralmente eu encaminho meu livro para a leitura crítica após a leitura dos leitores betas, o que na verdade é uma forma de facilitar o trabalho do leitor crítico.

Se você acha que acabou, doce engano. Ainda há trabalho a ser feito.

RESUMO

— Após terminar seu livro, procure pessoas que gostam de ler — leitores vorazes — e que não sejam familiares, ou diretamente ligados a você, para colher uma primeira opinião.

— Escolha pessoas da faixa etária da qual seu livro é destinado, de sexos e profissões diferentes. Quanto maior variação de ideologias, melhor será o resultado.

— Recomendo no mínimo 6 pontos de vistas diferentes.

— Faça um questionário para seu leitor frio, direcionando suas dúvidas com relação a pontos falhos que você detectou em sua obra.

— Registre seu livro se você tiver suspeita quanto a idoneidade de seu leitor frio.

ESCOLHENDO O TÍTULO DE SEU LIVRO

◇

Apesar de diversos escritores já começarem um livro com o nome em mente, particularmente eu prefiro deixar para escolher o título após a leitura beta, antes de encaminhar o livro para o leitor crítico, que com certeza ele dará uma opinião sincera sobre o nome de seu livro.

Apesar de parecer fácil, escolher o nome de uma história é algo bem complicado, até mesmo para escritores renomados, e acreditem ou não na Europa e nos EUA existem agências especializadas para escolher o título de um livro. No Brasil, até a presente data que escrevo essas linhas, desconheço uma empresa especializada que ofereça esse tipo de serviço.

Voltando ao nosso exemplo, "A Peçonha do Amor", qualquer leitor há de convir que o título não é condizente.

Imagine você em uma livraria, com obras de Nicholas Sparks, como *Diário de uma Paixão*, *Um Amor para se Recordar*, *A Escolha*, *A Última Música*, dentre outros, aí você encontra o título *A Peçonha do Amor*, escrito por um autor novato brasileiro. Mesmo que sua obra seja genial, (talvez até melhor que a de Nicholas Sparks), é pouco provável que alguém compre a obra com o título acima.

Vocês conhecem o livro *A Conspiração*? E o Livro *Ponto de Impacto*? Bem, talvez o segundo vocês se recordem como sendo de Dan Brown, mas o primeiro fica meio confuso em meio a um universo tão grande de livros.

Acreditem ou não, os dois livros são o mesmo, escrito por Dan Brown o que comprova que até mesmo grandes autores padecem quando o assunto envolve a escolha do título do livro.

Como no Brasil ainda não existem agências que ofereçam o serviço proposto (ou se existem eu desconheço), vamos a algumas dicas para se escolher um título de sucesso.

O primeiro passo é que o título de seu livro tenha a ver com a história.

Voltando ao nosso brutamontes, que desenvolvemos o esboço da história, Brutus Klaine, percebemos que a história se trata de amor, vingança, interesses, traições, além da persistência e luta para vencer. Mas ainda permanece confuso, concordam? Fica difícil escolher um nome, e com certeza não será *A Peçonha do Amor*.

Vamos tentar então encontrar os temas principais: **Amor, traição e vingança**, pelo menos esse é o tripé que sustenta a sua história. Na geometria definimos que 3 pontos não colineares determinam um plano, e uso a mesma técnica para dizer que três temas principais da sua história definem um título de um livro.

Podemos usar o *brainstorm*, que consiste numa tempestade de ideias, ou seja, iremos pensar em vários títulos (incluindo os mais esdrúxulos), relacionados ao tripé que irá originar um título para seu livro.

Com base no tripé, podemos começar a pensar nos títulos: Marcas da Traição; Cicatrizes da Traição; Cicatrizes do Passado; Marcas da Injustiça; Cicatrizes da injustiça; Cicatrizes de um Segredo; A Outra Face do Amor; Marcas de um Segredo; Amor sem destino; Armadilhas do amor; Presente, amor e passado; Amor e Desilusão; A face sombria do Amor; Raízes de um Segredo; Marcas da Vingança; Cicatrizes do medo; Amar, lutar e vingar; O lado negro do Amor.

Notem que usei as palavras marcas e cicatrizes, pois o nosso brutamonte era lutador de MMA, e pressupõe que todo lutador tenha alguma cicatriz além de ter sofrido por toda a vida.

Outra opção seria adotar ao tripé de temas principais, o local onde se passa sua história. Como a história acontece nos EUA, que tal optarmos pela glamorosa Nova Iorque? Ou quem sabe até um bairro de classe humilde? (Ao menos é um dos cenários que conheci pessoalmente e tenho liberdade descrever, pois lhe asseguro que andar de metrô em Nova Iorque é uma sensação bem diferente de ver uma foto do metrô do mesmo local).

Podemos usar o próprio cenário para pensar em outros títulos, ancorados em nosso tripé que envolve os temas principais. Daí vem outra lista com nomes relativos ao local: Vingança em Nova Iorque; Injustiça em Nova Iorque; Condenação em Nova Iorque; Inferno em Nova Iorque; Execução em Nova Iorque. Certo, caros leitores? ERRADO!

Lembrem-se de que em nossa trama não pode existir conflitos. Concordam?

Bem, de acordo com nosso esboço do primeiro, segundo e terceiro ato, vocês se esqueceram que nosso protagonista foi condenado à morte para ser torrado numa cadeira elétrica?

Pois bem. Você já se perguntou se a pena de morte é utilizada em Nova Iorque? Ou se ainda existem as famigeradas cadeiras elétricas?

Em minhas últimas pesquisas, a pena de morte tem sido renunciada cada vez mais em alguns estados dos EUA por alguns condenados serem declarados inocentes. Até a presente data, o único lugar que ainda adota a cadeira elétrica nos EUA é no Tennessee no sudeste dos EUA. Só que temos um detalhe importante. Particularmente eu não conheço o Tennessee, então como irei desenvolver a história em um cenário que desconheço?

Ah, mas estamos escolhendo apenas o título!

Concordo, mas encontramos um conflito que precisa ser sanado com urgência, e teremos que modificar a forma de execução de seu personagem como câmera de gás, injeção letal. Outra opção seria prisão perpétua ou quem sabe colocarmos na mesma prisão um inimigo manipulado pelo diretor do presídio que está tramando a morte de seu personagem? Também podemos pensar em colocar a história em uma época em que Nova Iorque ainda adotava a Pena de Morte, mas nesse caso nos seria exigido conhecer a história, o cenário, os costumes e a vestimenta da época.

Perceberam que quanto mais conhecimentos adquiridos sobre a escrita literária, mais críticos nos tornamos, com a nossa história? Lembrem-se, nunca é tarde para encontrarmos inconsistências em nosso manuscrito.

Coloquei propositalmente este erro lá no esboço para revelá-lo neste capítulo em que simplesmente escolhemos o título de nosso livro. Para ser sincero, duvido que tal inconsistência passe aos olhos dos leitores frios, ou do leitor crítico especializado.

Prefiro condenar nosso protagonista à morte, dando a certeza de que uma gang rival dentro da prisão irá cuidar da execução de nosso brutamontes, ainda mais com o diretor conspirando a favor da execução de Brutus Klaine.

Retomando a escolha do título do livro, pensamos em opções motivadas pelos acontecimentos de nossa história, no local em que acontece a história e até mesmo fundamentado nos anseios e desejos de nosso protagonista.

Outro fator importante na escolha do título é que ele cative seu leitor.

Para isso, seu título deverá instigar a imaginação de quem irá comprar o seu livro, deixando-o curioso é claro que o título de seu livro deve conectar-se a ideia principal de sua história.

Quando escrevi meu livro *A Hora da Bruxa*, fiquei um bom tempo pensando no título. Ideias malucas norteavam meus pensamentos e após escolher cinco títulos diferentes, procurei diversas pessoas — incluindo amigos de sarais literários — e coloquei as opções de título baseado na sinopse de meu livro. Eles chegaram a dois títulos diferentes e instigantes. O primeiro era *A Hora da Bruxa* e o segundo *O Despertar da Bruxa*.

Acreditem ou não, criei uma enquete de votação e o coloquei no meu site, deixando-o ali por um mês, até que o ganhador em disparado foi *A Hora da Bruxa*.

Trabalhando com nosso exemplo, eu colocaria uns cinco títulos para escolha, por considerá-los melhores:

— Cicatrizes de uma Traição

— Marcas da Traição

— Cicatrizes de um Segredo

— Vingança em Nova Iorque

— Marcas da Injustiça.

Posso lhes assegurar que algumas vezes você irá descobrir que o título que você escolheu por incrível que pareça pode coincidir com o nome de um filme ou até mesmo de um livro que já foi publicado.

Por exemplo, pesquisando descobri os exemplos acima que já existem alguns livros publicados ou filme com o mesmo título. O que fazer? Use a criatividade.

Imaginemos que existe um livro ou filme com o título: Marcas da traição. Podemos agregar o nome do protagonista ao título do livro: Klaine: Marcado pela Traição.

Reparem que com certeza está melhor do que *A Peçonha do Amor*, aguça a imaginação do leitor, que irá pensar: Quem é Klaine? Por quem ele foi traído? Mulher, negócios, envolvimento ilícitos? O título tem que instigar a curiosidade do leitor, além de que irá possibilitar ao capista imaginar diversas capas formidáveis para desenvolver com o título acima.

Particularmente os títulos que mais me agradam é "Klaine: Marcado pela traição" ou "Marcas da Traição".

Neste momento, eu abriria uma nova enquete e os colocaria para votação.

Não tenho dúvidas de que "Marcas da Traição" seria o ganhador.

Recebo perguntas de autores que ficam na dúvida de como descobrir se já existe um livro ou filme com o mesmo título de meu livro. Existem formas de se verificar. Eu acho a mais legal é fazer uma pesquisa pelo Google ou pela própria fundação biblioteca nacional, onde você pode consultar o catálogo do EDA (escritório de direitos autorais).

A dica final é: seja original e tome cuidado com relação aos conflitos em sua história. Lembre-se que até a escolha do título de um livro envolve uma reavaliação de sua obra.

Confesso que quando escrevi meu livro com o título provisório de Projeto Nephesus, já com o livro pronto para ser enviado a editora, indo para casa tive um lampejo criativo que mudou todo o teor da história e consequentemente o título. Fui obrigado a mudar toda a história e praticamente reescrever o livro além de passá-lo novamente por todo o processo que já citei. O fato é que resultou na mudança do título, na qual o livro passou a se chamar *A Conspiração Vermelha*.

Por mais que você escolha um título adequado para seu livro, é interessante ter uma opinião de outras pessoas ou até a votação na internet como já citei.

Às vezes um título pode parecer fantástico para nós, porém ele é péssimo e pouco atrativo aos olhos de outros leitores. O mais importante é que o livro tenha a ver com o conteúdo de sua obra.

Em minhas primeiras publicações, lancei meu primeiro livro desconhecendo as técnicas de escrita. Coloquei o nome: *O Enigma do Fogo Sagrado — Livro 1 — A irmandade da Rosa Branca*. Bem, foi uma experiência que não deu certo, pois o título é tão longo que já dá preguiça de ler, além de fazer apologia à religiosidade. Ok, eu concordo que a trama tinha religiosidade envolvida, porém muitas pessoas que não são adeptos de histórias com cunho religioso sentiram que o livro ia ser uma "pregação" e deixaram de comprar. Já os religiosos o consideraram concorrência de outra religião e não deram atenção. A grande verdade se escondia por trás do título. Era um livro literário cujos temas centrais eram ficção, suspense, policial e com uma pitada de religiosidade. A capa foi perfeita, porém a escolha do título não foi lá das melhores. Meu alívio com este livro foi quando ele saiu de circulação e se esgotou. Notem que o título contribuiu para o fracasso da obra, que associado a outros fatores, na qual considero o principal a falta de técnica de escrita e regras de *storytelling* ter sido a raiz de todos os males.

O grande problema de um livro quando não dá certo no mercado livreiro é que além do livro ser classificado como ruim, o nome do autor vai junto, minimizando as chances de futuras publicações, mas isso é assunto para outro capítulo.

Então, a grande dica é pense bem nos títulos de seus livros. Opte por títulos curtos, concisos, relacionados a história, a trama, ao personagem, ao cenário. Faça um brainstorm, consulte opiniões diversas, e se puder consulte um publicitário. Vale a pena, pois sempre digo que escolher o nome de um livro é semelhante a se escolher o nome de um filho.

RESUMO

— Encontre os três temas principais referentes ao seu livro e elabore diversos nomes que lhe inspiram a partir dos temas centrais.

— O título de seu livro tem que condizer com a história.

— Pode utilizar nomes de cenários onde acontece sua história.

— Consulte o site da Biblioteca Nacional para ver se há títulos iguais, para evitar maiores transtornos.

— Na dúvida, faça uma votação em seu blog ou site, ou até mesmo nas redes sociais.

— Se possível consulte um publicitário com experiência no mercado livreiro com a escolha do título de seu livro.

— Tome cuidado para que o título não entre em conflito com a trama.

— Evite títulos longos.

REVISÃO GRAMATICAL / PREPARAÇÃO DO ORIGINAL

◇

Bem chegamos ao ponto polêmico e chave de nosso livro.

Em particular, quando chegamos nessa etapa já estamos exaustos, pois lemos, relemos e "trelemos" nosso original com o título elegido por unanimidade: *Marcas da Traição*.

Chegou a hora de enviar para editora?

Lamento informar que ainda não.

Temos outro trabalho à frente, que é encaminhar o seu livro para a revisão gramatical especializada.

Vamos reviver a primeira experiência que tive com meu primeiro livro. Foi desastrosa.

O medo inicial do escritor é de entregar o livro pronto para um terceiro. Considero a etapa da leitura fria um trabalho psicológico, pois você terá que submeter seu manuscrito para coletar opiniões diferentes, antes de mandá-lo para a revisão.

Sugiro que se você é acometido por esse tipo de fobia, que registre seu livro no Escritório de Direitos Autorais, na Fundação Biblioteca Nacional.

A questão da revisão gramatical ou preparação do original é a mais importante de todas. Talvez neste momento você compreenda o "porquê" que tivemos que encaminhar o livro para outros leitores, além de termos que ler nosso próprio original tantas vezes.

A razão das diversas leituras de nosso livro é que tenho a absoluta certeza de que você encontrou diversos erros, "quilos" de erros enquanto seguia esse processo e sem perceber você já facilitou o trabalho do revisor.

Quer a má notícia? Você ainda terá que ler outras vezes antes de enviá-lo para a editora.

Vejo muitos escritores que terminam o próprio livro e seguem por dois caminhos errôneos. O primeiro é enviá-lo para a editora — melhor se for uma editora que façam o trabalho de revisão — que lá eles têm revisores, ou encaminham o livro recém terminado, sem sequer uma ter recebido uma revisão do próprio autor e já encaminham direto para as mãos do revisor.

Lembrem que os revisores são especialistas em gramática. Eles vão focar na correção gramatical e ponto final. Os conflitos, inconsistências, incoerências, confusões de nomes de personagens, problemas da trama, dentre outros que já foram citados nesse livro podem irão passar despercebidos pois o revisor pode acreditar que a obra já passou por um olhar crítico ou por um preparador de original/copidesque. Confesso que há alguns revisores que arriscam a apontar alguns problemas da trama ou inconsistência, mas o foco principal é a gramática.

Longe de querer desmerecer o profissional, existem bons revisores, revisores razoáveis e pessoas que se dizem revisores. Sou médico e escritor e lhe asseguro que dentro de meu ofício existem profissionais de extrema competência e como em qualquer outra profissão outros que deixam a qualidade a desejar.

Sempre digo que um livro quando apresenta um erro gramatical, uma palavra escrita de forma errada que passou despercebida pelo processador de textos ou pelos olhos do revisor (que às vezes fica perdido em meio a um oceano de erros), se publicado, esse erro se multiplicará pelo número de exemplares que você publicou. Vamos ao exemplo. Imaginem o seguinte parágrafo mal escrito e que passou aos olhos do revisor (lembre-se que ele se preocupa com a gramática).

"Brutus Klaine, procurou celeste. Brutus queria abraçá-la. Celeste se afastou de Brutus repudiando a traição. Brutus não importava, afinal, celeste erra apenas mais uma."

Notem os seguintes erros em apenas uma linha: Repetição do nome Brutus, Celeste escrito em minúsculo, "erra" no lugar de era, abraçá-la sem acento. (Isso porque não sou revisor e acredito que meu revisor deva apontar mais alguns erros no parágrafo acima). De qualquer forma, já encontramos, no mínimo (sem considerar o uso da vírgula), quatro erros. Como disse anteriormente, se tivéssemos lido mais de uma vez a linha acima, nosso parágrafo já estaria melhorado. Agora vamos para a matemática da literatura. Vamos considerar cinco erros na linha acima. Por razão lógica, seu livro não foi aceito por uma grande editora que decidiu recusá-lo.

Você não aceitou a recusa e procurou uma editora que focou apenas em lhe oferecer o serviço Livro Pronto e por um custo ainda que mediano que você teve que arcar, decidiu "rodar" 3 mil exemplares de seu livro.

A matemática é simples. Se em uma linha temos 5 erros, 3 mil livros impressos já significam 15 mil erros percorrendo nosso imenso Brasil. Se em uma linha passou 5 erros (acreditem, dependendo da qualidade do revisor isso pode acontecer), vamos ser humildes e imaginarmos que em seu original de 300 páginas, teve 70 erros de conflitos, repetições, e outros pastéis (erros que o revisor acidentalmente deixa passar em uma revisão). Multipliquem 70 x 3 mil, e teremos 210 mil erros impressos vagando pelo mundo afora, junto com seu nome gravado na capa. Ler um livro com erros é terrível, por isso as leituras iniciais são tão importantes, pois será através delas que você irá conseguir filtrar e apagar futuros incêndios que poderiam ocorrer. Isso para uma publicação de 3 mil livros. Daí a importância da revisão de qualidade.

Mas você pode se perguntar, mas a revisão não é obrigação da editora?

A resposta é simples: não.

Imagine que você está indo para uma entrevista de emprego em uma importante empresa. Você irá se apresentar vestido de bermuda, chinelo de dedo e com o cabelo despenteado? É claro que não. Você irá se vestir bem, adequando-se à empresa em que irá trabalhar, irá pensar no que irá falar no momento da entrevista e adotará uma série de cuidados para que consiga ser contratado. Pense que quando enviamos um livro para a avaliação de um editor o princípio é o mesmo. Por que torturar o editor fazendo-o ler um original carregado de erros gramaticais e outras inconsistências? Ele irá ler no máximo três páginas de sua história e lançá-lo na pilha de livros rejeitados. É o cara de chinelo de dedo e bermuda que se apresentou na entrevista para trabalhar como gerente sênior numa respeitada empresa de advocacia. Existe a possibilidade de lerem meu livro e eu ser aceito? Sim, existe. Mas tenho que ser sincero que ela é remota. Na vida real só encontrei uma aceitação semelhante no filme *A Procura da Felicidade*.

Mas eu não tenho dinheiro para custear uma revisão. O que eu faço? Bem, lembra-se daquela antiga professora de português? É uma opção ou no caso encaminhe para no mínimo dez pessoas e peça para que elas deem uma olhada na gramática também (é obvio que as pessoas devem gostar de ler e ao menos ter nível universitário). Não é uma das melhores soluções, mas...

Então quer dizer que meu livro vai ser recusado pela falta de revisão?

A resposta é "não exatamente". Existem outros fatores que devem ser levado em conta e vamos discutir no capítulo adiante. Considere este fator como um fator que "contribui" para a rejeição. Não o fator absoluto.

Outro problema é encontrar bons revisores no mercado. Tenho um amigo escritor que ocasionalmente faço a leitura fria de alguns livros que ele escreve. Ele teve sérios problemas com a revisão de um livro. Na época, ele trabalhava com uma editora pequena e é lógico que a editora, como empresa, procura no mercado revisores com preços bem mais acessíveis. Após ele receber o livro revisado, foi uma decepção total. Ele me chamou e mostrou os problemas que havia encontrado. O revisor havia mudado o teor da história e além de ter feito uma desastrosa correção, colocando palavras escritas de forma incorreta. Quando fomos pesquisar sobre o profissional, descobrimos que sequer era graduado na área. Meu amigo entrou em contato com a editora, e exigiu outra revisão por um "profissional". Quando o original retornou com o trabalho efetuado por outro revisor, de fato o profissional cumpriu o trabalho a contento e dignificou-se pela qualidade do trabalho. Revisar um livro carrega responsabilidade, pois o nome do revisor também está em jogo e lhes asseguro que as notícias voam no mercado literário. A história continuou, pois outro escritor havia sido vítima do pseudorevisor e tornou público o acontecimento. Não sei o que aconteceu depois, mas assistindo a sina de meu amigo, aprendi que devemos escolher com seriedade quem irá fazer a revisão de seu livro, para que não se transforme em um pesadelo. Por essa razão, se o escritor procura o revisor, sugiro a elaboração de um contrato de prestação de serviços, que trará segurança para ambas as partes.

Fiquem atentos, pois sabemos que hoje existe software para tudo. Existem também softwares usados para revisão, o que "não" qualifica o proprietário do software como revisor, ao menos que ele seja graduado na área e tenha um bom currículo.

Uma boa dica, antes de firmar o contrato de revisão, é importante que você levante informações sobre o revisor que você trabalha. Informações como experiência profissional, editoras que já trabalhou, o curriculum, e, é claro, solicitar referência de outros escritores que já tiveram o livro revisado pelo profissional que você deseja contratar.

Outra dica é saber esperar. Não tenho a menor dúvida de que você está desesperado para ter seu livro revisado em mãos para encaminhá-lo à editora e ver a capa ou a primeira boneca do livro — boneca é a primeira cópia impressa para que o autor possa ter ideia de como será o livro no final, só que não são todas as editoras que fazem esse trabalho. Não pressione o revisor. Se ele disser que o prazo é de dois meses, excelente. Sinal de responsabilidade e que ele não irá fazer o trabalho às pressas. Não fique cobrando prazos do revisor. Estipule uma data de entrega com conforto, para que ele tenha tempo de revisar seu livro com qualidade. Somente na data estipulada entre em contato. Lembre-se de que saber esperar é uma virtude.

Então a sonhada data chegou e o livro voltou revisado.

Há duas formas que os revisores trabalham. Primeiro eles cobram a revisão por lauda.

Só que tem um probleminha... Eu não sei o que é uma lauda, você poderá me dizer.

Lauda, na verdade, refere-se aos caracteres que incluem sinais de pontuação e espaço. Elas podem variar de 1250 caracteres a 2100. Com frequência, observo a maioria dos revisores adotam com 1250 caracteres.

Se você usa o Microsoft Word para escrever seus livros, ao olhar na barra logo abaixo do texto você irá encontrar as seguintes informações: Número de página, palavras e o idioma. Exemplo:

PÁGINA 153 de 330 89367 PALAVRAS PORTUGUÊS (BRASIL)

Aí é só clicar com o botão esquerdo do mouse no número de palavras que irá aparecer uma caixa bem no meio da tela:

Estatística:
Páginas 330
Palavras 89.367
Caracteres (sem espaços) 450.329
Caracteres (com espaços) 493.727
Parágrafos 5.211
Linhas 12.121

Feito isso, pegamos a informação de caracteres com espaços e dividimos por 1250 ou pelo número de caracteres que o revisor lhe passar que ele adota como lauda.

Se usarmos 1250, que é o padrão mais utilizado pelos revisores no Brasil (podendo variar a 2100 caracteres), a conta será 493.727 dividido por 1250. Encontraremos o resultado da divisão o número: 394,9816. Arredondamos para 395. Bem esse é o número de laudas. Agora o próximo passo é saber o valor que o seu revisor cobra por lauda. Para fins de exemplo, vamos supor que seu revisor cobra 5 reais a lauda. Então o valor da revisão será o resultado da multiplicação de 5 por 395, ou seja: 1975,00 Reais. Sugiro que você já tenha a sinopse pronta de seu livro e já aproveite neste momento para enviá-la para a revisão bem como as orelhas do livro com informação do autor ou parte da história, que também deve ser revisada.

É claro que o preço varia de revisor para revisor e quanto mais experiente e mais reconhecido seja o revisor, o preço vai se tornando mais elevado. Aí fica a critério do autor e sua capacidade de negociação. Não se assustem com o exemplo, pois usei um original fictício de 330 páginas. Lembre-se que essas 330 páginas não é a quantidade exata de páginas de um livro e sim de seu manuscrito, que pode ter sido escrito com fonte menor ou maior, em página de formato A4. Dependendo da diagramação, suas 330 páginas podem se tornar facilmente em 450 páginas do seu livro já acabado, impresso e pronto para a distribuição (com uma margem para mais ou menos).

Há revisores que preferem revisar seu livro no modo antigo. Você imprime, encaderna e entrega para ele. Depois do prazo combinado, você irá buscar seu livro e ele estará todo colorido, corrigido e cheio de orientações. Meu primeiro livro quando enviei para a revisão e o peguei de volta (sem ter feito minha revisão ou encaminhado para os leitores frios), confesso que me senti um analfabeto na língua portuguesa. Mas foi graças a ele ter me questionado sobre quantas vezes eu havia lido meu original, que eu percebi a importância da leitura prévia do livro após escrevê-lo.

Outros revisores preferem fazer através do processador de texto, e geralmente usam o Microsoft Word no modo revisão. Em particular prefiro esta segunda opção. Você tem a opção de ir aceitando ou rejeitando as alterações feitas pelo seu revisor no texto, além, é claro, de ter acesso aos comentários que seu revisor faz em determinadas partes de seu original.

Após terminada a revisão, recomendo que você leia seu livro mais uma vez, checando se nenhum erro passou sem ser notado, ou os famosos "pastéis", que é o termo utilizado pelos revisores.

Concluído a leitura, já posso encaminhar o livro para editora?

Ainda não. Tenha paciência que você já está quase lá. Mas tenho certeza de que se você não registrou seu livro, então a hora é essa. O registro é simples. Basta entrar no site da Fundação Biblioteca Nacional (FBN) através do link: www.bn.gov.br

Procure em serviços, "direitos autorais". Esta página trará todas as informações referentes para registro ou averbação de seu livro.

RESUMO

— Lembre-se que a função do revisor é corrigir apenas os erros gramaticais referentes a sua história, por isso a importância de ler seu original várias vezes antes de submetê-lo a apreciação da editora.

— Levante informações sobre a experiência profissional e qualidade do trabalho do revisor que você escolheu, antes de entregar seu livro.

— Para fins legais e para evitar conflitos ou insatisfações, sugiro a elaboração de um contrato de prestação de serviços.

— Não apresse seu revisor. Deixe-o trabalhar em seu livro com tranquilidade.

— Após ter aplicadas as correções em seu livro, leia-o mais uma vez a procura de erros que possam ter escapado.

— Não. Definitivamente ainda não é a hora de enviá-lo para a editora, sem ter concluído a leitura dos capítulos seguintes.

DIREITOS AUTORAIS

◇

Parabéns, se você conseguiu chegar até aqui seguindo passo a passo as orientações neste livro enquanto você preparava seu original.

Talvez a primeira pergunta que você tenha em mente é: Já posso enviar meu livro para a editora?

Não. Ainda não está na hora de enviar seu original para a editora, mas o momento se aproxima. Acredito que os próximos capítulos irão lhe fazer compreender a forma e as orientações para que você encaminhe seu original para a editora.

Mas estamos em um momento ímpar referente ao seu livro, pois a essa altura seu original já foi avaliado pelos leitores betas, relido por você pelo menos umas 5 vezes (incluindo a conferência da revisão gramatical), e pronto.

Não é bem assim. Chegou a hora de você assegurar os direitos sobre seu livro, afinal de contas escrevê-lo já não foi fácil e prepará-lo para o envio à editora foi quase uma novela.

A grande pergunta é:

O que é direito autoral?

Direito autoral no Brasil é o conjunto de prerrogativas legais conferidas à pessoa física ou jurídica que é a criadora da obra intelectual.

Esse conjunto de prerrogativas lhe assegura por lei o direito para que o criador da obra intelectual possa gozar dos benefícios morais e patrimoniais no que concerne à exploração de suas criações intelectuais, sejam essas literárias, artísticas ou científicas.

Está regulamentado pela lei 9.610/98, Lei de Direitos autorais, que protege as relações entre o criador e quem utiliza suas criações artísticas, literárias ou científicas tais como textos, livros, pinturas, esculturas, músicas, fotografias, etc.

Estão divididos para efeitos legais em direitos patrimoniais e direitos morais.

Direitos morais: garante a autoria da criação ao autor da obra intelectual. É intransferível e irrenunciável.

Direitos patrimoniais: são os direitos referentes à comercialização da obra intelectual, tornando exclusividade do autor, utilizar a obra de sua autoria da forma que o convir, ou outorgar a terceiros a utilização parcial ou total de obra.

Caso um terceiro utilize a obra ou parte da obra sem a autorização do autor, estará infringindo a lei, cabível de processo judicial.

No Brasil, o direito autoral de um livro é garantido exclusivamente através do registro na Fundação Biblioteca Nacional — FBN (http://bn.gov.br). Prestem atenção ao termo que usei: "exclusivamente".

Já vi autores imprimirem seu livro, ir ao correio e enviar a si mesmos uma cópia impressa do original e guardando o comprovante de postagem, com a data — além dos carimbos dos correios no pacote —, e acreditando que tal procedimento irá assegurá-lo dos direitos autorais. Infelizmente não.

O comprovante de postagem — que com certeza se apagará com o tempo — e carimbo do correio em uma embalagem ainda que lacrada, apenas afirmam que um livro impresso foi enviado a você por você mesmo. Isso não é garantia de que o livro é de sua autoria.

Quando você registra um original na Fundação Biblioteca Nacional, você recebe o registro do seu livro, que é um documento de validade legal em todo o território nacional. É a prova de que o livro é seu.

Independente do lugar que você mora no Brasil, o registro na Fundação Biblioteca Nacional pode ser feito de forma não presencial, enviando a documentação solicitada, o preenchimento do formulário de requerimento de registro ou averbação e do recolhimento de uma taxa. No site da Fundação Biblioteca Nacional, na aba de Direitos autorais você encontrará no menu "registro ou averbação", onde você irá encontrar toda a informação necessária para o registro de seu livro.

Quem preferir, pode fazer o registro pessoalmente nos postos estaduais da Fundação Biblioteca Nacional[1]. A seguir:

---

[1] FBN. Direitos Autorais. Disponível em: <https://www.bn.gov.br/servicos/direitos-autorais/unidades-regionais>. Acesso em: 04 de jan. 2022

Amazonas – AM
UFAM — Universidade Federal do Amazonas
Av. General Rodrigo Otávio Jordão Ramos, 6200
Campus Universitário Senador Artur Vigilio Filho
Setor Norte, Centro Administrativo,
Coroado - Manaus
CEP 69077-00
Tel: (92) 3305-1758
E-mail: postoeda_am@ufam.edu.br

Espírito Santo – ES
Biblioteca Central da Universidade Federal do Espírito Santo
Av. Fernando Ferrari, 514
Goiabeiras, Campus Universitário, Vitória
CEP 29075-910
Tel: (27) 4009-7850

Maranhão – MA
Biblioteca Pública Benedito Leite
Praça Deodoro, (Praça do Patheon), s/n
Centro — São Luís
CEP 65020-180
Tel: (98) 3218-9961
E-mail: direcaobpbl@sectur.ma.gov.br

Mato Grosso – MT
Unic — Universidade de Cuiabá
Av. Beira Rio 3100
Grande Terceiro — Cuiabá
CEP 78065-700
Tel: (65) 3363-1179
Fax: (65) 3363-1177
E-mail: postoeda_mt@hotmail.com
UFMT — Universidade Federal do Mato Grosso
Av. Fernando Corrêa da Costa, 2367
Boa Esperança — Cuiabá
CEP 78060-900
Tel: (65) 3313-7155

Minas Gerais — MG
Palácio da Cultura Dr. Lúcio Mendonça de Azevedo
Biblioteca Pública Municipal Bernardo Guimarães
Rua Alaor Prata, 317
Centro — Uberaba
CEP 38015-010
Tel: (34) 3332-0991
E-mail: postoeda_mg@uberabadigital.com.br

Pará — PA
Agencia de Inovação Tecnológica/UNIVERSITEC/UFPA
Coordenadoria de Propriedade Intelectual- CPINT/EDA Cidade Universitária Prof. José da Silveira Neto Av. Augusto Corrêa, nº 1
Bairro Guamá - Belém
CEP 66075-900
Tel: (91) 3201-7258

Paraná — PR
Biblioteca Pública do Paraná
Rua Cândido Lopes, 133 , 2º Andar
Centro — Curitiba
CEP 80020-901
Tel: (41) 3221-4967
E-mail: edaparana@bpp.pr.gov.br

Pernambuco — PE
Biblioteca Pública do Estado de Pernambuco
Rua João Lira, s/nº
Bairro Santo Amaro — Recife
CEP 50050-550
Tel: (81) 3181-2649
Fax: (81) 3181-2640
E-mail: postoeda_pe@hotmail.com

Rio de Janeiro — RJ (sede)
Escritório de Direitos Autorais

Centro Empresarial Cidade Nova - Teleporto Av. Presidente Vargas, 3131, Sala 702 Cidade Nova - Rio de Janeiro - RJ CEP 20210-911 Horários de atendimento: segunda a sexta-feira, das 10h às 16h. Tel: (21) 2220-0039

Distrito Federal - DF
Esplanada dos Ministérios - Ministério da Cidadania

Bloco B, térreo, SEC/DLLLB/COBDB/MC Brasília CEP 70062-900 Horários de atendimento: segunda a quinta-feira das 8h às 12h (não há atendimento ao público na sexta-feira). Tel: (61) 2024-2698/2024-2526. E-mail: posto.eda@cultura.gov.br

Santa Catarina — SC
UDESC — Universidade do Estado de Santa Catarina
Av. Madre Benvenuta, 2007
Florianópolis
CEP 88035-001
Tel: (48) 3664-7880
e-mail: eda@udesc.br

São Paulo — SP
Fundação Bilbioteca Nacional
Escritório de Direitos Autorais (Regional SP)
Alameda Nothmann, 1058
Campos Elíseos — São Paulo
CEP 01216-001
Horário de atendimento de 10h às 16h.
Tel: (11) 3825-5249

Não confundam o registro pelo escritório de direitos autorais com ISBN, que é o *International Standart Book Number*, um número pertencente a um sistema internacional padronizado para facilitar a identificação através de uma sequência numérica, que irá identificar os livros de acordo com o título, autor, país, editora e número de edição. Não é garantia de registro. Geralmente o ISBN é providenciando pela editora, ao final do processo de diagramação do livro, antes de enviar o livro para a impressão, pois o ISBN é o código de barras que geralmente aparece na contracapa do livro, com uma sequência numérica.

Outra terminologia que sempre vemos é o famoso Copyright, seguido da expressão "todos os direitos reservados", que na verdade garantem que todos os direitos da respectiva obra, como reprodução, alteração, distribuição e comercialização, pertencem ao autor que registrou a obra ou ao editor — cujos direitos foram cedidos pelo autor — e só podem ser utilizados com a autorização do autor ou do editor.

Outra questão é que vejo muitos autores questionarem qual é a validade do registro.

Um livro depois de publicado pertence ao autor que registrou a obra. No Brasil, após 70 anos após a morte do autor a obra registrada entra em domínio público, ou seja, qualquer editora pode publicá-la sem consentimento dos herdeiros. Se o autor morre em 2017, sua obra entrará em domínio público no 1º de janeiro do ano 71 após a morte do autor. Ou seja, em 2088 poderá ser publicada sem problemas. Por isso é que observamos vários Sherlock Holmes de volta em histórias envolventes e modernas, além de diversas editoras publicando obras de Machado de Assis.

É fundamental o conhecimento de que o registro de uma obra é pertinente a obra como um todo ou em partes, porém o registro jamais irá assegurar a ideia da obra. O registro me garante que caso alguém copie uma página de seu livro na íntegra e a reproduza sem sua autorização, aí sim, estamos falando de plágio e a justiça deverá ser acionada. Posso usar como exemplo um livro de romance, onde o velho clichê reina, onde o herói fica com a mocinha. Essa ideia, não é um plágio, e como disse anteriormente, afirmo que iremos ler e assistir a vários filmes, em que o herói irá ficar com a mocinha. A ideia, pode ser reutilizada — serve de fonte de inspiração para diversos escritores —, mas não a cópia do roteiro ou do livro em sua integridade, sem o consentimento do autor, aí sim estamos falando de plágio.

É claro que não podemos ser radicais. Imagine um autor que inicia um livro da autoria dele e coloca na primeira página uma citação de seu livro, porém colocando seu nome logo abaixo da citação e a obra que foi retirada. Em nenhum momento ele tomou para si próprio a autoria da citação. Ou seja, não é crime, pelo contrário, o autor tentou enobrecer seu trabalho ou considerou você como fonte de inspiração para a elaboração do livro que escreveu.

Então, antes de enviarmos seu livro para a editora, que tal registrá-lo?

RESUMO

— O livro só é considerado registrado quando recebemos a certidão de registro emitida pelo Escritório de Direitos Autorais, da Fundação Biblioteca Nacional.

— A cópia de partes de um livro em sua íntegra, publicação por quaisquer meios, sem o consentimento do autor é considerado plágio.

— Uma obra literária entra em domínio público após 70 anos após a morte do autor.

— ISBN não é registro, é apenas uma forma de catalogar numericamente informações sobre o autor, editora, país e número de edição.

TIPOS DE EDITORAS E PUBLICAÇÃO VIRTUAL

◇

O Brasil é atualmente um país que, em 2013, tinha aproximadamente 750 editoras de acordo com o censo realizado pela Câmara Brasileira do Livro.

Com tantas editoras, para qual editora então devo enviar meu original?

Bem, acredite ou não, uma das principais razões que levam a editora recusar original é o envio do gênero errado para a editora errada e iremos ver com mais detalhe no capítulo oportuno. A princípio é preciso compreender os tipos de editora que temos no Brasil e com bom senso saber discernir qual editora irá atender a necessidade do escritor ou autor para analisá-lo e "talvez" existir uma proposta de publicação.

Reforço que o fato de enviar o original para a editora, não quer dizer que ele será aceito. A partir do momento que você envia seu livro para a editora, ele irá passar por um processo de análise.

Minha intenção é que você compreenda a diferença das editoras que existem em nosso mercado livreiro. Já vi autores criticarem editoras de pequeno, médio ou grande porte. A verdade é que cada editora é especial e única em sua forma e pode atender ou não as necessidades que lhe são solicitadas.

É óbvio que existem diferentes pontos de vista relacionados à editora, mas o tripé sempre será escritor, leitor e editor, e claro que cada olhar terá uma análise diferenciada sobre o produto: Livro.

Vou citar a seguir os tipos de editoras com interesse focado nas necessidades do "escritor/autor iniciante".

Grandes Editoras: essas editoras são sonhos de consumo de publicação de todo autor iniciante ou escritor já calejado. A grande vantagem de publicar por essas editoras envolve diversos fatores. Seu livro será amplamente distribuído praticamente em todo país e estará à vista nas bancas principais das livrarias. O custo de publicação, quando seu original foi aceito pelas vias normais de publicação, é zero. Você terá apenas os custos prévios de revisão, leitura crítica, impressões, encadernações, registro Fundação Biblioteca Nacional, despesas postais, que você fez antes de enviar o original para a editora. Se aceito por uma editora de grande porte, meus parabéns! Porém, não se sinta uma celebridade. Lembre-se que essa editora tem um extenso catálogo de autores, iguais ou melhores do que você. Já vi muitos escritores sair de grandes editoras ou não conseguirem continuar publicando por razões diversas. Outra grande vantagem é que essas grandes editoras quando aceitam seu livro fazem uma grande tiragem podendo ser distribuídas no Brasil ou em alguns casos até no exterior.

As grandes editoras participam ativamente das bienais de livros em todo o país, além de promoverem animadas sessões de autógrafo, lançamentos em diversas capitais, porém isso é feito para "todo seu acervo de autores" e você é mais um no meio da gigante onda. As grandes editoras trabalham com grandes distribuidoras de livros — por isso seu livro chega do norte ao sul do Brasil —, e trabalham em parceria com ótimas agências de publicidade, que irão promover entrevistas nos mais variados meios de comunicação para que o autor apresente sua obra. Vale lembrar que a agência de publicidade que trabalha com o autor fará o mesmo para todos os autores do catálogo da editora. Portanto, não pense que só o fator de publicar em uma grande editora é sinal de sucesso, mas isso é outro assunto e iremos discutir mais à frente.

Como toda empresa, as grandes editoras fazem contrato com seus autores e algumas exigem exclusividade com o autor, para que toda a obra que ele escrever seja enviado primeiramente para a editora. No caso de recusa do livro, ele poderá enviar o livro para outra editora.

Em suma, publicando em uma grande editora existe uma enorme chance de você tornar-se conhecido e pagam com regularidade os direitos autorais à agência literária (que irá repassar a parte do autor), ou pagam diretamente ao autor que não ingressou na editora via agenciamento. Trabalham com excelentes editores, revisores, designers gráficos de capa, diagramadores e o acabamento do livro é perfeito.

Vamos às desvantagens, e a primeira que posso citar é o tempo de análise de originais extremamente longa. Não os culpe, basta tentar imaginar a quantidade de escritores que enviam originais para avaliação e lhes afirmo que a fila é enorme! Para evitar essa longa fila de espera, as grandes editoras estão optando para publicar autores por indicação ou através da compra de direitos de obras que tem potencial de sucesso. A indicação na maioria das vezes se dá pelo agenciamento literário, que é outro assunto que iremos falar à frente. Publicar por uma grande editora está ficando cada vez mais difícil, e não tenho a menor dúvida que em breve o agenciamento literário irá ser o divisor de águas para publicação no Brasil. Se você entrar no site dessas grandes editoras, raramente você irá encontrar a opção com instruções para envio de originais.

Outra desvantagem é que como lhe disse, os contratos solicitam direitos de exclusividade e isso acaba amarrando o autor. Conheço autores que publicaram através de grandes editoras, e (na época que não havia o agenciamento literário), e tiveram uma enorme dor de cabeça, quando a editora não se interessou pelas obras do autor e ele ficava amarrado por cláusulas contratuais, que exigiam exclusividade. Ele remetia os livros para a editora e aguardava um bom tempo até ter de volta o feedback de recusa da editora para poder enviar o livro a outra casa editorial.

Editoras Medianas: Algumas também utilizam o processo de agenciamento literário e outras não. Preferem que o livro seja enviado impresso, com registro na Fundação Biblioteca Nacional, e o tempo de análise também é longo. Algumas editoras de médio porte criaram selos diferenciados de publicação, dando a opção ao autor de pagar pela publicação, reduzindo o tempo de espera de análise.

A distribuição é nacional, porém não chega a todas as livrarias como as grandes editoras. Participam das principais bienais, trabalham com agência de publicidade focada na divulgação da editora e de "alguns autores selecionados".

Algumas delas pedem contratos que exigem exclusividade do autor. Os direitos autorais do autor são pagos anualmente com regularidade (dependendo das cláusulas contratuais).

Algumas aceitam o envio do original por e-mail.

As desvantagens são o longo tempo de espera para avaliação do original. Algumas editoras, para reduzir esse tempo de espera, criaram questionários online a respeito do livro que você pretende submeter. Basta você entrar no site da editora, responder o questionário e num período mais curto (que pode chegar até 6 meses), você recebe se poderá ou não submeter seu original para apreciação, só que na maioria das vezes você será direcionado para publicar pelo selo diferenciado que você terá que custear a produção do livro e os valores chegam a ser exorbitantes.

Quando você faz a opção pela publicação pelo selo "pago", as tiragens dificilmente superam os 2 mil exemplares e lamento informar que você não irá encontrar seu livro na prateleira principal da livraria. Com muita sorte se encontrá-lo, ele estará em uma estante de autores nacionais em lugar de menor destaque da livraria. Outra reclamação que recebo de autores que publicaram por este tipo de selo é pela qualidade do livro final que às vezes fica a desejar, além de que depois de pago e o livro estiver pronto, você perde o contato com o editor. Trabalham com designer gráficos, diagramadores e revisores focando no custo-benefício. A qualidade do livro do selo principal (que não há custos para o autor) é de boa qualidade.

As que utilizam o processo de agenciamento literário, publicar pode ser mais complicado.

Pequenas editoras:

As pequenas editoras são criticadas por muitos autores. Neste tipo de casa editorial, o ideal é que o autor procure por editoras que façam o trabalho com seriedade e conheço diversas pequenas editoras que mostram trabalho de qualidade, com livros que chegam a superar em qualidade as editoras de médio porte, podendo até ser comparado com as editoras de grande porte.

São editoras que são bem administradas e trilham o caminho do crescimento com editores participantes e atuantes, que quando descobrem qualidade no seu livro não irão cobrar pela publicação e o leque de distribuição é melhor, pois o editor faz parcerias com distribuidoras, se foca na divulgação da editora e dos autores selecionados. Este tipo de pequena editora está a um passo de se tornar uma editora de médio porte

A principal vantagem é que a chance de publicação é maior. Infelizmente temos pequenas editoras que publicam qualquer livro sem nenhuma análise prévia, porém há pequenas editoras que fazem um trabalho com seriedade, na qual o livro para ser publicado irá passar pela avaliação do editor, e como nas grandes editoras, ele é quem irá bater o martelo e decidir se você irá publicar ou não.

Nas pequenas editoras, o autor terá um custo. Ou seja, todo o processo de diagramação, elaboração de capa, ficha catalográfica, revisão (caso o autor não tenha feito a revisão especializada ou se o editor achar que o livro mereça uma nova revisão), e impressão serão custeadas pelo autor. Há algumas editoras que não cobram pelo serviço, porém oferecem uma parceria estipulada no contrato de que o autor irá adquirir certa quantidade de exemplares. O contato com o editor é mais fácil.

A principal desvantagem condiz no fato da distribuição. Na maioria das vezes, restrita ao estado em que está localizada a sede da editora, ou venda virtuais (no site da própria editora). Pode não parecer um problema a princípio, mas para o autor que mora no norte do Brasil que fecha o contrato com uma editora localizada no Sul, não irá ver o livro nas livrarias, cuja distribuição geralmente é local. O autor irá assumir a venda de seus exemplares, muitas vezes acaba com uma pilha de livros acumulados em casa.

Outro problema que irá depender da administração da editora, na qual o editor irá fechar com profissionais (diagramadores, copistas, revisores, impressão) de menor custo e em consequência teremos um livro de baixa qualidade nas mãos. Já tive o desprazer de adquirir o livro de uma pequena editora que ao iniciar a leitura, as páginas simplesmente descolavam-se do livro. Isso sem contar a capa cujo acabamento brilhante começou a descolar. Isso gerou depressão e descontentamento enorme por parte do autor.

Editoras sob demanda

São "editoras" que apenas irão publicar seu livro. Não irão fazer a distribuição, divulgação. O foco está apenas em produzir o produto livro a seu comprador (autor/escritor). As vantagens consistem para aqueles que desejam publicar pequenas tiragens, para um nicho específico.

As desvantagens condizem em relação à qualidade do produto final, distribuição inexistente e divulgação inexistente que ficam por conta do autor.

Publicação virtual

Não posso seguir adiante sem falar um pouco sobre a publicação virtual.

Confesso que sou adepto dos livros digitais, porém existem leitores que não desistem de manusear as folhas de um livro.

Vamos compreender um pouco sobre o e-book.

E-books, são na verdade livros desenvolvidos para o formato digital, ou seja, o leitor irá comprar o livro pelo site que o oferece e irá fazer o download do mesmo para o computador, tablet, celular ou dispositivos conhecidos com *e-readers*, ou leitores digitais.

Existem empresas que são gigantes na plataforma de livros digitais, como a Amazon, que criaram seus próprios dispositivos de leitura, no caso o kindle. Há outros *e-readers*, como o kobo, sony, etc. e outras plataformas semelhantes à da Amazon, como a própria Apple e seus *i-books*, voltadas para o iPad ou iPhone.

De qualquer forma o e-book, ou seja, o livro em formato digital, com meu olhar visionário, não tenho a menor dúvida de que será o futuro do mercado livreiro. No Brasil, a moda ainda não emplacou tanto, pelo preço elevado dos *e-readers* e pela insegurança da população em fazer compras pela internet, e é claro, que pesam nessa balança questões técnicas de uso e instalação dos livros.

Existem algumas diferenças em se publicar o livro no formato digital. De qualquer forma, todas as técnicas de escrita que já foram citadas neste livro deverão ser aplicadas na escrita de seu livro (incluindo as etapas de leitura beta, revisão gramatical). A diferença começa que a publicação do livro na maioria das plataformas é gratuita. Há algumas que cobram, porém não é uma taxa exorbitante. É um valor pequeno, exceto as plataformas que oferecem o serviço de criação de capa, diagramação, revisão e "conversão" para o formato digital.

Bem, essa conversão em formato digital é a grande diferença das plataformas, pois cada uma trabalha com um formato de arquivo diferente (.mobi, .epub, etc.) e o processo de diagramação do livro físico é diferente o *e-reader*, pois quem já manuseou um *e-reader*, sabe que se pode aumentar o tamanho da fonte na hora da leitura, mudar o formato de tela de retrato para paisagem dentre outras infinidades de recursos acessíveis. Dentre os recursos dos readers, os que mais me agradam é o dicionário em várias linguagens, que com um clique em cima da palavra já aparece o significado, e a praticidade em poder carregar uma biblioteca dentro de seu *e-reader*. Sabe aquele problema de viagem em ficar carregando livros pesados, que acabam sendo um transtorno? Pois bem, acabaram. Um *e-reader* é bem leve, além é claro que alguns contam com tecnologia *e-paper*, cujo display é como se fosse papel de verdade, podendo ser lido até sob o sol — não tem os reflexos dos tablets, isso sem contar na durabilidade da bateria que pode ultrapassar com tranquilidade os 30 dias sem precisar de uma nova carga.

Bem, vamos às vantagens e desvantagens em se publicar um livro no formato digital, após a escolha a plataforma (como exemplo a Amazon).

A grande vantagem é que você terá seu livro disponível para o mundo todo (para aqueles que sabem ler o seu idioma, é obvio que se você escrever em inglês o alcance será maior), ou seja, encerrando o grande problema de distribuição.

Outra vantagem é o custo bem menor do que a publicação do livro físico. Os gastos serão da revisão, desenvolvimento da arte da capa — algumas plataformas o auxiliam passo a passo até para desenvolver a capa de seu livro —, e a conversão no formato para download a ser oferecido nas referidas plataformas (algumas plataformas também o fazem, no passo a passo).

Os direitos autorais podem ultrapassar os 50% do preço de capa — vai depender do país e da plataforma que você escolheu.

Não existe fila de espera ou análise original para publicar. Ou seja, é só colocar seu livro em formato digital na plataforma escolhida e pronto.

Você pode acompanhar as vendas diretamente no site da plataforma e criar promoções divulgar seu trabalho.

Seu livro pode fazer sucesso, e uma editora física amparada no seu relatório de vendas convidá-lo a publicar um livro físico.

Se seu livro se destacar, você poderá ser chamado para dar entrevistas e participar de eventos, patrocinado pela plataforma que você escolheu.

Porém, nem tudo são flores... Vamos às desvantagens:

A primeira grande desvantagem consiste no maior medo da maioria dos escritores: Pirataria.

Conheço vários autores que tiveram seus livros pirateados, ou seja, alguém pegou o arquivo do seu livro na plataforma virtual (geralmente um comprador com conhecimento de informática ou um arquirrival), fez a conversão de seu arquivo para o formato .pdf (que é o mais comum) e o colocou num site com provedor internacional para download. O famoso Robin Hood literário. Furta sua obra e a coloca gratuitamente disponível na internet para download dos que não têm condições ou cartão com alguma bandeira para comprar. Esse tipo de atitude é um desrespeito total para o autor que chega a passar anos para concluir um livro, e não tenho a menor dúvida, que neste momento você já tem a certeza que escrever uma boa história não é tão simples assim e exige uma dedicação monstruosa para fazer com que um bom livro chegue às mãos dos leitores e do "nada" surge uma pessoa e pirateia seu livro? Isso sem contar o desrespeito para as pessoas que pagaram pelo seu livro e depois descobrem que seu livro foi pirateado e está disponível de graça na internet.

Outro problema da publicação virtual consiste na quantidade de livros que são publicados diariamente. Milhares de pessoas colocam livros quase que diariamente nessas plataformas. Se não houver uma boa divulgação por parte do autor, a chance de seu livro ser encontrado é bem pequena.

Outra desvantagem é que você não irá ter o prazer de autografar um livro virtual.

Bem, espero que as informações acima os norteiem a escolher a editora ideal.

Sempre recomendo que o escritor que tenha intenção de submeter o seu livro para análise de publicação, para que antes vá à uma livraria, procure nas prateleiras um livro publicado pela editora na qual deseja publicar. Folheie-o, olhe a lombada, a colagem e costura do livro, a qualidade de capa, diagramação. Dê preferência para editoras de sua cidade ou estado, pois vale lembrar de que a maioria de seus leitores concentram na cidade em que você reside.

Note que todas têm suas vantagens e desvantagens. Hoje a internet oferece mecanismos de busca, onde você pode encontrar todo tipo de informação sobre a editora pela qual você pretende publicar, portanto consulte em especial a impressão dos autores que já publicaram pela editora física ou virtual na qual você escolheu.

RESUMO

— No Brasil, existem editoras de grande, médio e pequeno porte, editoras sob demanda e a publicação virtual. Cada uma tem suas vantagens e desvantagens

— A melhor forma de se conhecer o trabalho de uma editora é ir à livraria, procurar pelo livro, folheá-lo e ver se atende aos quesitos de distribuição, preço e qualidade editorial. Já os livros virtuais, o ideal e uma boa troca de experiência com alguém que já publicou no formato digital.

— A publicação virtual você pode ter um sucesso rápido e por outro lado na mesma velocidade seu livro pode ser pirateado.

COMO APRESENTAR SEU ORIGINAL PARA A EDITORA

◇

Para tudo na vida existe a forma correta de apresentar. Ninguém vai a uma elegante festa de casamento na qual é indicado o traje social completo, vestido de bermuda e camiseta regata.

Para apresentarmos um original para a editora, o princípio é o mesmo.

Depois de você ter escolhido a editora que publica seu gênero e tomar o conhecimento de que ela está recebendo originais para avaliação, existe a forma correta de encaminhar seu livro.

Utilizamos para isso o *book proposal*, que na verdade é uma proposta de publicação que você irá encaminhar para a editora. O objetivo dessa proposta é tornar mais elegante e apresentável seu original, além é claro de facilitar o trabalho do editor, poupando-o às vezes de ler pilhas de manuscritos.

Geralmente, nas propostas encaminhamos dois ou no máximo três capítulos do livro que julgamos de melhor qualidade ou a parte mais picante da história.

Se você tem conhecimento de inglês, você irá encontrar na internet uma imensa variedade de modelos de *book proposal*. Nos EUA, geralmente é a editora que fornece o modelo do *book proposal*, já dentro das normas de envio. No Brasil, ainda não vi nenhuma editora utilizando esse modelo como normas de envio. De qualquer forma, acho formidável a ideia do *book proposal*, pois ele apresenta uma breve biografia do autor, o livro de forma sucinta, os pontos fortes da trama com um breve resumo, na qual o autor não precisa se preocupar em contar o que vai acontecer no final, pois o editor precisa ter o conhecimento da história como um todo, para julgar se irá publicá-la ou não. Também é interessante agregar o que o autor ou escritor irá fazer para ajudar na divulgação do livro — capítulo que iremos ver mais à frente.

No Brasil, achei muito interessante a postura de uma editora que colocou no próprio site na área de orientações para submissão, um formulário eletrônico — que na verdade é um *book proposal* — sem a necessidade do envio do original. Após a análise da proposta, caso haja interesse da editora em publicá-lo, ela entra em contato solicitando o envio do original completo.

A seguir o modelo que utilizei para enviar para a Editora Letramento o livro *A Hora da Bruxa*.

BOOK PROPOSAL

HERMES MARCONDES LOURENÇO

Endereço

Cidade

Estado

CEP

Tel

Cel

E-mail

LIVRO: A Hora da Bruxa

- Necessidade

Atualmente, pouco se vê livros de autores nacionais colocados nas prateleiras das principais livrarias, em especial o gênero de terror; o que move os leitores a mergulharem na literatura americana, em busca de obras como clássicos do mestre Stephen King, como *O Iluminado*, *Doutor Sono*, *A Espera de um Milagre*, *Carrie a Estranha*, dentre outros da vasta bibliografia do autor.

Sempre carreguei o amor pela literatura em especial pelo suspense e terror e a longo tempo venho estudando sobre técnicas de escrita, incluso o último lançamento técnico do autor Stephen King — *Sobre a Escrita — A Arte em Memórias*; para com que meus livros tenham o diferencial de qualidade destacando-se dos demais livros de autores brasileiros.

Vejo que o mercado editorial carece de histórias em cenários nacionais, no qual é repleto de lendas, contos, tradições, cultos e seitas, sequer descritos ou inimagináveis na mitologia exposta por Joseph Campbell, e por isso, optei por escrever um livro cuja trama acontece em Belo Horizonte — a renomada capital mineira.

Outra grande tendência que tenho notado é o desejo de muitos leitores se aproximarem dos autores, algo praticamente impossível quando falamos de *best-sellers* renomados internacionais ou da literatura importada. Já a publicação de autor nacional torna-se mais fácil e acessível em questão de custos/ proximidade do escritor com o leitor — o escritor poderá fazer-se presente nas bienais, participação de feiras / eventos literários, tendo proximidade com editor/ editora/ leitor, tornando-se possível e perfeitamente praticável o sonho de um leitor ter sua obra autografada pelo seu autor favorito, e principalmente atuando o autor como o braço direito da editora, no apoio a venda e divulgação da obra.

A Hora da Bruxa aborda temas de alto impacto com o objetivo de aumentar o interesse do leitor gradativamente na leitura chegando ao ponto — conforme avaliação dos *beta-readers* -, de tornar-se impossível de abandonar a leitura.

- Objetivo

O livro foi projetado para atender à necessidade dos leitores e aficionados por terror, suspense com uma pitada de investigação, visando prender o leitor nas páginas do livro, bem como surpreendê-lo do início ao fim da história.

- Leitores

O público-alvo do livro A Hora da Bruxa são os aficionados por histórias de terror e suspense — os mesmos leitores que gostam de histórias de lobisomens e vampiros —, que neste caso, a protagonista trata-se de uma bruxa. A faixa etária recomendada é a partir de 16 anos — devido a cenas de violência e sexo — agradando tanto os leitores de sexo masculino pelas cenas de ação e violência / feminino pelas cenas que embutem o desejo de vingança e injustiça contra o sexo feminino.

- Base de Conhecimento

Sou médico de formação com atuação na sala de emergência. A principal protagonista da história foi elaborada segundo técnicas do MIT — *Massachusetts Institute of Technology*— *open courses;* bem como agregados a minha experiência pessoal nas técnicas de *storytelling* e prática pessoal observacional do organismo humano em seus momentos de situação extrema.

- **Experiência Profissional**

    Hermes Marcondes Lourenço, (Itapeva, 04 de Março de 1973), é médico e escritor brasileiro.
    Foi agraciado com "Diploma de Honra ao Mérito Prof. Edison Oliveira Martho", pela cidade de Itapeva— SP, conforme projeto de decreto legislativo, da Câmara Municipal de Itapeva — SP.
    Tem diversas premiações nas categorias de contos e crônicas.
    Membro da Academia Brasileira de Médicos Escritores — ABRAMES — Cadeira 27 — Patrono Maurício Campos de Medeiros.
    Vice-Presidente e associado à SOBRAMES-MG — (Sociedade Brasileira de Médicos Escritores).

- **Publicações**

    2003 — Medicina e Parapsicologia — Uma União Fundamental — Editora Graph Set — Tiragem 1500 exemplares — Esgotado.
    2006 — Porto Calvário — Editora Sotese RJ — 1000 exemplares — Esgotado.
    2010 — O Enigma do Fogo Sagrado — Livro I — A Irmandade da Rosa Branca — Editora Novo Século — 1500 exemplares — Não tenho conhecimento do número de exemplares vendidos.
    2011 — Contos Para Refletir — Formato Ebook / Amazon
    2011 — Faces de um Anjo — Editora Dracaena — 3000 exemplares — Esgotado na editora.
    2012 — A Conspiração Vermelha —5000 exemplares — esgotado na Editora.
    2012 — The Red Conspiracy — Amazon
    2013 — O Último Pedido — Editora Letramento
    2014 — Manual de Urgência e Emergências Médicas para enfermeiros — 1500 exemplares — Autopublicação / esgotado.

- **OBRAS CONCORRENTES**

— Obras de Stephen King

— Obras de terror do catálogo das principais editoras Dark Side / Editora Novo Século —, porém consultando os catálogos das referidas editoras, não encontrei nenhuma história semelhante ou igual envolvendo Bruxas.

Até a presente data, entre os dez livros mais vendidos não encontrei nenhuma obra que apresente o mesmo tema explorado no livro *A Hora da Bruxa*, conferindo a este origina exclusividade editorial.

As similaridades com o as obras de Stephen King fundamentam-se na técnica de escrita e de forma alguma na compilação das obras, tornando a ideia INÉDITA.

- SINOPSE

    Miriam Anala é uma bruxa que, por se apaixonar, foi torturada e condenada à morte pela Santa Inquisição em outra vida.
    Após sua morte, ela foi sentenciada injustamente a viver na escuridão. Movida pela sede de vingança e como forma de corrigir o "erro de julgamento", ela tem a chance de voltar em nosso presente e fazer justiça com as próprias mãos sobre seus inquisidores que vivem na cidade de Belo Horizonte.
    Usando seus poderes, uma perseguição irá começar, e o sangue derramado poderá trazer-lhe a verdadeira libertação e registrar sua história.
    Para impedi-la, um delegado e um maníaco irão persegui-la, movidos pelo mesmo instinto maléfico que a condenou no passado.
    Uma caçada sem limites está prestes a começar em meio à descoberta de uma nova e "antiga" paixão.

- **Resumo da história:** em anexo — (não mais do que 2 páginas).
- **Técnicas utilizadas:**

O Esboço prévio da obra trabalha seguindo as técnicas de roteiro — em particular a obra Story de Robert Mckee, na qual considero matéria-prima para construção e elaboração de qualquer livro/ roteiro, Manual do Roteiro de Syd Field e diversos livros de storytelling, dentre os principais, posso citar:

1. Swain DV. Techiniques of the Selling Writer: Oklahoma; 1981.
2. Rubie P. The Elements of Narrative Nonfiction: Quill Driver Books; 2006.
3. Rosenfeld JE. Make a Scene: Writer's Digest Books; 2008.
4. Meg Leder JH, And The Editors of Writer's Digest. The Complete Handbook of Novel Writing. Writer's Digest Book; 2002.
5. Jost AGF. A Narrativa Cinematográfica: Editora UNB; 2009. 228 p.
6. Economy RIP. Writing Fiction For Dummies; 2010. 362 p.
7. Bell JS. Plot & Structure: Writer's Digest Books; 2004. 234 p.

- Capítulos Amostra — em anexo
- Segue original já registrado pelo EDA em anexo.
- **Revisores / Preparador**

— Preparador 01
— Revisor 01

- **Suporte de Marketing**

— Divulgação em redes sociais: twitter, facebook, mala direita, blog / site pessoal.
— Divulgação/ parceria com blogs literários.
— Eventos literários / Bienais.
— SOBRAMES — MG — Sociedade Brasileira de Medicos Escritores — MG.
— ABRAMES — ACADEMIA BRASILEIRA DE MEDICOS ESCRITORES.
— Marketing privado — Trabalho com uma assessora de imprensa que também faz as divulgações em eventos, elabora lançamentos, mídia alternativa — *backbusdoor* — etc.
— Palestras em escola.

- **Apoio Profissional**

— SOBRAMES MG.
— Assessoria de imprensa particular.

- **Mídia do Autor**

Site: http://hermeslourenco.com.br
Blog: http://aartedeescrever.com.br
Instagram: https://www.instagram.com/hermes_lourenco/
Facebook: https://www.facebook.com/hmsfenix/
Goodreads: https://www.goodreads.com/user/show/11719057-hermes-louren-o
Amazon: http://www.amazon.com/-/e/B005195JK6

- **Entrevistas com Hermes M. Lourenço**

http://www.mixliterario.com/2012/03/entrevista-hermes-m-lourenco_25.html

http://livrosemaisseries.blogspot.com.br/2012/10/entrevista-hermes-m-lourenco.html

http://www.ultimoromance.com/2012/03/entrevista-hermes-m-lourenco.html

http://editoradracaenanews.blogspot.com.br/2012/08/entrevista-com-o-escritor-hermes-m.html

http://s2ler.blogspot.com.br/2011/03/hermes-m-lourenco-especial-autores.html

http://www.viajenaleitura.com.br/2012/04/entrevista-com-hermes-m-lourenco-autor.html

http://amormisterioesangue.blogspot.com.br/2012/03/talentos-da-casa-entrevista-com-hermes.html

http://www.difundir.com.br/TESTES/site/c_mostra_release.php?emp=2474&num_release=67061&ori=T

http://www.brihodasestrelas.com.br/2012/03/entrevista-com-hermes-m-lourenco-faces.html

http://selobrasileiro.blogspot.com.br/2012/02/entrevista-com-autor-hermes-lourenco.html

http://morganaecharles.blogspot.com.br/2012/02/entrevista-com-o-autor-hermes-m.html

http://irisalbuquerquebalancho.blogspot.com.br/2013/09/ola-gente-e-para-abrir-nossa-quarta.html

http://saladelivros.blogspot.com.br/2011/03/entrevista-com-hermes-m-lourenco.html

http://rudynalva-alegriadevivereamaroquebom.blogspot.com.br/2012/08/entrevista-10-escritor-hermes-m-lourenco.html

Nas editoras que recebem o original para avaliação por e-mail, você encaminhar em anexo com o original, o *book proposal*.

RESUMO

— Envie uma proposta de publicação de seu livro em anexo com o original. Isso torna seu trabalho apresentável, além de facilitar a vida do editor tornando mais ágil o processo de avaliação de original.

— No resumo da história, não tenha medo de contar ao editor sobre o início, meio e fim e principais pontos de virada de sua história. Ele precisa deste conhecimento para saber se irá publicá-lo ou não.

— Tente ser sucinto. Evite escrever resumos extensos referente a sua obra. Não transforme sua proposta de publicação em outro livro para avaliação.

PRINCIPAIS MOTIVOS DE RECUSA DA EDITORA

◇

Decidi colocar este capítulo antes do capítulo de como apresentar seu original para uma editora, por razões lógicas.

Antes de enviarmos o original para a editora, o primeiro passo é sabermos por "quais razões" diversos originais são rejeitados.

Bem, talvez alguns escritores possam se sentir um pouco deprimido com este capítulo, mas não desanimem. Como já lhes disse, o caminho é complexo, mas se o seguirmos da forma correta, as chances de seu livro ser aceito por uma boa editora se tornam maiores. No caso da plataforma digital — em que algumas plataformas não avaliam seu original e o publicam direto —, a chance de sucesso será explicada no capítulo sobre como divulgar seu livro.

O primeiro passo é conhecermos um personagem nada fictício, chamado Editor. Sim, esse é o cara! Cabe a ele da mesma forma que um juiz bater o martelo dizendo se seu livro será publicado ou não.

Os editores são pessoas normais, que, como nós, trabalham para uma editora, são funcionários de uma empresa, e muitos escritores se esquecem de que a editora é uma empresa e qualquer pessoa sabe que o objetivo de uma empresa é lucrar. A editora olha para o livro como um produto que será lançado ao mercado para um público consumidor, chamado de leitor.

Basta se colocar no lugar do proprietário da editora. Você irá querer custear a publicação de autor que tenha uma vendagem garantida ou irá querer publicar um autor desconhecido com um livro mal escrito, que certamente lhe trará prejuízo? É obvio que você irá querer lucrar. Existe um velho provérbio que diz: "Para um editor se suicidar, basta ele fazer uma pilha dos livros que não venderam e pular de cima delas". Bem, pelo provérbio vocês podem imaginar a quantidade livros parados que uma editora tem em seu depósito (isso sem contar os livros que já foram enviados para a distribuidora).

Se você me disser que a editora é má e que só pensa em dinheiro, meu amigo, sou obrigado a discordar de você, pois a editora tem de custear contas, aluguéis, pagamento de funcionários, revisores, diagramadores, capistas, agência de publicidades, dentre uma infinidade de contas e esse dinheiro elas obtêm dos livros.

Então você quer dizer que a editora é pobre? Já vi os estandes delas nas bienais, são imensas!

Concordo com você, mas acredite ou não quem fica com a maior fatia de vendas é a distribuidora que pode chegar dos 50 a 70% do preço de capa devido a uma briga de foice que existe no Brasil para ocupar um lugar de destaque numa prateleira central de uma livraria. E é com esses 50% a 30% que a editora sobrevive e ainda paga os direitos autorais do autor.

Outro grande agravante, é que o Brasil é um país em que a maior parte da população não tem o costume de ler e outra grande parte não tem condições financeiras sequer para comprar comida, quanto mais um livro. A fatia de leitores é pequena, por isso a disputa num mercado já saturado de editoras de todos os portes.

Neste ponto, você já começa a ter uma breve noção do que existe por baixo da ponta do iceberg. Estamos entrando na *deep* editorial. Para se precaver de colocar um livro de baixa qualidade técnica de um autor desconhecido, a editora precisa filtrar o que ela irá publicar e em especial desse filtro, o que irá vender, pois elas têm contas a pagar, incluindo o distribuidor. Por isso que algumas grandes editoras criaram complexos editoriais e contam com distribuição própria, justamente para aumentar o lucro, mas são poucas que tem esse potencial. A maioria terceiriza a distribuição.

Por qual razão eu preciso saber isso, se que este capítulo é voltado para compreender o porquê que meu livro não foi aceito para a publicação?

Pelo simples motivo de que você tem que compreender que uma editora respeitável só irá publicá-lo se seu livro oferecer qualidade técnica e grande potencial de venda. Esses dentre outras "diversas razões", são as principais causas de recusa em publicação.

Para se precaver de maus livros, a editora contrata os Editores, aquele personagem nada fictício que citei no início deste capítulo.

Um "bom editor" é como se fosse um professor de medicina, experiente, que já foi estudante, concluiu a graduação, fez a pós-graduação, mestrado e doutorado além de anos de experiência trabalhando no serviço público. Imagine esse professor, na posição de diretor da faculdade de medicina, que irá selecionar o currículo e os médicos potenciais para serem docentes.

O princípio é o mesmo. Notem que coloquei "bom editor" entre aspas, pois moramos no Brasil e nem todos têm a qualidade técnica necessária, em especial para algumas editoras que pretendem reduzir custos que acabam contratando autores ou escritores para análise de originais.

No Brasil, existem pós-graduações em *publishing*, onde geralmente o profissional de letras ingressa e irá adquirir o conhecimento necessário para filtrar o que irá publicar ou não.

Lembrem que o editor é cobrado pela editora que exige qualidade e que o livro seja "vendável".

Cabe ao editor avaliar o original que chegou na editora e definir se irá aceitá-lo ou não, com peso nos ombros de toda a cobrança por parte dos chefes ou proprietários da editora.

Vamos listar então por quais razões o editor rejeita seu original com suas respostas possíveis (ou pensamentos). Nos EUA, existem cartas formidáveis e irônicas de recusa para o escritor, e embasado nestas cartas americanas (algumas adaptadas), resolvi responder como nos EUA com cartas de recusa de publicação. Notem que nas cartas de recusa, já vai a razão embutida da recusa.

Me perdoem, mas neste ponto sou fã dos americanos e vou usar os exemplos por questões didáticas.

1) Editora Errada: você encaminhou seu livro de zumbis devoradores de cérebro, para três editoras. Uma delas só publica romances, uma de livros religiosos e outra de ficção científica. Possíveis respostas das editoras:

— *Que publica romances*: Meu querido escritor, analisamos seu original com toda ternura ao lado de uma garrafa de vinho enquanto eu e minha amada Patrícia contemplávamos o pôr do sol, distante do conhecimento de minha esposa (e que isso fique entre nós). Decidimos após uma longa noite de sexo e bebedeira — talvez por efeito da ressaca — em não aceitar seu original. Houve momentos que não sabíamos se a mancha nos lençóis era de sangue de seu livro ou do vinho.

Isso nos assustou muito, por isso hoje à noite iremos comemorar com Martini e sem seu livro. Lamento, mas você não fará parte de nosso triângulo amoroso, pois ele já está completo. Ass: Editor Apaixonado.

— *Que publica livros religiosos:* Em nome de nosso Senhor, agradeço por ter procurado à nossa abençoada casa editorial. Somos uma família e representamos o nome Dele.

Conectamos nosso leitor com o sagrado e o celestial.

Conforme as leis dos 10 mandamentos, e embasados do primeiro ao décimo mandamento, seria uma heresia publicar sua obra. Que Nosso Senhor guie, proteja e cuide de seus pensamentos e que um milagre se faça presente em sua vida tirando sua criatividade das trevas. Amém!

(Os últimos parágrafos são uma singela oração). O Editor.

— *Que publica ficção científica*: Recebi seu original as 14:32 e 23 segundos do dia 17 de outubro de 2016, DC. Sem seu conhecimento, quebrei as barreiras do vórtex de espaço tempo e o visitei daqui a 20 anos, no ano de 2036. Lamento informar que sua história de zumbis devoradores de cérebro não fez sucesso. Não desanime, nem tudo está perdido! Acredite ou não, as árvores que foram preservadas com a "NÃO" publicação de seu livro ajudarão a alimentar diversas crianças carentes, e irá assegurar a sobrevivência de uma criança especial que irá liderar os humanos na guerra contra uma invasão interplanetária (alienígenas provenientes da constelação de Orion).

Agora tenho que viajar ao futuro para ver se iremos sobreviver ao ataque. Obrigado por contribuir com a sobrevivência da humanidade.

Segue nesse envelope, algumas sementes de árvores que irão se extinguir em breve, se você não plantá-las.

Editor, John Titor.

2) Não seguiu as normas de envio: você encaminhou o livro sem visitar o site da editora e conhecer as normas de envio.

Resposta: Prezado escritor, não sei se é de seu conhecimento, mas nosso site fornece D E T A L H A D A M E N T E as normas para submissão de originais para nossa apreciação. Uma das normas QUE VOCÊ NÃO LEU ou NÃO TEVE CURIOSIDADE DE LER relata que não recebemos originais, sem que esteja acompanhado do registro da Fundação Biblioteca Nacional. Isso porque um de nossos funcionários que, atualmente mora em um luxuoso apartamento em Paris, pegou a obra de um autor tão desavisado semelhante ao senhor e a publicou como se fosse de sua autoria. O sucesso do livro foi estrondoso! Ele é convidado a dar palestras pelo mundo e a obra já tem a versão em mais de 18 idiomas. Temendo que esse fato se repetisse e preservando seu original, peço que observe estes detalhes. Também peço que não nos direcione seu livro novamente. Tenho que confessar. MORRO DE INVEJA de meu amigo, e pretendo fazer o mesmo que ele, afinal quem não quer ter uma vida regada a vinhos, bajulações e incessantes noites de autógrafos? Só que com seu livro não vou conseguir. Por favor, não passe essa informação adiante, senão ninguém me envia outro livro colocando por terra minha chance de ter um futuro promissor. Ass. Editor invejoso.

3) Falta de informação do autor na folha de rosto do original: quando o autor encaminha o original colocando seus dados pessoais, telefone e endereço apenas no envelope — que vão para o lixo — e não na folha de rosto da obra e a editora não tem como fazer contato.

Pensamento do editor: " Ó céus! Dias a fio debruçado nessa pilha de originais para avaliação e quando encontro o livro perfeito, desconheço o autor... Sim, um modesto autor desconhecido que me concedeu a honra que meus olhos pudessem contemplar tão belo e promissor manuscrito que falece em minhas mãos por falta da identidade de seu criador".

4) Livro sem revisar: o autor envia o livro após o ponto final. Sequer leu a própria obra.

Reposta: Prezzado auhtor, após após ler sue maususccrito, decidimos em Não publícá-ló, poupamdo assim o trabalhos de nossso revisor. Vosse n'ao dem o dom para a coisa. O Editor.

5) Excesso de palavras repetidas: um dos erros mais comuns dos escritores iniciantes que não leem seu livro é o uso de palavras repetidas no mesmo parágrafo e no livro como um todo.

Resposta: Querido Escritor Querido. Após analisarmos muito bem analisado sua obra, percebemos escritor, que ainda analisando, existe algo a desejar, que por mais que nós analisemos, não conseguimos identificar. Sabemos de seu desejo de publicar, mas como não conseguimos identificar o que há de errado, deixamos de lado sua obra. Peço que não nos envie outra obra para ser colocada de lado, por que têm algo de errado que não iremos conseguir identificar. O Editor, editor.

6) Inconsistência na história: é quando o autor encaminha uma história com falta de lógica ou carregada de incoerência.

<u>Resposta:</u>

Prezado escritor.

Recebemos com satisfação seu manuscrito para ... Me perdoe... Tenho trabalhado em demasia, passando noites a fio debruçado sobre um monte de papéis que a toda hora acumulam-se sobre minha escrivaninha. Isso não é um desabafo. Na verdade, sei que tenho algo importante para dizer-lhe, mas estou perdido em meio a tantas palavras e papéis. Lembrei! É sobre as passagens que comprei para o Havaí. Imagine só... A praia, a brisa do mar carregando um suave e delicado "Não" que acaricia sua face. Era sobre isso que eu precisava lhe escrever. O mar...

O Editor.

7) Original enviado por e-mail: Quando o autor envia o manuscrito por e-mail, sem também consultar as normas de envio de editoras que só recebem no formato impresso.

<u>Resposta</u> do editor (por e-mail):

Prezado autor,

Tenho acompanhado meticulosamente o mundo virtual e, hoje, e-mails com arquivo em anexo desconhecido podem danificar o trabalho de nossa editora. Você já imaginou, perdermos os arquivos de diversos manuscritos que nos foram submetidos da forma impressa e depois horas a fio focada na análise dessas obras e sobre a procedência do mesmo (isso porque a fonte que os enviou, teve que nos fornecer todos os dados, telefone, CPF, identidade e assinar um contrato de publicação antes de recebermos o arquivo derradeiro — não somos bobos!). Mesmo conhecendo a fonte e temerosos, escaneamos estes arquivos com os melhores antivírus do mercado, pois sabemos que essas pragas virtuais se alastram numa velocidade absurda. Por seguir as normas, achamos melhor não abrir seu arquivo e deletá-lo, além de esvaziar a lixeira e escanearmos nosso computador três vezes por questão de segurança.

Sugiro deletar este e-mail após ler essa mensagem, pois alguém pode invadir seu computador e ter o e-mail de nossa editora em mãos.

Att. O Editor

8) Escrita com excesso de gíria: Acreditem, há livros carregados de gíria, porém uma história com gíria do início ao fim, realmente é problemático. A gíria pode ser utilizada no caso de um dos personagens ter essa característica intrínseca e temos que ficar atento para o regionalismo da gíria e se esse personagem com essa linguagem é realmente necessário para o desenvolvimento da trama da história.

Resposta do Editor: Mano, essa parada de livro é maluco cara! Tava frente a frente com o bagulho que recebi do correio e achei muito doido, cabuloso! Psicodélico mano! A cachola aí tá cheia dos altos conceitos. Mas tipo assim, se é que você tá ligado. Não vai rolar publicar a parada neste cafofo das letras, irmão. É nóis na fita, mano! Bola pra frente que atrás vem gente.

Ass. Teu mano editor.

9) Excesso de língua culta: dispenso comentários.

Resposta do editor: "Tal como o pegureiro tange o armento para o aprisco, idem o faço com teu manuscrito para o refugo".

10) *Editora Errada parte dois:* o poema diz por si só.

A recusa

Oh modesto escritor,
Que atravessa a noite em desalento,
Criando um texto prolixo,
Encaminhado a vil editora

A editora que ama poesia
E as trovas também,
Recebem um manuscrito,
Discursivo e carregado de heresia,

Que pela tinta
Que emana dessa pena,
Fora de imediato recusado,
Para evitar futuros problemas.

O Editor

11) Recusa clássica: o modelo mais comum de recusa enviado pelas editoras aqui no Brasil. Eu diria que é uma mistura de diplomático com motivacional.

<u>Resposta</u> do editor:

Prezado escritor,

Recebemos com satisfação seu manuscrito e após submetê-lo a análise de nossa comissão editorial optamos por não publicá-lo neste momento, pela razão de já estarmos trabalhando em outras obras para a publicação e estarmos com a agenda lotada até o próximo ano.

Seu trabalho apresenta qualidades, o que não significa recusa de análise de outros livros sua autoria.

O Editor

12) Minirrecusa clássica por e-mail: é o método rápido, seguro, ecológico. A desvantagem é que o autor pode não chegar a ler, pela razão do e-mail cair na caixa de spam e gerar transtornos do autor entrando em contato com a editora solicitando informações sobre o manuscrito. Por isso, algumas editoras preferem a correspondência.

Após analisarmos seu original optamos em não publicá-lo.

O Editor

13) Ultraminirrecusa Clássica: simples, direto e preciso.

Não.

Ass. O Editor.

Existem diversos modelos de cartas de recusa da editora. Algumas hilárias.

Os exemplos acima constam as principais razões de recusa e acreditem, a falta de identificação do autor é uma das mais comuns.

Outro fator que o escritor deve ficar atento é com relação ao modismo literário. Vamos compreender melhor.

Imagine que você leu esse livro, seguiu todas as técnicas de escrita, fez cursos de *storytelling* presenciais e online e finalmente você concluiu seu livro sobre vampiros (poderia ser de lobisomens, romance, ou qualquer outro gênero), escrito de forma sublime. Não tenho nenhuma crítica quanto ao seu livro. Ele é perfeito! Tanto na parte técnica quanto na revisão, extremamente elogiado pelos leitores betas e pelo profissional de leitura crítica.

Você não tem a menor dúvida — e eu também não — de que seu livro deve ser publicado.

Após mais uma leitura, você direciona seu livro para uma grande editora, já com a certeza de que será publicado. A moda no momento é livro sobre vampiros.

Agora vamos nos colocar no lugar da editora.

Como editora, já temos um autor que não é um *best seller*, porém vende muitos livros e traz lucro editorial, em especial nas bienais onde os fãs fazem fila para vê-lo. Um autor que os investimentos de publicidade foram focados no livro de vampiro que ele escreveu, e que está tendo uma ótima aceitação. Isso sem contar outros dois livros de autores experientes que estão no catálogo, mas que as vendas mal cobrem os custos com a publicação (autores que com certeza a editora repensará se irá publicá-los novamente), porém está com pilhas de livros encostados sobre vampiros que não estão tendo saída, apesar dos investimentos no marketing e distribuição. Seus chefes lhe pressionam e lhe criticam por ter escolhido dois autores que não estão vendendo.

O editor vai analisar os livros que lhe foram submetidos. Como lhes disse, o modismo é sobre vampiros, porém diversas editoras estão publicando livro sobre vampiros (inclusive os que brilham na luz do sol — amo ironias) com vendagem significativamente grande.

O editor olha para a pilha de originais para avaliação e seleciona 20 (por ordem de postagem) para serem analisados naquele dia, e começa a avaliar as propostas de publicações. Nos vinte livros que ele correu o olho naquele dia, doze são sobre vampiros, incluindo o seu.

Nos originais restantes, encontramos seis que foram excluídos por falta de técnica e sobrou dois, sendo um sobre bruxas e outro sobre lobisomens.

Apesar do editor ter detectado um excelente livro sobre vampiro, muito bem escrito com embasamento técnico, revisão impecável, uma obra perfeita, com certeza (o editor e pressionado pelo chefe), jamais irá apostar em um novo livro sobre vampiros de um autor desconhecido. Basta se lembrar do estoque da editora, repleto de livros de vampiros, sem contar que dois autores não estão vendendo. Restam dois livros, um de lobisomem muito bem escrito (não tão bem quanto o seu) e outro de bruxas, que ele decidiu descartar pois o autor desconhece as técnicas de escrita, e não soube escrever as cenas do livro.

Resta ao editor provisoriamente o livro sobre lobisomem, porém ele irá analisar mais 20 livros no dia seguinte e no final do mês fará uma seleção dos 20 livros que ele deixou para decidir em qual a editora irá apostar, após discutir com outros editores e ver qual será o mais viável e vendável. É obvio que os outros 12 livros de vampiros vão ser recusados, inclusive o seu.

O problema não é a questão da qualidade e sim a questão da necessidade de mercado. O princípio é simples. Seu café já está adoçado demais, e você vai por mais açúcar? É claro que não. Com certeza você receberá uma carta de recusa no modelo clássico.

Um exemplo foi o livro *O Código da Vince*, escrito por Dan Brown. Após o estrondoso sucesso, começaram a surgir diversos livros que exploravam o livro de Dan Brown, ou tentavam dar explicações sobre elementos da obra de sucesso. Isso é chamado de marketing lateral, pois incita o leitor a comprar um livro semelhante ao livro que ele tenha gostado, no auge do sucesso.

Algumas editoras recebiam pilhas de livros que remetiam a obra de Dan Brown ou tentavam explicá-la. Enquanto escrevo este livro, o modismo no momento é sobre biografia de famosos. O processo é o mesmo, até saturar e houver mudança do biografado.

Aproveitando que estamos falando sobre biografia, muitos autores escrevem a própria história, ou seja, fazem sua biografia e a envia para diversas editoras.

Ao menos que você seja uma celebridade conhecida nacionalmente e melhor ainda se for internacionalmente, ou no caso de alguém lhe procurar para escrever a sua biografia por causa de sua fama, aí sim aceite a proposta.

Você pode pensar: Mas a minha vida foi tão sofrida! Se eu a escrever, será um livro de sucesso.

Lamento informar que na vida de qualquer ser humano existem problemas, inclusive a deste escritor que vos escreve. Confesso a você que se eu quiser ver problemas de alguém, é só ligar a televisão no canal de notícias ou em algum programa sensacionalista onde casais são postos frente a frente para relatar seus impasses. O leitor quando procura um livro ele quer se envolver com a ficção e não com os problemas do dia a dia que ele lê nos jornais ou assiste na TV. É claro que se você enviar sua biografia para uma editora de grande porte, seu livro será rejeitado, independente de sua história ser sofrida ou não.

Bem, falando as razões de recusa da editora relacionada ao original, chegou a hora de citar as razões de recusa relacionadas ao escritor.

Como assim?

Acreditem ou não, o comportamento por trás de um manuscrito também é analisado e infelizmente existem autores e escritores tão imaturos quanto seus originais. Não considerem como ofensa, pelo contrário, acho que a maior e mais preciosa dica após você ter encaminhado seu original para a editora e saber se comportar diante da editora e do editor, e quando o assunto envolve regras, nem todo mundo segue, ainda mais aqui no Brasil. Não precisamos ir longe para relatar problemas que vemos diariamente, como pessoas fumando em lugares onde é proibido, motoristas e motociclistas imprudentes com gravíssimas infrações no trânsito, e uma infinidade de desrespeito às regras básicas do bem comum para a harmonia do convívio social. Não quero falar mal de meu país, pelo contrário, nos países mais desenvolvidos existem os mesmos problemas, porém com menor frequência. O escritor então estaria imune a este tipo de comportamento? É obvio que não. Existem atitudes que são observadas em todos os escritores, e com mais minúcia pela editora. A seguir a lista dos erros comportamentais mais comuns cometidos por uma parcela de escritores, sendo alguns podendo ser considerado como distúrbio psiquiátrico onde se faz necessário tratamento ou supervisão psicológica.

Escritor *Stalker*: podemos traduzir *stalker* do inglês como perseguidor. É o escritor que descobre das formas menos ortodoxas quem é o responsável pela avaliação do manuscrito que ele enviou para a editora. Utilizando a internet ele começa uma perseguição implacável ao editor que está avaliando o original, em redes sociais, e-mail, telefone da editora, telefone pessoal do editor (acreditem, alguns descobrem) e não param de bombardear o editor com questões relacionadas ao manuscrito que enviou, além de tentar persuadir o editor que o publique. Vão pessoalmente à editora (sem terem sido convidados).

Ainda que o original apresente relevantes qualidades, o editor irá querer ficar anos luz distante deste autor, pois sabe que publicá-lo trará sérios problemas.

Escritor Difamador: é o escritor que após receber a carta de recusa da editora, passa a bombardeá-la nas redes sociais com mensagens do tipo: Essa editora não presta! Eles não sabem avaliar originais!

Chegam a produzir vídeos com depoimentos a ponto de fazerem algumas pessoas acreditarem que a editora realmente é um problema. Só que eles esquecem é que outros editores que também tem acesso a redes sociais estão visualizando o teatro e, se um dia receberem o manuscrito desse autor, irão recusá-lo sem pensar.

Escritor Megalomaníaco: o próprio nome diz por si só. É o escritor que acha que escreveu o maior *best seller* da humanidade, mas o livro foi recusado. Stephen King? Dan Brown? J.K Rowling? São escritores insignificantes perto da mania de grandeza. Liga para a editora e já quer atenção especial e não aceita que o original foi recusado.

Escritor Depressivo: Após recusado, entra em depressão. Quer parar de escrever e a vida perde o sentido. Manda mensagens para a editora dizendo que não está bem, que pensa em morrer e que a recusa do original veio a contribuir para piora da depressão.

Escritor Usurpador: é o escritor que após recusado, começa a tentar chantagear o editor, dizendo que irá fazê-lo perder o emprego e irá substituí-lo.

Escritor *pseudohacker:* são escritores que tem conhecimento de informática e após terem sido recusados encaminham vírus para o e-mail da editora; criam páginas anônimas na internet (blogs, sites ou afins), onde criticam a editora ou editoras (se ele foi recusado em mais de uma obra), e também criticam os autores que pertencem ao catálogo das editoras na qual foi recusado.

Escritor barganhador: é o escritor que envia presentes para o editor, na esperança de serem publicado. Flores, chocolates, livros, canetas e por aí vai.

Escritor Alpinista Editorial: são escritores que se aproximam de outros escritores que já pertencem ao catálogo de uma boa editora e se dizem fraternos amigos, e persuadem o escritor a indicá-lo na editora e após conseguirem se afastam dos escritores amigos e, se puderem, irão falar mal do escritor que o indicou para o editor.

Existem outros mais variados tipos de comportamento do escritor.

Caso seu livro seja recusado, não desanime, não se desespere. Releia seu manuscrito, tente identificar os pontos fracos e veja se ele foi para editora correta. Lembre-se do que falei sobre as tendências. Às vezes seu livro está ótimo, porém a ocasião não permite a editora publicá-lo.

Nota: Todos os tipos que descrevi acima foram relatados por diversos editores nas quais entrevistei. Alguns eu preferi não citar, para não criar polêmicas...

RESUMO

— Pesquise se a editora que você pretende enviar seu manuscrito publica seu gênero literário.

— Esteja atento as normas de envio estipuladas pela editora. Há algumas que não recebem originais, apenas via agência literária.

— Faça as leituras betas e encaminhe seu livro após ele estiver revisado.

— Quando enviar seu original, não esqueça de identificar seu manuscrito, bem como apresente o *book proposal* de sua história.

— Caso seja recusado, seja humilde. Às vezes a recusa vem para engrandecer nosso aprendizado e melhorar a qualidade de nossos livros.

AGÊNCIAS LITERÁRIAS

◇

Com toda minha experiência acumulada nestes últimos anos no mercado editorial, e escritor de vários livros, dentre eles suspense, terror, ficção, romance e outras publicações técnicas, confesso que meu maior temor no Brasil é a proliferação das agências literárias.

O primeiro passo consiste em compreendermos o que é uma agência literária, e a seguir irei explicar o meu temor.

O agente literário é o profissional que irá representar o autor e sua obra, pois ele conhece em todos os níveis de complexidade o processo do mercado editorial, outros autores, editores e editoras, o processo de distribuição, as políticas editoriais e leis que a estruturam, as distribuidoras, a necessidade dos leitores, os contatos com assessores na divulgação do autor seja na mídia (rádio, televisão ou impressa), além de terem contatos com profissionais que atuam no cinema — no caso de existir interesse que seu livro se transforme em um filme), isso no Brasil e no exterior.

É claro que as boas agências literárias, assim como as editoras, quando estão abertas para receberem novos autores, elas também irão selecionar o que irão publicar. Teoricamente a agência literária assume o papel de avaliação de original como a editora, também podem recusar seu trabalho.

Em alguns casos, quando eles percebem que o livro é promissor, o agente literário irá entrar em contato com o autor e oferecer os serviços para melhorar seu livro, ou seja, seu livro irá passar pela leitura crítica, revisão especializada, copidesque, versão em outros idiomas, etc..., visando aprimorá-lo para que no final, seu livro apresente qualidades de ser apresentado para uma editora e publicado.

Muitas editoras só aceitam receber livros de agências literárias conceituadas e fecharão totalmente as portas para os autores que tentam o contato direto, encerrando a política de envio de original. Sem sombra de dúvidas, quando recebem um original de uma boa agência literária, não há o que se discutir sobre a qualidade da obra, pois ela passou por todas as etapas de construção, além é claro de que o agente literário irá apresentar para editora, o que existe chance de ser publicado e ter retorno financeiro, ou seja, uma obra promissora e que irá vender, pois o agente literário também visa o lucro.

Por que meu temor?

Meu temor nasce fundamentado nos grandes problemas de que as editoras enfrentam e que automaticamente foram transferidos para as agências literárias. Já de início a questão de publicação de autor nacional, que tem internacionalizado as prateleiras das livrarias. A agência literária, assim como a editora, também almeja o lucro, que vem da assinatura do contrato com o autor. Se a editora chega a passar de 10 a 20% do preço de capa como direitos autorais para o autor, a agência literária pode manter o mesmo padrão da editora, de 10 a 20%. Imaginemos que um livro custe 50 reais. A editora repassa pelo exemplar vendido para o autor 5 reais (no caso 10%). Desses 5 reais, a agência literária ira ficar com 50 centavos (10%) e 4,50 vai para o autor.

As agências literárias perceberam que publicar autor nacional não é lucrativo, pois o retorno aqui no Brasil é muito pequeno, e enfrentam os mesmos problemas das editoras com pilhas de originais para avaliação. Então, muitas agências começaram a comprar os direitos de autores internacionais bem conhecidos ou renomados e repassa-os para as editoras e mais uma vez o autor nacional começa a perder espaço.

Concordo que você pode até conhecer autores que trabalham com agências literárias. Sim, grandes nomes nacionais estão nos catálogos das grandes agências literárias e se você tentar o contato com elas a chance de você receber um não é gigante ou às vezes uma mensagem acalentadora do tipo:

Prezado autor,

Neste momento, não estamos acolhendo novos clientes. Desejo boa sorte em sua busca de um agente literário que o apoie em sua carreira de escritor. Grato pelo interesse em nossa agência.

A razão da recusa é o investimento no autor desconhecido. A boa agência literária, da mesma forma das que atuam no exterior não cobram pelo trabalho, porém quem já custeou uma revisão, leitura crítica ou copidesque, sabe que estes profissionais cobram por lauda, e um bom profissional custa caro, às vezes fazer a versão de um livro para outro idioma chega a custar quase o preço de um rim no mercado negro.

Eis que surge o mesmo problema para a agência literária. Não vale a pena investir em um autor desconhecido e tentar apostar na probabilidade do livro fazer sucesso. O retorno é pequeno ou inexistente. Por essa razão que as grandes agências literárias optam pelo agenciamento de autores nacionais de renome, que são poucos, ou apostam nos autores estrangeiros. Algumas agências literárias chegam até a publicar autores nacionais, desde que indicados por grandes autores nacionais de renome.

Por outro lado, vivemos no Brasil e sempre existe o jeitinho brasileiro e aí mora o perigo.

Visando minimizar os custos, algumas agências literárias, oferecem serviços de leitura crítica, revisão, etc., "custeados pelo autor" e mantendo a mesma porcentagem do ganho do agenciamento.

O autor se não se sentir lesado num primeiro momento, irá sofrer mais adiante, em especial se o livro não vender.

Basta raciocinarmos que se uma agência literária não tem condições financeiras para custear o pacote básico para a preparação do original, imaginem investir em publicidade, marketing, assessoria, tradutores para fazerem a versão do livro em outros idiomas.

Fica evidente que o autor caiu em buraco negro, cuja rescisão contratual pode lhe custar caro ou ficar com a obra aprisionada em um contrato por anos a fio.

Infelizmente também temos ex-funcionários de editora que criam agências literárias, "sem" sede física e apostando na amizade com editores, conseguem publicar o autor contratado até mesmo em um bom grupo editorial, porém o trabalho morre ali. Carregam o conceito de que a agência literária apenas publica o autor e desconhecem a verdadeira função da agência literária que é representar o autor, divulgá-lo no Brasil e no exterior, utilizando de todos seus recursos de marketing.

Conheço escritores que sonharam em publicar em grandes editoras, e quando conseguiram publicar, após um tempo os livros estacionaram nas livrarias e quando lançaram novas obras, não conseguiram publicar pela grande editora que estava e acabaram migrando para editoras menores e menos conhecidas.

O problema é que o autor acredita que o sucesso vem do nome da editora. A grande editora, como já vimos, irá distribuir seu livro no Brasil, porém o trabalho não se encerra aí. Há um trabalho árduo pela frente a ser feito, e esses agentes literários podem até chegar a publicar o autor numa grande editora, porém limitam-se apenas a isso.

Então é chegado o momento para que compreendam meu temor.

Em hipótese alguma quero desacreditar o trabalho da agência literária, pelo contrário, grandes agências literárias acreditam, investem e apostam em seus escritores. O problema são as pessoas que se intitulam de agentes literários incapazes de assumir o papel e os serviços que uma agência literária deve oferecer, e as verdadeiras agências literárias que realmente representam o autor torna-se remota a possibilidade de que um autor nacional, ainda que razoavelmente conhecido, seja aceito.

Esse modelo de agenciamento literário vem do exterior, porém lá os autores passam por situações semelhantes, onde agentes chegam a cobrar quase que uma pequena fortuna para ler um manuscrito e logo a seguir recusá-lo, deixando o autor as vezes na dúvida se o manuscrito realmente foi lido.

Se países de primeiro mundo já enfrentam esse tipo de problema, imaginem no Brasil onde há agências e "agências" literárias.

Caso você queira seguir pelo caminho do agenciamento literário, é importante que você entre em contato com algum autor representado pela agência literária na qual há seu interesse em parceria.

Conheço autores que atuam massivamente na divulgação de seus trabalhos e que são radicalmente contra o agenciamento literário, porém a contratação deste serviço cabe ao autor. Se você é um autor que tem tempo, contatos e recursos para investir na divulgação de seu livro, seguramente o agenciamento literário não é um bom caminho. Agora se você não tem tempo para empenhar na divulgação de seu livro, mas tem recursos, de repente vale a pena pensar na contratação de uma agência literária, desde que seja uma boa agência literária. De qualquer forma, vale pensar e compreender a real necessidade do agenciamento literário.

Devido aos problemas de publicação de autores nacionais pelas editoras e pelas agências literárias talvez vocês tenham ouvido falar do projeto de lei 49/2016 já aprovado pela Câmara dos Deputados, que obriga os livreiros a darem mais visibilidade a obras literárias brasileiras reservando pelo menos 30% das vitrines e mesas de exposição de livros em livrarias de todo território nacional, cabendo pena de multa de 10 salários mínimos ao livreiro que não respeitar a nova lei.

Aprendi a questionar todas as informações que nos forem apresentadas, ainda mais quando envolvem leis. Essa lei remete ao problema que já venho esclarecendo desde o início deste livro, que envolvem a falta de qualidade técnica de autores iniciantes, a falta de cursos de *storytelling* ou graduações direcionadas a escritores durante o processo do desenvolvimento de seu manuscrito, ou a própria falta de interesse de leitura pelos autores nacionais, secundário à influência midiática, telenovelas ou pela indústria cinematográfica norte americana. Outro problema que temos é a barreira do idioma, pois poucos países falam o português, ao contrário do inglês, o idioma mais falado do mundo.

Diante das situações citadas, enfrentadas até pelas agências literárias e editoras, será que 30% da vitrine das livrarias resolve o problema da literatura nacional como um todo ou acabaria limitando ainda mais o espaço para os autores nacionais?

Deixo essa resposta para que cada um tire suas conclusões.

RESUMO:

— Antes de submeter seu original para uma agência literária, procure conhecer o trabalho que ela tem feito com outros autores e se realmente condiz com a sua necessidade.

— Recomendo apresentar o contrato de uma agência literária para avaliação de um advogado, evitando assim problemas futuros para ambas as partes.

PROFISSIONAIS DO LIVRO E TIPOS DE SERVIÇOS

◇

Neste capítulo vou apresentar a vocês os principais profissionais do livro.

Acredito que o para o escritor, os profissionais mais importantes são os revisores, os que fazem leitura crítica e os tradutores, porém decidi que todos os profissionais são relevantes quando se trata em publicar um livro. Antes de contratar qualquer serviço recomendo que consulte o currículo ou obtenha informações e indicações de outros escritores referente ao profissional que você deseja contratar.

1. Leitor Crítico: é o profissional que além de leitor voraz irá avaliar seu livro nos principais aspectos de história. Dentre os pontos principais a serem avaliados estão: clareza, cadência, concisão, coerência, consistência, coesão do texto. Ele fará a leitura mais rígida de seu texto, identificando os pontos fracos e pontos fortes de seu texto e irá sugerir alterações que podem ou não ser aceitas por você. Cobram pela leitura da obra.

2. Revisor Gramatical/ Preparador de original: profissional graduado em língua portuguesa ou não. Irá revisar seu texto e encontrar os erros ortográficos, inconsistências gramaticais, concordância verbal ou nominal, uso inadequado de pronomes, pontuação e regência verbal ou nominal, conflitos, dentre outros problemas de coesão textual. Cobram por lauda.

3. Editor: profissional que não limita a escolher o que será publicado. Pode atuar nacionalmente ou internacionalmente — através de agentes literários — que irá definir o que irá publicar no catálogo do perfil da própria editora. Procuram obras que sejam impactantes e cativantes, bem escritas, com personagens memoráveis e com a história bem amarrada. Acompanha a produção do livro da análise do original, sua produção editorial (diagramação, revisão, etc.), distribuição, publicidade e vendas. Alguns editores são proprietários da própria editora.

4. Diagramador: é o profissional que cuida da diagramação do livro, planejando e organizando os elementos gráficos que serão inseridos — configura as páginas do livro no formato correto, escolhe as fontes, espaços, tabulações, preparando-o para a impressão.

Ocupam uma das áreas do design gráfico.

5. Capista: profissionais que criam as capas dos livros.

Para a criação de uma capa de livro, o pré-requisito básico é que o profissional seja designer gráfico — graduação. São especialistas na criação de marcas, logos, impressos e é claro a capa de livros.

6. Assessoria de Imprensa: é o profissional que desenvolve atividades dentro da área de comunicação. No caso, ele pode atuar individualmente para a editora ou para o escritor ou para ambos. O pré-requisito é que ele seja graduado em jornalismo e em relações públicas. O assessor irá buscar canais através de reportagens, entrevistas, matéria em jornais para divulgar o escritor ou a editora através de *press release*, que são notas direcionadas a imprensa.

7. Publicitário: um dos serviços que é confundido com o assessor de imprensa. Na verdade, o publicitário irá elaborar projeto de anúncios e programá-los para divulgar o autor ou o livro em mídias eletrônicas, impressas, outdoors, *backbusdoor* almejando o objetivo principal que é o aumento de vendas, deixando ao contratante a escolha e o investimento que irá fazer no formato de divulgação por ele escolhido.

Tanto o assessor de imprensa quanto o publicitário atuam no ramo do marketing e comunicação.

8. Ghost Writer: Conhecido no Brasil como escritor fantasma.

Se você quer escrever um livro e não tem o menor talento para colocar sua ideia no papel, contratando um escritor fantasma ele fará isso para você, assegurando-lhe total privacidade e direito total sobre a obra (regido por contrato).

9. Copidesque ou preparador de texto: é o profissional que irá avaliar seu livro além da revisão gramatical, que irá focar na clareza e estruturação de texto, aperfeiçoando-o para o leitor final. Costumo defini-lo como cirurgião plástico dos textos.

10. Ilustrador: os ilustradores são os profissionais que criam imagens (desenho, foto, pintura, etc...) que acompanham a história de um livro, jornal ou em revistas. Geralmente as imagens são relacionadas ao conteúdo do texto, muito comum nas imagens das histórias infantis ou histórias em quadrinhos.

11. Ficha Catalográfica: é uma ficha localizada no início de cada obra, que consta as informações pertinentes para identificar e localizar seu livro dentro de uma biblioteca. Deve ser feito por um profissional graduado em biblioteconomia.

12. Conversões para e-books: são os profissionais, graduados na área de informática que irão transformar seu texto final para o formato da plataforma na qual será vinculado seu e-book. O formato mais utilizado é o ePub. Em outras palavras, eles transformam seu texto em e-book (livro virtual).

13. Registro Livro e ISBN: ambos serviços são oferecidos pela fundação biblioteca nacional. Basta visitar o site www.bn.gov.br e procurar na aba de serviços.

O registro de direito autoral no escritório de direitos autorais na fundação biblioteca nacional visa assegurar a propriedade intelectual do autor referente a obra, protegendo-o do plágio.

Já o ISBN — *International Standard Book Number* — é o código de barras que geralmente aparece na contracapa do seu livro. Serve para identificar o título, o autor, o país e a editora, facilitando a circulação e comercialização do livro.

14. Autor e Escritor: Ainda percebo que muitos leitores confundem a diferença de autor e escritor.

Teoricamente o autor é um exímio transmissor de ideias, que encantam, motivam e amarram os leitores. Já o escritor, transmite sua experiência "não" focando em um único e exclusivo tema, como fazem os jornalistas que trabalham com informação ou até mesmo este que vos escreve neste livro de cunho técnico.

> **RESUMO:**
>
> —Existe todo tipo de profissionais especialistas em cada etapa da editoração de seu livro. Caso não esteja publicando por uma grande editora, saiba encontrar o profissional certo.
>
> —Referência de outros escritores é sempre bem-vinda.

MEU LIVRO FOI ACEITO, E AGORA?

◇

Como podem perceber, escrever, sempre digo, não é um bicho de 7 cabeças, e sim um bicho de 8 ou 9 cabeças.

É claro que se você seguiu todos os passos descritos neste livro e conseguiu ser aceito por uma editora, parabéns meu amigo. A jornada está só começando.

Após seu original ser aceito por uma editora, a primeira correspondência ou e-mail (mais comum), que você irá receber é um contrato da editora para a edição de uma quantidade x de exemplares a ser assinado com firma reconhecida em cartório por você.

Essa é uma das partes fundamentais do processo, pois nenhuma editora que se preze irá publicar seu livro sem ter assinado um contrato assinado pelo autor. Recomendo que você procure um advogado para lhe explicar detalhadamente as cláusulas contratuais, pois muitos autores movidos pela emoção acabam assinando sem sequer ler o contrato. Principalmente se você optou por uma editora na qual você será parceiro na publicação e terá que custear uma parte da produção. Se você for advogado, leia atentamente.

De qualquer forma, sempre oriento aos novos escritores que prestem atenção na validade do contrato — 10 anos? 5 anos.

Há alguns contratos que exigem direitos de exclusividade com a editora, ou seja, você publicou um livro e acabou de escrever outro. A editora que você publicou o primeiro livro exige que seu novo livro seja remetido a ela para avaliação e somente será autorizada a publicação em outra editora, após a editora manifestar que não tem interesse no seu novo livro. É uma faca de dois gumes. Se seu primeiro livro fizer sucesso, parabéns. Duvido muito que seu segundo livro seja recusado. Agora, caso seu primeiro livro não seja lá um sucesso de vendas, obviamente a editora não terá interesse em publicar outra obra de sua autoria. Então, conforme rege o contrato, você terá que esperar a carta de recusa da editora para então se aventurar em um novo teto editorial. Até aí tudo bem, porém vocês se lembram do tempo de avaliação de um original? Pois é... Se seu contrato tiver essa cláusula de direito de exclusividade, seu livro irá ficar amarrado com a editora até que ela se manifeste por escrito ou que vença o contrato (quando há data estipulada), de que não tem interesse pelo livro. Porém, já autores que se desesperam e começam a pressionar o editor. Grande e gravíssimo erro... Aí que a resposta vai demorar mesmo. Não adianta nem acionar a justiça, pois sabemos que no Brasil ela é tão lenta quanto o tempo de avaliação de original e as editoras deixam bem claro no site que o tempo "mínimo" de avaliação é a partir de um ano, devido ao excesso de originais que recebem. Então prestem atenção.

Outro item que deve ser mencionado é questão de pagamentos de direitos autorais. Editoras sérias, apresentam no site a área do autor — como é o caso da amazon.com, na publicação virtual —, onde o autor pode acompanhar as vendas a quantidade de royalties que irá receber conforme os valores que vigoram no contrato. Não se assustem, pois há editoras que pagam os direitos autorais trimestralmente, semestralmente ou até anualmente ou há casos que os direitos são pagos, quando o autor atinge um determinado valor em dinheiro. O autor recebe seus direitos e um balanço das vendas.

Há editoras que preferem pagar o autor com livros. Isso irá depender se o autor irá aceitar o não, mas de qualquer forma, o livro pode ser vendido dependendo da experiência em vendas e disponibilidade do autor. Eu particularmente já trabalhei dessa forma e consegui reverter os livros em dinheiro, através de divulgação, vendas on-line ou até mesmo na participação em bienais.

Evite arrumar problemas com a editora. Lembre-se, se é difícil para você controlar a ansiedade, imagine para a editora que tem outros diversos autores talvez mais exigentes que você ou com temperamento mais intempestivo que o seu.

Não se assuste em ter que reconhecer a firma de sua assinatura no contrato da editora. Isso é uma segurança tanto para o autor quanto para a editora.

Outra orientação é que confira com precisão o endereço para o envio do contrato. Vocês não imaginam o tanto de contratos que se perdem por falta de atenção na hora do preenchimento do envelope em especial no endereço do destinatário. Se você mora na mesma cidade da editora, sugiro que assine o contrato pessoalmente. É uma ótima oportunidade para você conhecer o editor, tirar suas dúvidas e, acima de tudo, conhecer a casa editorial que irá produzir seu livro e distribuí-lo nas livrarias.

Outro quesito que recebo centenas de dúvidas, é que algumas editoras utilizam do mesmo contrato, estipulando cláusulas pertinentes a publicação de uma determinada quantia de livros impressos e outra quantidade de livros em e-book.

Ok, estamos diante de um assunto delicado. Já vi autores terem seus livros plagiados pelo formato eletrônico e ficarem à disposição para downloads em sites com provedores de outros países, onde a justiça brasileira não alcança. Neste momento estamos diante de um sério problema, pois a venda do livro físico pode cair de forma considerável, devido ao conhecimento de que o livro desejado está gratuitamente a disposição para download na internet. Acredite ou não, diversas pessoas irão baixar seu livro e redistribuí-los. Neste caso, você tem duas opções: não aceitar a publicação virtual, ou solicitar da editora uma cláusula extra indenizatória em caso de pirataria do livro em formato eletrônico. Há editoras que trabalham com sites seguros — blindados. Porém, aprendi depois de descobrir a existência da *deepweb* nos canais de notícia, que quando se trata de informação virtual, não temos 100% de segurança, e a *WikiLeaks* que o diga quando invadiu e divulgou informações do Departamento de Defesa dos EUA. Imagina o que é um site de vendas de livros virtuais para um hacker. Minha recomendação é que leiam com cautela e sempre passem o contrato pelo crivo de um advogado.

Bem, retomando o fio da meada, então a editora que me aceitou, e agora, finalmente estou livre desse livro.

Não está, não. No mínimo você irá ler sua obra mais umas duas vezes, pois quando seu texto revisado vai para a diagramação, você irá receber um arquivo em pdf, com o seu livro diagramado para reavaliação, e <u>essa é uma fase importantíssima</u>, pois existem vários erros comuns de diagramação. A maioria deles não é culpa do diagramador. Pelo contrário, o diagramador é uma artista que dá vida ao miolo de um livro, utilizando fontes, espaçamentos apropriados tornando elegante a sua publicação. O que acontece é que provavelmente você encaminhou seu livro no formato .doc (o formato mais comum). Quando seu livro é convertido para o software Adobe in Design (que atualmente é o software mais utilizado como ferramenta de trabalho pelos diagramadores), acabam ocorrendo alterações de palavras, separação de sílabas e espaçamento. Ou seja, seu livro deverá ser lido mais uma vez. O grande problema é que nesse momento, algumas editoras lhe dão um prazo, e muitas vezes o prazo é extremamente curto.

Além da minha leitura, particularmente eu trabalho com 2 leitores exímios em pescar erros de diagramação e também encaminho para eles. Depois junto tudo e faço as devidas correções.

O editor irá mandar aplicar as suas correções no pdf e depois irá enviar para que você, confira se ficou como você queria e se está tudo certo. Ou seja, você terá que ler mais uma vez seu livro, conferindo se as alterações foram devidamente aplicadas.

Em um de meus livros, *A Hora da Bruxa*, descobri que desapareceram 15 páginas do livro ao conferir a diagramação. Detalhe, meu prazo era de 3 dias para conferência. Quase enlouqueci, procurando a parte perdida em meus arquivos para encaminhá-la para o editor. A falha não foi minha e também não foi da editora e sim do software que o diagramador utilizou para a diagramação do livro. No final, deu tudo certo.

A estas alturas, o editor já deve ter solicitado a sinopse do livro para a quarta capa, o texto para a primeira orelha e para a segunda orelha. Ah, mas sou uma pessoa esperta. Já tinha separado os textos.

Que bom! Mas você os encaminhou para a revisão gramatical?

É claro que qualquer texto que esteja impresso em seu livro deve ser revisado. Por isso, quando encaminho um livro para a revisão, costumo encaminhar com a primeira orelha, segunda orelha e quarta capa para a avaliação do revisor gramatical.

Outro ponto importante que será trabalhado é a capa de seu livro. Se você conseguiu publicar por uma grande editora, eles já trabalham com exímios capistas e irão lhe enviar no mínimo duas ou três belíssimas sugestões de capas, feitas por designers gráficos. Mas se você publicou por uma editora de médio ou pequeno porte e não gostou do catálogo de capas dos outros livros, sugiro que você converse com o editor e por sua conta procure um bom designer de capas. Quando você encontrar um capista, não feche nenhum contrato sem antes você consultar o portfólio do profissional escolhido e ter certeza se ele trabalha com o estilo de capa que você deseja.

Alguns designers enviam algumas perguntas que concernem à história.

Geralmente, eles solicitam que você cite capas de livros que você mais gostou, solicitam a sinopse do livro, os dados relevantes do protagonista e antagonista, e algumas palavras chaves que descrevem o livro, bem como a principal mensagem que seu livro quer transmitir. Com base nessas informações, um capista consegue elaborar uma bela capa de livro, que será o cartão de apresentação da sua história, ou você já se esqueceu de que diversos leitores compram um livro pela capa?

Outra prática menos comum é a questão da boneca. Algumas editoras costumam encaminhar uma "boneca" do seu livro. O que é isso?

Na verdade, a boneca é uma primeira impressão para que você confira o miolo, o tipo de papel, o corte do papel, as lombadas, a sequência de páginas, os espaçamentos internos. Porém, não se assuste com as cores da capa e o papel que eles utilizaram. É apenas uma prova de cor e lhes garanto que o livro depois de pronto irá ficar bem diferente da boneca.

Outra dica importante, que vou voltar a reforçá-la no capítulo de ética do escritor é para que o autor sempre mantenha um bom relacionamento com o editor, evite ficar importunando-o de forma desnecessária. Lembre-se que você não é o único autor da editora e ele tem uma sobrecarga de trabalho acentuada.

Sim, chegou a hora mágica na qual você irá receber seu livro concluído. Um momento ímpar de sua vida, mas me desculpe. Talvez você ainda tenha que ler seu livro mais uma vez, pois alguns leitores irão encontrar alguns errinhos (pastéis), que podem ter passado pela revisão ou pela diagramação e com certeza irão entrar em contato com você.

Não se preocupe com isso. É perfeitamente normal, desde que não seja erros medonhos ou bizarros. Anote os erros em um local adequado e os guarde para correção em uma eventual segunda edição.

RESUMO

— Peça a um advogado para lhe orientar quanto ao contrato enviado pela editora. O contrato protege tanto o autor quanto a editora.

— Confira minuciosamente à diagramação que lhe foi enviada à procura de erros. Peça para mais de uma pessoa fazer o mesmo dentro do prazo que lhe foi estipulado.

— Caso você publique por uma editora de médio ou pequeno porte, sugiro que avalie as capas dos livros que sua editora publica. Se não gostar, converse com o editor e procure um designer gráfico que lhe ofereça um trabalho que lhe satisfaça.

— Depois de publicado, não se preocupe com os eventuais erros que possam surgir. Anote para que possa corrigi-los em uma segunda edição.

RESUMO PARTE II

◇

A esta altura do campeonato, vocês já puderam perceber que escrever um livro não é tão simples assim. É complexo, exige dedicação, perseverança, persistência e diversas leituras de seu manuscrito com a possibilidade de escapar algum erro.

Não adianta querer pular etapas, pois se você deseja ter a chance de ser publicado, você deve apresentar um original de qualidade.

Como lhe disse, recusas acontecem e não necessariamente significa que seu original não possui qualidades de publicação.

Por dia, editoras recebem centenas de manuscritos, com ideias fantásticas, porém com a trama mal elaborada, com inconsistências na história, personagens superficiais, cenas mal elaboradas, livro sem um esboço prévio.

Essas são as principais razões de recusa de original, além das que foram comentadas na Parte II. Some a isso, um livro que não foi lido — ou se foi ao menos uma vez (o que eu já considero raro) pelo autor — e enviado para a editora, sem a revisão gramatical, sem uma opinião crítica, enviado para a editora errada, para uma editora que só publica pelo agenciamento literário.

Deixei bem claro minha opinião para o agenciamento literário. Como disse uma boa agência literária se preocupa com o autor e divulgá-lo, torná-lo conhecido, criar versões do livro do autor em outros países. O lucro de uma agência literária vem das vendas do autor e para ter lucro a agência obrigatoriamente tem que tornar o autor conhecido e ser um sucesso de vendas.

É lógico que as agências analisam os contratos com a editora e ficam em cima das vendas, pois é assim que elas sobrevivem. Porém, no Brasil, ainda é uma ideia que está amadurecendo e das poucas agências que eu conheço até a presente data, asseguro-lhes que se tivesse que fechar contrato com uma delas, restaria em meu leque de escolha, apenas duas ou no máximo três.

Há que se tomar cuidado, pois muitos agentes são como políticos na luta pelo seu voto — e isso vale para algumas editoras parceiras que cobram pela publicação — só que depois que o contrato está assinado, sem uma avaliação de um advogado que lhe oriente com relação às cláusulas contratuais. Me perdoem, mas devemos estar atento a tudo, pois uma cláusula que passe sem seu conhecimento, podem chegar a amarrá-lo por 10 anos (ou até o vencimento do contrato), lhe causando uma grande frustração.

Mesmo que você tenha seguido todas as orientações, passo a passo, como disse publicar no Brasil é um caminho complexo. É bem diferente uma editora receber um original de um autor *best seller* e um de autor desconhecido. É lógico que o autor vendável será publicado, sem misericórdia de seu manuscrito, pois, como disse, uma editora é uma empresa, e para sobreviver precisa vender.

Não quis criar um capítulo sobre tendências literárias, mas tenho certeza de que a inseri quando escrevi sobre os motivos de recusa.

Tendência é uma variável. Do mesmo jeito que Harry Potter foi recusado a ser publicado por uma editora inglesa, alegando que qual criança seria louca para ler um livro com mais de 250 páginas? Não crucifique o editor que recusou o livro ou pense que ele tenha pesadelos com Lord Voldemort ou tenha sido demitido da editora na qual trabalhava. Ele não teve culpa. Na concepção dele, naquele momento uma criança ou adolescente não iria se interessar em ler um livro volumoso, e isso é uma grande verdade, pois quantas vezes vemos inúmeras pessoas em especial adolescentes escolher um livro pelo número de páginas?

É claro que ele não sabia que estava com uma tendência em mãos, ou seja, um livro com inclinação natural para o sucesso. É, não existe uma fórmula mágica que determine o sucesso ou que você descubra que tem um *best seller* em mãos. Duvida? Eu posso lhe assegurar que o próximo resultado da mega sena da virada serão seis números que irão de 0 a 60. Esse é um conhecimento lógico, agora descobrir quais serão esses números o tornarão milionário.

O princípio é o mesmo para um livro, somados a publicidade e o marketing associado ao que iremos discutir na parte III.

Como perceberam existe um comportamento a ser seguido, mesmo que seu livro seja aceito por uma boa editora. Você também terá que dominar a linguagem técnica — ainda que básica —, ser uma pessoa aberta e em hipótese alguma ficar bombardeando o editor por ter descoberto uma vírgula que saiu errada depois de seu livro já estiver na gráfica.

O sucesso de um autor também está relacionado ao seu comportamento e isso também iremos ver mais adiante.

Um bom livro tem que ser bem trabalhado em toda sua fase de produção — desde a revisão, a leitura crítica, diagramação, desenvolvimento de capa, escolha da gráfica para "rodar" seu livro, e é claro que temos um trabalho de qualidade quando contratamos profissionais recomendados de qualidade indiscutível. Concordo que o preço pode ser um pouco mais salgado, mas a dor de cabeça no final será pequena ou inexistente.

Mas eu não tenho condições de pagar esses profissionais! Você está achando que sou o cara da mega sena que você citou?

Sei que é caro, mas para isso existe patrocínio, fundos de incentivo à cultura e por aí vai, e se você conseguir publicar por uma grande editora todos os outros serviços serão custeados pela editora, mas tenha o bom senso de ao menos encaminhar seu livro revisado em consideração ao editor que irá analisar seu trabalho, pois como disse se você não tem paciência em encontrar erros em um livro, imagine um editor ter que avaliar um livro com erros do início ao fim.

Bem, quero escrever um livro e confesso que não tenho a menor paciência para fazer tudo isso que você vem falando desde o início deste livro. Nesse caso, você não nasceu para ser autor, mas não se desespere. Existem os Ghost Writers (escritores fantasmas), que irão fazer isso por você, porém você terá que carregar o peso em sua consciência de divulgar um trabalho (ainda que você tenha comprado os direitos), que você sabe que não foi feito por você, e pelas declarações de autores que conheço que optaram por esse caminho, a consciência no final pesou. Há exceções, como autores de livros com 8 a 10 episódios que foram adaptados para o cinema. Neste caso, a cobrança de tempo é maior e neste caso o autor contrata o *Ghost Writer*, com o esboço da trama para que o ajude a escrever em tempo hábil.

Um livro tem que ter um título adequado, pois o título também se vende junto com a capa.

Não existe uma fórmula exata para a submissão à editora.

Coloquei um modelo de *book proposal*, porém saibam que ele é flexível e adaptável a diversos outros modelos que existem na imensidão da internet. É apenas uma agulha de uma bússola que serve para te mostrar onde está o norte, neste caso, a forma correta de se apresentar um original para uma editora.

PARTE III
FALANDO DE PUBLICIDADE

SOBRE ÉTICA LITERÁRIA

◇

Quando cursava a faculdade de medicina, um professor de semiologia ao ver-me segurar o estetoscópio, aproximou-se e com toda educação e paciência me disse:

"Hermes, você está estudando para ser um médico. Um bom médico, além do conhecimento, deve adotar a elegância como postura, pois ele é um exemplo a uma comunidade e a sociedade. A forma que você está segurando o estetoscópio é algo rústico. Comece a segurá-lo dessa forma, e lembre-se de atuar com elegância com todos seus pacientes".

De fato, meu professor estava repleto de razão. Realmente eu segurava o estetoscópio de forma bizarra. Corrigi o erro e do fundo do coração sinto um bem-estar enorme quando seguro meu estetoscópio para examinar um doente.

O princípio é o mesmo para o autor, ainda que ele não use o estetoscópio, ele deve se lembrar que o autor ou escritor é uma figura pública e como tal deve se comportar.

Entristece-me quando entro na internet e nas redes sociais (atualmente o Facebook) e vejo autores com várias publicações brigando com grotescas discussões em sua página sobre política, futebol, religião, dentre outros temas polêmicos. O que precisamos compreender é que cada um de nós, temos nossas diferentes paixões e jamais aceitamos que critiquem aquilo que somos apaixonados, por isso é importante nesse momento a neutralidade. Se você é escritor foque em seu livro. Sua página de perfil público é para falar de seus livros e na sua página pessoal, você fala do que o que quiser, porém cuidado, pois leitores podem não gostar do que podem encontrar.

Como disse, um escritor é uma figura pública.

Vou dar um exemplo. Existe um autor que sempre admirei pelo seu trabalho, pelas publicações, porém vivenciava uma turbulência na área médica durante um determinado governo, pois assistia de perto o sucateamento da saúde, pessoas esperando consultas especializadas por longa data e quando saíam alguns desses pacientes já estavam no cemitério, enquanto nossos recursos financeiros eram sugados pela corrupção ativa nas mãos de políticos inescrupulosos, transformando-se em fazendas ou em almoços em outras capitais a custos vultuosos (para o político e sua comitiva).

Já estava deprimido com isso. Certo dia, abro minha página do Facebook e havia uma solicitação de compartilhamento de uma postagem falando bem dos políticos que destruíam a saúde, vidas de crianças, gestantes, adultos, idosos, adolescentes etc., com meu nome mencionado.

O autor da postagem era um autor com vários livros publicados que eu o admirava, até aquele minuto. A diferença é que eu conhecia os problemas da saúde de perto e ele sequer conhecia os problemas que a população como um todo enfrentava — e ainda enfrenta.

Isso me chateou de forma imensa. Concordo que cada um assuma seu lado político, mas o guarde para si ou para votar nas próximas eleições no seu político favorito.

Agora invadir minha página pessoal, querendo publicar uma notícia da qual evito falar e ainda mais de políticos que que me desagradavam, isso é absurdo e nada ético.

O mesmo ocorre com autores que enfiam seus livros nos perfis de outros usuários nas redes sociais ou enviam e-mails para blogueiros impondo diversas condições para o que blogueiro faça a resenha de seu livro, chegando às vezes a inferiorizar o blog escolhido para que ele tenha a "honra" de fazer a resenha de sua obra. Isso é inaceitável.

Existe uma ética que todo escritor deve absorver e é claro que não vou descrevê-la uma a uma, pois o grande pilar que sustenta a ética chama-se bom senso, que em outras palavras: Se eu não quero que faça isso comigo, também não vou fazer com outras pessoas.

Mas o que é ética?

Tive um professor de mestrado, que sempre dizia que a ética serve para disciplinar e orientar nosso comportamento, respeitando as leis, as normas e valores que regem a sociedade. E ele emendava dizendo que não é ético sair pelado na rua, subir na mesa dentro de um restaurante, fumar em lugares proibidos, ou pisar na grama.

De fato, a ausência de ética no comportamento do escritor, ou até no que concerne às críticas que você irá receber ao seu trabalho, pode ser desastrosa para a carreira do autor. É necessária prudência, cautela, postura, disciplina, bom-senso em cada postagem ou na forma que você divulga seu livro.

O desrespeito à ética lhe traz consequências, pois se fumarmos dentro de um avião podemos colocar fogo dentro da aeronave e morrermos juntos por ter ocasionado um desastre aéreo ou se sairmos pelados na rua podemos ser presos por atentado ao pudor. Como podem observar, qualquer infração ética traz uma consequência o que nos remete à lei da ação e reação, e isso é fato. Para cada ação inaceitável, você arcará com as consequências.

Hoje existem canais no Youtube e a possibilidade de se postar um vídeo no Facebook e isso é uma faca de dois gumes.

Já vi nas redes sociais autor chegando a fazer sessões de autógrafos em uma livraria totalmente despido. O que se esconde por trás desse tipo de atitude é uma tentativa desesperada de conseguir atenção para o livro, utilizando dos piores artifícios possíveis. Vale lembrar que uma livraria é um espaço público, onde existem sessões de livros infantis. Não seria um desrespeito você ir comprar um livro para seu filho e encontrar um escritor nu andando pela livraria e distribuindo autógrafos? Talvez se o lançamento ocorresse em um campo de nudismo, a chance de vender seria maior e não iria causar impacto negativo.

Outro caso que me chamou a atenção foi de um autor que se acorrentou em local público e parou de se alimentar ao menos que uma editora o publicasse e por aí vai... fotos sensuais, vídeos insanos e deprimentes, linguagem vulgar com os leitores, etc. Tudo repercute de forma negativa para o escritor.

Os exemplos que utilizei aconteceram em outros países, e é claro que não vou citar nomes, por uma simples razão: ética.

Em todos os casos, sem exceção, impulsionados por esse tipo de comportamento, a fama é instantânea e passageira. A repercussão negativa irá acompanhar o escritor por toda sua carreira.

Particularmente não gosto de abrir minha página social e ter que ver fotos de homicídios, animais sendo maltratados, escritores fazendo insanidades para chamar a atenção. Então você me pergunta por que é que eu tenho uma rede social? A resposta é simples, pois eu tenho uma página onde divulgo meu trabalho e toda rede social tem normas éticas a serem cumpridas para suas postagens, e mesmo assim, poucos as respeitam. Não quero ver foto de autores pelados, vídeos de autores denegrindo a imagem de uma editora por não ter conseguido publicar ou autores atuando como inquisidores de blogs que fizeram uma resenha negativa do livro que o próprio autor encaminhou para resenha.

Outro problema ético que considero grave é a perseguição aos editores, ou seja, autores *stalkers* (perseguidores), que incomodam o editor durante o processo de avaliação do manuscrito que direcionou a editora e já são recusados de cara. Bombardeiam com e-mails os editores e não conseguem controlar a própria ansiedade. Alguns vão pessoalmente atrás do editor tentando barganhar a publicação de seu livro de qualquer forma. Com esse tipo de atitude o que irão conseguir é serem recusados. Basta se colocar na condição do editor, para saber que se no processo de avaliação do manuscrito do autor *stalker*, você já teve dor de cabeça, imagina se publicá-lo.

Também vejo autores com comprometimento deselegante em sessões de autógrafos, deixando de dar atenção a um leitor por ser mais humilde ou não estar tão bem-vestido. Isso além de não ético, é preconceituoso — e neste caso envolve raça, sexo, religião, política, etc.

Se alguém entrou na sua fila de autógrafos, é porque essa pessoa admira seu trabalho, e não merece uma simples dedicatória escrita "espero que goste", enquanto no livro de outra pessoa tem quase uma página escrita na dedicatória. Você pode não acreditar, mas muitos leitores comparam as dedicatórias que outros leitores receberam e aqui entra outra questão ética, a padronização do autógrafo. Imagine 100 pessoas receberem seu livro e todas estarem escrito "Espero que goste", o que demonstra falta de criatividade por parte do autor. Tente variar na mensagem. Diga algo sobre seu livro de forma curta, mas original. Se sua fila de autógrafo for de 500 leitores, concordo que não vai dar para escrever uma mensagem de duas linhas para cada um, porém, capriche na sua assinatura.

Certa vez fui ao lançamento de um autor famoso (não brasileiro). Eu sempre admirava e admiro as obras que ele escreveu — porém fiquei decepcionado e vocês irão compreender o porquê —, pois pedi para tirar uma foto com ele, que autorizou, porém ele ficou sentado no momento em que a foto foi tirada. Achei desconfortável ter que ficar de cócoras ao lado do nobre escritor durante à foto. Apesar de ser um dos últimos da fila, fiquei pensando se ele sofria de uma artrose no joelho ou teria algum outro problema?

Tudo bem se ele repetisse esse padrão para todos os outros leitores, mas minha indignação foi que no próximo leitor — que era um casal — ele se levantou e ficou bem no meio da foto, enquanto outros leitores ele repetia o que havia feito comigo.

Sempre fui um fã de carteirinha de Sherlock Holmes e fiquei de longe tentando descobrir o padrão que fazia com que este famoso escritor se levantasse para alguns "raros" e o restante ele ficasse sentado na hora da foto. A resposta foi simples. Ele só se levantava para casais que estivessem bem-vestidos, para que a foto tivesse relevância — além dos organizadores e pessoas importantes, é claro.

Aquilo me gerou certa indignação, pois descobri que o escritor que eu mais admirava não tinha ética em sua postura como celebridade e o que ele buscava era apenas a fama.

Com certeza nada disso estaria escrito se ele tirasse todas as fotos ou sentado ou em pé, porém assumisse uma forma padrão para todos os leitores que almejavam o disputado autógrafo.

Tal atitude pode ser comparada como um professor que faz uma prova fácil para os alunos que gosta e uma prova difícil para os alunos que ele não se interessa. Repudiável.

Outro fato que devo registrar é o famoso autógrafo assédio. Já vi autores "cantarem" as leitoras, escrevendo no lugar do autógrafo o próprio celular ou uma cantada barata.

Quando o assunto é ética, temos que focar no comportamento do autor, seja do comportamento consigo mesmo, com outros autores, leitores, editora, o editor e o comportamento publicitário. Infelizmente alguns tornam-se megalomaníacos com a própria obra.

Então, aqui vai algumas orientações — acredito que exista uma infinidade, porém muitas delas vão do bom senso de cada um — no que concerne as relações comportamentais. Vamos nos focar as principais.

1. Seu livro não é um *best-seller* até que venda mais de um milhão de cópias em menos de quinze dias. Até que isso aconteça, comporte-se com simplicidade antes e depois da fama.
2. Os demais autores não são concorrentes. Respeite o trabalho de cada um deles e seu espaço, não os critique para outras pessoas, comparando o trabalho deles com o seu.
3. Não fique disparando e-mails para editora enquanto seu livro estiver sendo avaliado. Existe um prazo. Aguarde até que ele se cumpra e se até lá você não receber nenhuma resposta é porque seu livro foi recusado. Neste caso, reavalie seu original e procure outra editora que publique seu gênero literário.
4. Não critique o blog que não gostou se seu livro. Lembre-se de que você encaminhou seu livro para uma opinião de sua obra. Veja se há fundamento na crítica e caso haja, aproveite para aperfeiçoar seu trabalho.

5. Controle sua ansiedade enquanto escreve seu livro. Não queira fazer tudo correndo. Lembre-se que a editora pode levar até um ano para avaliar seu trabalho, então por que a pressa?
6. Não compare autores *best-sellers* com você, ao menos que você queira ser motivo de riso. Cada autor escreve de uma forma peculiar, inclusive você. Caso receba um comentário o comparando com um autor renomado, considere bom e siga em frente. A jornada do escritor é feita de bons comentários e críticas.
7. Não se deprima se você não conseguiu publicar ou se foi recusado. A mais bela característica do ser humano é de cair, levantar-se e seguir adiante. Aprenda com seus erros e não se despedace como o vidro.
8. Gaste suas energias escrevendo outros livros. Com o tempo você irá perceber que a cada livro que você escreve, se tornará melhor do que o anterior e alguns se tornam especiais. Guarde esse conceito apenas para você, pois seus leitores podem pensar de forma diferente.
9. Seja disciplinado na sua escrita e nunca deixe de lado de dar atenção a seus familiares. (Recomendo que escreva enquanto todos dormem).
10. Lembre-se que seu livro não é o centro do universo. Narciso morreu apaixonado por si mesmo.
11. Respeite as redes sociais e perfis de outras pessoas. Algumas podem não gostar de publicidades da mesma forma que você não gosta de spam em seus e-mails. Crie sua página pessoal e deixe que seus leitores o encontrem, e lá faça a sua divulgação.
12. Use roupas apropriadas para o lançamento de seu livro de acordo com o local que escolheu. Seja ético com todos seus leitores.
13. Cada um de nós temos nossa característica pessoal, porém evite linguajar vulgar ao conversar com seus leitores e os trate de acordo com os 3 princípios doutrinários do SUS, ou seja: equidade — com seus leitores, familiares e demais autores —, universalidade — garantia de todos receberem sua atenção seja por e-mail ou pessoalmente —, e integralidade — sua total interação com leitores, autores, editoras e blogueiros.
14. Se você conseguiu publicar não fique cobrando da editora. Entre em contato apenas em algo extremamente necessário. Lembre-se da pilha de originais que seu editor tem para avaliar e avalie se vale a pena incomodá-lo.
15. Ao contrário dos editores, as agências literárias recebem pelo trabalho, portanto se você a contratou, saiba que eles irão cobrar pelo serviço que irão lhe prestar.

16. Cuidado com o que faz para divulgar seu livro. Lembre-se que o resultado pode ser o contrário do que você havia previsto. Se você tem dúvidas de como fazê-lo, há profissionais especializados no mercado que sabem.
17. Não fique comentando sobre seus livros a todo tempo e lugar, exceto se você for convidado ou questionado a falar sobre eles.
18. Há ética também no que você escreve no papel, pois cuidados devem ser tomados, quando escrevemos ao nosso público-alvo e em especial, se estamos escrevendo sobre alguém sem a devida autorização.

Acredito que as orientações éticas acima são as fundamentais. É claro que existem outras que vai do bom senso de cada um.

Sugiro que antes que você tome uma atitude, converse com alguém que entenda de publicidade para escolher o melhor meio para divulgar seu trabalho sem gerar incômodos.

RESUMO

—O bom senso vem sempre em primeiro lugar quando se trata de ética. Na dúvida, peça uma segunda e terceira opinião.

—A diplomacia deve estar de mãos dadas com o bom senso.

COMO DIVULGAR SEU LIVRO

◇

Como diz o velho ditado: Propaganda é a alma do negócio, aquilo que não é visto não é lembrado.

O princípio é o mesmo para divulgar seu livro e vale para uma embalagem de margarina, uma barra de cereal ou, no caso, o seu produto que é o livro, onde há uma enorme diferença, pois no caso do livro os consumidores (leitores) irão conhecer pessoalmente o criador (autor) e indiretamente o produtor (a editora).

Já li diversos livros sobre marketing, marketing lateral, dentre outros, e o primeiro grande conselho que registro neste livro é que se você tiver condições para contratar os serviços de publicidade de uma empresa, junto com a assessoria de imprensa, você terá optado pelo melhor caminho, para que façam sua divulgação de autor, com profissionalismo e responsabilidade.

Não se desespere, caso você não tenha condições financeiras para seguir a orientação acima, pois a maioria não tem. Minha função é lhe orientar os melhores caminhos, porém, vou lhe trazer planos alternativos para com que você consiga "certa visibilidade".

Ah, mas eu publiquei por uma grande editora e não preciso me preocupar com publicidade. Lamento informar, mas você está enganado. Concordo que publicar em uma grande editora já é um passo gigantesco em sua carreira de autor, porém, só o fato de seu livro estar numa livraria não é sinônimo de sucesso. Concordo que você venceu todas as etapas de seleção e finalmente conquistou um lugar ao sol, mas infelizmente já vi diversos autores perderem seu nicho em grandes editoras por falta de vendas ou no caso publicidade.

Ah, mas o país está em crise e ninguém está comprando livros!

Conversa para boi dormir. Independente da crise em que vivemos, vejo alguns livros serem comprados por leitores — incluso este escritor que vos escreve.

Leitura é um vício e temos muitos viciados compulsivos espalhados pelo mundo afora, pois quem lê, sabe melhor do que ninguém que janelas são abertas para novos mundos e novas dimensões acompanhado de um aumento significativo em nossa capacidade cognitiva.

O que eu posso fazer para divulgar meu livro se eu não tenho condições de contratar as agências de publicidade ou assessorias que cobram uma fortuna?

Você tem dois caminhos. O primeiro seria procurar uma boa agência literária, pois eles sobrevivem graças à venda de livros e pode ter certeza de que farão de tudo para divulgar sua obra e vão ficar em cima da editora na questão de eventos, divulgação. Seu único trabalho será escrever e dedicar espaço na sua agenda para cumprir a programação que lhe for estipulada, porém tem um preço e o considero alto.

O outro caminho é você ter que colocar a mão na massa, ou seja, você divulgar seu livro.

Não se apegue a histórias de autor que foi de livraria em livraria vendendo seu livro. Sim existe, mas a maioria não passa de balela. A grande chave é divulgar e para a pessoa certa, no caso da livraria, divulgar para o livreiro.

Não o citei propositalmente no capítulo de profissionais do livro, reservando espaço para ele nesta parte do livro, pois ele é um profissional que está em extinção. O livreiro antes de tudo é um assíduo leitor, um intelectual cujo principal ofício é ler. Geralmente trabalham em pequenas livrarias ou cafés literários, onde irão atender o público específico para lhe oferecer as melhores opções de leituras e qualidade inquestionável. Disse que é um profissional em extinção, pois atualmente às pequenas livrarias, com seu pequeno espaço acolhedor, dividido com duas ou três mesas onde você pode sentar-se e tomar um café, enquanto conversa com o livreiro sobre seu gênero literário e ele irá caminhar pela livraria e lhe oferecer algumas opções de leitura, lhe explicando os pontos fortes e pontos fracos de cada livro, além de um histórico sobre a editora que publicou o livro.

Para que entendam melhor, há alguns dias fui com minha filha em uma pequena livraria aqui de Belo Horizonte, onde o livreiro é meu amigo, e tem alguns livros de minha autoria a venda. Mas não fui para saber de meus livros, pelo contrário, queria que minha filha sentisse o ambiente acolhedor de uma livraria. Procurei meu amigo livreiro e falei que queria que ele apresentasse para minha menina alguns livros. Ele apareceu apenas com um livro, Pinocchio escrita por Carlo Collodi. Tudo bem que já estou cansado de ouvir falar sobre Pinocchio e não vejo nenhuma novidade nisso. A novidade é o que o livro que o livreiro me apresentou era de uma importante editora que acabou fechando as portas e o livro no prazo de dez anos irá se tornar uma raridade, podendo chegar a ter seu valor multiplicado. Meu amigo livreiro havia guardado alguns exemplares para ele e cedeu o último para minha filhota. Independente do livro, um dia valer uma fortuna ou não, a grande jogada do livreiro foi transmitir para minha filha que ela tinha uma preciosidade em mãos. De fato, ela leu o livro e cuida dele com muito carinho e está guardado em um lugar reservado apenas para este livro. Minha filha diz que em hipótese alguma irá vendê-lo, pois amou a história e as ilustrações.

Porém, existe um marketing de meu amigo livreiro. Ele ofereceu um produto com uma história. Esse é papel do livreiro, profissional que como disse que está em extinção, perdendo espaço para as grandes livrarias ou *book stores*, onde quem lhe atende são pessoas que sequer tem interesse por leitura e que irá consultar o preço do livro e mandá-lo ir ao caixa.

Infelizmente, as pequenas livrarias estão fechando as portas, sendo consumidas por gigantes *book stores*, que vem sendo sacudidas pelos livros eletrônicos, os e-books.

O melhor marketing é o "boca a boca". É você falar do produto e vender seu peixe. Com o advento da internet existem diversas formas de você divulgar seu livro e torná-lo visível e vou listar as principais ferramentas para que você consiga uma moderada visibilidade. Porém cabe uma importantíssima orientação antes de você se aventurar a seguir por alguns dos caminhos descritos abaixo. Minha orientação chave é que você não se arrisque a querer criar um site ou montar seu *book trailer*, ao menos que você seja um profissional da área, pois uma ferramenta como um *book trailer*, feito sem o conhecimento profissional, ao invés de divulgá-lo positivamente poderá ter efeito contrário. O mesmo vale para a criação de sites.

— **Book Trailer:** é o trailer de seu livro. Existem diversos profissionais no mercado que criam um trailer embasado na sua história para divulgação. Isso trará ao leitor uma sensação semelhante a que você experimenta ao ver o trailer de cinema do lançamento de um filme que você está ansioso para assistir. Vale lembrar que bons *book trailers* são desenvolvidos por profissionais especializados que utilizam softwares de altíssima geração e extrema dificuldade para o manuseio de leigos, que dão vida as imagens além da criação de efeitos fantásticos. Depois é só compartilhar o link no seu site, Youtube ou sua rede social.

— **Marcador de páginas:** o bom e velho marcador de páginas ainda é considerado o melhor método de divulgação. O formato mais comum é de 5 x 18 cm, com impressão na frente e o no verso, sendo na frente uma parte da capa com o título de seu livro e no verso a sinopse. Da mesma forma que a capa de um livro, o marcador deve ser desenvolvido por profissionais de design. Depois que você tiver a arte do marcador em mãos e só mandar rodar em uma gráfica especializada e utilizá-los para o lançamento de seu livro. Se tiver paciência, vale a pena você ir às livrarias e deixar algumas centenas para serem distribuídos.

— **Folder:** um pouco maior que o marcador e em diferentes formatos, passando pelo A4, A6, 10x20cm e 10 x 30 cm. No formato aberto pode ter de 4 a 6 páginas. Geralmente no folder você pode colocar a capa de seu lançamento, a sinopse e as orelhas do livro (primeira e segunda), e outros títulos publicados por você.

— **Livreto:** tem sido adotado por muitas editoras, pois o livreto é uma forma de comunicação simples e direta. É uma degustação de seu livro, pois no livreto além da capa e sinopse da história, é inserido um capítulo para degustação — geralmente um dos capítulos mais intensos de sua história sem *spoiler*. Um custo um pouco mais elevado, interessante para distribuição em livrarias e bienais.

— **Release:** é um texto jornalístico, e portando deve ser escrito pelo jornalista. Um release; contém informações sobre o autor, a obra, e o lançamento do livro. Depois de pronto serão direcionados para a imprensa com antecedência para que seja divulgado o lançamento.

— **Brindes personalizados:** vão desde chaveiros, canetas, canecas, broches, calendários, panfletos, etc. Vão da criatividade de cada autor e no quanto estão dispostos a gastarem.

— **Redes Sociais:** é o melhor lugar para divulgação, porém alguns cuidados devem ser tomados. Tenha sua página de autor na rede social e sua página pessoal e não misture as coisas. Na sua página de autor, divulgue seus livros e na sua página pessoal sua rotina. Vejo autores que bombardeiam diariamente os próprios perfis divulgando massivamente o livro com trechos e outros comentários. Além de cansativo para quem está vendo as postagens e não tem interesse pelo gênero que o autor escreve, essa atitude irá afastar os potenciais leitores. Faça sua divulgação na sua página de autor, pois as pessoas que o seguem na sua página de autor, são admiradores de seu trabalho. Já os que seguem seu perfil são admiradores do autor como pessoa.

Não misture os sentimentos. É óbvio que o convite de lançamento do livro pode ser divulgado nas duas páginas, porém existe a opção de criar um evento em algumas redes sociais que tem muito mais impacto do que a postagem com seu convite.

— **Blogs ou Site:** além de alguns serem gratuitos, a criação de um site ou blog do autor é praticamente uma obrigação. O blog ou site é o lugar onde você irá interagir com seus leitores, apresentar seus livros, falar sobre você e assuntos diversos. Quando eu publiquei meu primeiro livro, criei um blog, chamado a arte de escrever. O sucesso foi tanto que se transformou em site e me inspirou a escrever esse livro e no final tive que separar meu site pessoal e o site A Arte de Escrever que criou uma dimensão e qualidades próprias.

— **Blogs parceiros:** uma parceria com blog especializado em resenhas literárias é um bom caminho. Porém, antes, sugiro que pesquise com o blogueiro se a linha que você escreve está dentro do estilo do blog. Não adianta enviar seu livro de bruxas para o blog que é voltado para romances românticos.

— **Palestras em escolas:** irá depender do gênero de livro que você irá apresentar. Ideal para romances, suspenses, históricos, *chicklit*, etc. É obvio que os professores ou diretores da escola irão analisar seu livro antes de convidá-lo para dar uma palestra ou quem sabe, adotarem seu livro. É obvio que livros eróticos, pornografia ou instigação ao *bullying* ou violência serão vetados.

— **Bienais:** uma de minhas maiores e melhores experiências é a divulgação de livros em bienais. Se você conseguiu publicar por uma grande editora, parabéns. Com certeza ela irá reservar um espaço no estande para você. Se sua editora não estiver na bienal do livro, não desanime. Há editoras que alugam espaço ou horas para que você esteja na bienal, porém tome cuidado nesta opção, pois se você alugar um espaço, exija um contrato, para que seu investimento do aluguel não se perca.

Minha recomendação é que, se possível, esteja presente em tempo integral durante todo o período de bienal, pois a experiência que você adquire é incrível, além de conhecer outros escritores, editores e é claro seus leitores.

As Bienais são eventos que ocorrem nas capitais de alguns Estados brasileiros. As mais famosas são a bienal do Rio e de São Paulo. Registre os momentos na bienal e sua interação com os leitores e outros autores e divulgue no seu site ou no seu blog.

— **Feira Literária:** são eventos em locais que ocorrem em algumas cidades, geralmente na praça central ou em um ponto de referência literária, como a praça de uma biblioteca. Geralmente é bem movimentada por pessoas que gostam de ler e trocar ideias com autores. Geralmente as feiras são produzidas pela prefeitura do município que divulga com antecedências as regras para a participação.

— **Festa literária:** algumas cidades promovem um festival do livro — similar ao festival de cinema de Cannes que acontece na cidade francesa de mesmo nome —, só que neste caso não é filme, e sim livros. No Brasil, a mais famosa é a Flip — Festa literária internacional, que ocorre em Paraty — RJ, com uma programação bem diversificada.

— **Capítulos de Amostra:** é outra boa opção para divulgação, pode ser um post no seu site ou em seu blog. Porém, veja em seu contrato que você assinou com a sua editora se é permitido a você expor parte de seu livro para a divulgação. Particularmente eu prefiro os livretos.

— **Promoção:** bem, se essa palavrinha é capaz de atrair milhares de pessoas como abelhas são atraídas pelas flores as vitrines, por que não os leitores? Criar uma promoção com seu livro a um preço acessível é uma excelente forma de divulgação.

RESUMO

— Existem diversas formas de divulgar seu livro, porém a divulgação irá depender de quanto você está disposto a investir.

— Fique de olho nos eventos culturais.

PRESS RELEASE

◇

Sempre recebo e-mails solicitando orientação na escrita de um *press release*, e achei interessante publicar um exemplo que utilizava para divulgação de meus livros, antes de trabalhar com assessoria.

O que é um *press release*?

É um comunicado feito para a imprensa com informações de novidades, produtos do autor e livros por ele publicados, lançamentos, prêmios, etc. As informações básicas que devem conter em um *press release* é o título onde tenha uma frase marcante que agarre o leitor ou jornalista semelhante a um anúncio publicitário e a segunda parte que é o release, onde aparece a descrição do produto da forma que ele deveria ser publicado, seguindo os padrões que já apresentei do jornalismo investigativo (o que, quem, quando, onde, como e porquê), e a razão pela qual a informação contida mereça se tornar notícia. Deve constar os links de sua página de autor ou referente ao seu livro e informações de contato.

Na internet tem diversos modelos além de técnicas para elaboração de um *press release* eficaz.

Outra consideração que deve ser levada em conta, e de que nada adianta você ter um *press release* muito bem elaborado, se você não tiver para quem enviá-lo além é claro de que o assessor de imprensa elabora diversos e diferentes *press releases*, de acordo com a necessidade publicitária envolvida na divulgação do autor, ou seja, não existe um modelo único de *press release*, que pode divulgar um livro, as vendas, o lançamento, os eventos que o autor participara ou participou, etc. Há uma infinidade de possibilidades e por isso a importância da assessoria de imprensa, pois além de saber para quem direcionar, eles têm contatos nos principais meios de comunicação. Grandes editoras já contam com a assessoria especializada, que direciona as notícias para o mercado livreiro, com atenção especial nos livros mais vendidos ou lançamentos.

A seguir o modelo que eu utilizava.

Site: www.hermeslourenco.com.br

A **Editora Letramento e o escritor Hermes Lourenço** apresentam o lançamento de **suspense e terror** o livro **A Hora da Bruxa**.

Release

Belo Horizonte — Editora Letramento e o escritor Hermes Lourenço têm o orgulho de apresentar seu último lançamento e recente sucesso na última Bienal do Livro de Minas Gerais. O livro: **A Hora da Bruxa** obteve um impacto significativo de vendas nas principais livrarias parceiras da editora no ano de 2016.

A Hora da bruxa é um livro que contempla aos aficionados pelo suspense e terror, envolvendo-o em uma leitura eletrizante, carregada de mistérios, mágica, crimes e misticismo, onde a trama acontece na cidade de Belo Horizonte e em São Sebastião das Águas Claras — MG.

Com uma trama envolvente e irresistível para diversos leitores, o escritor **Hermes Lourenço** insere o leitor em um cenário paralelo a nossa realidade, mesclando acontecimentos do passado, presente e grandes viradas. Hermes Lourenço é conhecido por ser o mestre nacional do suspense, já comparado com grandes best-sellers internacionais. Também é acadêmico da Abrames — Academia Brasileira de Médicos Escritores.

Sinopse:

Miriam Anala, é uma bruxa que, por se apaixonar, foi torturada e condenada à morte pela Santa Inquisição em outra vida. Após sua morte, ela foi sentenciada injustamente a viver na escuridão. Movida pela sede de vingança e como forma de corrigir o "erro de julgamento", ela tem a chance de voltar em nosso presente e fazer justiça com as próprias mãos sobre seus inquisidores que vivem na cidade de Belo Horizonte. Usando seus poderes, uma perseguição irá começar, e o sangue derramado poderá trazer-lhe a verdadeira libertação e registrar sua história. Para impedi-la, um delegado e um maníaco irão persegui-la, movidos pelo mesmo instinto maléfico que a condenou no passado. Uma caçada sem limites está prestes a começar em meio à descoberta de uma nova paixão.

A Hora da Bruxa é um ótimo livro de suspense e terror, uma ótima opção para quem gosta do gênero e também para pessoas que *desejam se aventurar por ele pela primeira vez. Confiram essa história, tenho certeza de que não vão se arrepender.*

http://www.tudoquemotiva.com/2016/02/a-hora-da-bruxa-hermes-lourenco.html

Minhas expectativas não foram alcançadas, foram esmagadoramente ultrapassadas. Cheguei ao final da leitura com um imenso UAU! gritando no peito. O Hermes conseguiu me deixar totalmente extasiada com sua trama.

http://minhamontanharussadeemocoes.blogspot.com.br/2016/03/resenha-hora-da-bruxa-hermes-m-lourenco.html

HermesLourenco.com representa a assessoria & comunicação do escritor Hermes Lourenço.

RESUMO

—O *press release* deve ser feito pelo profissional especializado, pois ele saberá elaborá-lo de acordo com a necessidade publicitária, além de ter os contatos para enviá-lo.

SOBREVIVENDO ÀS CRÍTICAS

◇

Chegamos a um ponto delicado, onde muitos autores — inclusive renomados escritores — perdem a cabeça.

Não é qualquer pessoa que sabe lidar bem com a crítica, independente da profissão.

Se estamos no trabalho, nosso chefe vem e nos chama a atenção, ficamos indignados na hora, furiosos, alguns procuram os colegas de trabalho e começam a falar mal do chefe e as vezes se dão mal, pois a pessoa para a qual vão falar mal, assim que o reclamante vira as costas, ela procura o chefe e entrega sua cabeça numa bandeja de prata, e por esse tipo de comportamento, chega-se a perder o emprego.

Com o escritor não é diferente, ainda mais se você seguiu todo o processo descrito nesse livro para concluir seu livro e tê-lo publicado por uma boa editora, e depois vem um "serzinho" desconhecido e o coloca abaixo de zero com sua história.

Bem, atuo na área da saúde, acho válido contar-lhes uma piada, que no fundo é carregada de verdade.

"Dizem que Jesus voltou à terra e entrou na fila do SUS para atender os pacientes. O primeiro era cego e voltou a enxergar, o segundo era paraplégico e voltou a andar, o terceiro sofria de câncer no pâncreas e foi curado. Enquanto os pacientes aguardavam para consultar com Cristo, um deles comentou com um que já havia consultado:

— O que você achou do novo médico.

Eis que o outro responde:

— Sei não... Viu. Ouvi falar de que ele nem encosta as mãos para examiná-lo."

A anedota acima traz consigo uma grande verdade, a de que não iremos agradar a todos os leitores.

Basta você se colocar no lugar de um leitor e imaginar quantos livros que você já leu e que não gostou.

Dentro do mundo literário, existe um certo egocentrismo do autor, que deve ser combatido por ele mesmo, em especial quando está lendo livro de outro autor — um amigo próximo —, que tenta comparar seu livro com o do outro autor e amigo.

"Nossa, meu livro é mil vezes melhor que o do fulano." Se você pensa dessa forma, me perdoe, mas você tem muito que aprender. Escrever não é uma competição. Sou da opinião que todos temos uma genialidade adormecida. Às vezes, seu amigo autor desconhecia as técnicas de escrita, mas isso não o coloca a frente em relação a vários quesitos de desenvolvimento de uma boa história.

Sempre recomendo para os que gostam de comparar sua qualidade literária com de outros autores para que se inscrevam em prêmios famosos como Jabuti, concursos de contos e irão perceber quantos autores melhores existem.

"A chave é a humildade."

Hoje existem sites como Skoob (books ao contrário, que descobri um bom tempo depois), que é uma boa ferramenta de divulgação literária, onde os leitores podem postar a resenha de seu livro e dar uma nota para seu livro que vai de zero estrela a cinco estrelas (0 a 5).

Quando criei meu site A Arte de Escrever, tenho que admitir que fui contaminado pela tendência de avaliar e dar uma nota para os livros que lia. Porém, amo livros de suspenses, fantasia e ficção. É obvio que eu detonava os livros de romance, *chicklit*, livros técnicos, poesias. A razão era simples, pois eu não gostava destes gêneros. Autores renomados como Machado de Assis, Castro Alves, dentre outros eu considerava uma sessão de tortura, porém é indiscutível a precisão literária e conhecimento técnico nestes *long sellers*. Mas eu tinha minha opinião formada.

Foi quando percebi que temos a tendência em julgar como um bom livro fundamentado no assunto na qual gostamos. Dos que não gostamos, o classificamos como ruim. As opiniões mudam. Hoje considero *Dom Casmurro* uma obra fenomenal.

Alguns autores têm um comportamento entristecedor, pois chegam a criticar outros autores em rede sociais, criam brigas virtuais públicas, sem contar que já vi grupos de autores criar blogs ou sites para falar mal de outros autores e editoras — é óbvio que não divulgaram seus nomes — e os que foram descobertos tiveram que responder legalmente.

A grande pergunta é: o que leva um autor a ter um comportamento ofensivo e se colocar na posição de críticos ao invés de se preocupar em divulgar o próprio trabalho, ou focar na escrita de um novo livro? A resposta é simples. Egocentrismo ou uma frustração de um espaço almejado que perdeu para outro autor.

Não quero aqui dar uma de Freud ou Lacan e tentar compreender a mente humana, mas é importante sabermos lidar com nossas frustrações, não só na literatura como na vida real.

Acredito que para julgar a qualidade de um livro a pessoa que melhor pode fazê-lo e um editor ou alguém graduado na área ou escritor com anos de experiência e um vasto repertório de publicações. Por essa razão não apoio que leitores deem nota em sites para autores e os classifique com determinado número de estrelas. Se você olhar, verá que existem pessoas que dão uma estrela para Stephen King, George Martin, dentre outros renomados escritores. A pergunta é: qual é a competência técnica que esse leitor tem para avaliar um livro? Por essa razão, em meu site (nas minhas postagens), quando avalio um livro, não dou nenhuma nota, mas procuro destacar em minhas resenhas os pontos fortes e fracos da obra amparado em meus conhecimentos técnicos, mas sempre, repito "sempre", procuro exaltar as qualidades positivas ajudando o autor a divulgar seu trabalho.

Então, quando você se deparar com críticas como: "Nossa, esse livro é horrível, o autor é péssimo", não sofra. Controle suas emoções e caso não consiga, tente replicar o comentário da seguinte forma: "Obrigado pelo seu comentário. Vou me esforçar para melhorar nas próximas publicações".

Essa é uma atitude elegante, carregada de profissionalismo.

Conheci um editor que sempre me falava:

"Hermes, eu fico de olho no Facebook naqueles autores que detonam os próprios colegas ou que ficam falando mal da editora que publicaram. Você acha que eu vou publicar um cara desses?"

Lamento informá-los que, com base no parágrafo anterior, apresento outra importante razão de recusa de originais pela editora, e neste caso o quesito não foi qualidade literária e sim qualidade pessoal.

Outro grande problema que tenho observado é referente às parcerias com blogs literários, onde os blogueiros (resenhistas ou proprietários dos blogs) acabam fazendo uma resenha negativa do autor, e voltamos ao problema anterior. Alguns blogs são voltados ao romance, outros à ficção, outros ao terror e suspense e por aí vai e um dos problemas mais comuns que tenho visto na relação autor e blogueiro é diferença de gêneros, e mais uma vez o livro foi enviado para o blog que trabalha com gênero diferente.

A política de um blog de parcerias na maioria das vezes consiste que o autor envie um livro para a leitura do blogueiro que for fazer a resenha e outro exemplar da obra para sorteio no blog, visando à divulgação do livro e do autor. É de se imaginar a reação de um autor que cede os livros ao blog e depois recebe uma crítica medonha. O autor embalou, empacotou os livros com todo carinho, foi até a agência de correios, custeou a postagem, para no final de tudo ter o livro massacrado pelo resenhista e comentários tendenciosos.

Isso pode acontecer, como já aconteceu comigo na minha fase de inexperiência e mesmo ainda imaturo, não briguei ou arrumei confusão pessoal ou virtual com o referido blog. A princípio não fechei mais parceria com o blog — que foi uma saída mais elegante — e a longo prazo descobri que blog se dedicava a obras de romance. Foi aí que compreendi o porquê da resenha maligna. É obvio que eu filtrei o que realmente tinha fundamento e aprimorei nas obras posteriores.

Não se preocupe se seu livro teve uma resenha prejudicial.

Quando isso acontecer o primeiro passo do autor é avaliar a veracidade e o fundamento da crítica e quando bem embasada, isso irá ajudar a melhorá-lo nas próximas publicações ou corrigir um erro tendencioso em suas publicações.

Vou citar um exemplo que ocorreu comigo enquanto escrevo esse livro.

Certa vez, participei de uma bienal do livro em minha cidade, Belo Horizonte.

Um dia recebo um e-mail: "Hermes alguém fez uma resenha em seu livro descendo a lenha em você. Dá uma olhada nos links".

Cliquei nos referidos links, acreditando que fosse algo bizarro, pois sempre pensamos no pior.

Quando fui ler a resenha, não encontrei nenhum absurdo, pelo contrário, a resenha havia sido feita por uma autora, que deu 2 estrelas ao meu livro e fazendo um comentário de que as mortes em minha história ocorriam de forma semelhante, com o personagem sendo consumido pela escuridão eterna.

Achei fantástico o comentário da autora, pois após oito publicações jamais tinha me atentado para esse detalhe.

Acredito que quando estiverem lendo esse livro eu já deva ter publicado outros dois livros de suspense (estou na fase de revisão do autor). O que eu fiz? Mudei as mortes "padrões" que aconteciam nas minhas histórias. De fato, a autora do post tinha razão e sou grato a ela por ter me alertado com relação a um hábito de escrita que certa forma homogeneizava a minhas histórias.

Outra crítica fundamentada que recebi foi em relação ao processo narrativo de meus livros. O que fiz? Comprei dois livros sobre a escrita da narrativa literária e os devorei. Depois disso, novos livros surgiram e até eu me surpreendi com o resultado quando fui ler o que havia escrito.

Sempre procurem o fundo de verdade nas críticas e tentem se aprimorar com elas. Use-as a seu favor, sempre de forma construtiva.

É claro que já recebi críticas infundadas e maliciosas com o intuito de denegrir a imagem da obra e do autor. Nesse caso, a melhor opção é deixar de lado e procurar ver "o lado bom da coisa", prender-se as críticas positivas ou as construtivas. O que é uma crítica maldosa em meio a um oceano de elogios?

As críticas são disparadas a todo o momento a qualquer autor. Lembro-me de um dia que fui assistir à palestra de um renomado autor internacional, na qual o livro que ele apresentava relatava aparições ufológicas. Alguns expectadores se levantaram, outros sussurravam baixinho chamando o autor de louco. Quando ele pegou o microfone, abriu espaço para as críticas, ele sabiamente manteve-se diplomático e soube se esquivar das críticas com elegância e inteligência, colocando quem o criticava a refletir.

Em hipótese alguma devemos assumir como verdade absoluta que nosso livro é perfeito ou que é um *best seller*. Pode até ser, mas lembre-se de que até os autores *best-sellers* são vítimas de acusações infundadas.

Quanto aos erros que forem encontrados em seus livros, anote-os e confira se procedem, e na segunda edição corrija-os. O bacana é que o custo será zero!

Outras críticas que devem ser levadas em conta, são referentes a problemas da qualidade da diagramação, a colagem do miolo, capas brilho na qual o filme plástico se descola. Essas críticas não pertencem a você e deverão ser encaminhadas ao editor, para que ele reavalie e tome providências com as futuras publicações e com a imagem da editora.

Certa vez, eu publiquei por editora de médio porte aqui no Brasil. Comecei a receber reclamações por parte de leitores sobre miolos faltantes, anotações da gráfica no papel que foi impresso o livro.

O que fiz? Ao invés de ligar brigando com a editora encaminhei um e-mail educado explicando o ocorrido. A editora tomou uma postura sensata e entrou em contato com os leitores e substituiu os exemplares danificados por um novo e assunto encerrado.

Lembre-se de um livro não escrito com críticas, mas elas podem lhe auxiliar na escrita do próximo livro.

EM RESUMO

—As críticas sempre existirão. Apegue-se às críticas construtivas.

—Quando fizer parcerias com blogues ou sites literários, escolha o blog ou site que atue com seu gênero literário.

—Até autores *best-sellers* são criticados.

—Não de atenção a críticas maliciosas, procure focar nas críticas positivas.

—Não de nota a um livro, ao menos que você seja profissional atuante no ramo literário com vasta expertise.

COMO SE PREPARAR PARA A SESSÃO DE AUTÓGRAFOS

◇

Diversos leitores ao chegarem neste capítulo podem se questionar, espera aí? Até para a sessão de autógrafos eu tenho que saber o que fazer?

Sim, a sessão de autógrafos pode parecer para você um momento de vislumbre; a "tão sonhada hora" de autografar o livro que custei a escrever e autografá-lo para meus fiéis leitores.

Como lhes disse, já tenho as mãos calejadas de tanto escrever e de tanto autografar. Sei que no decorrer do livro, no capítulo de ética, eu citei algumas passagens referentes a este tópico.

Enquanto para você a sessão de autógrafos é autografar o livro para seus leitores, lamento informar que vai bem mais além do que estar presente e vestido adequadamente num espaço previamente estipulado pela editora ou uma livraria escolhida por você, e finalmente colocar sua assinatura no livro de seu leitor.

Considero a sessão de autógrafos como o momento solene de encontro entre o autor e seu leitor. A tão sonhada hora, sim. Por isso exige certas precauções e preparo por parte do autor.

Como citei no capítulo de ética, exige uma postura do autor diante de seus leitores e isso não vou discutir novamente. Vamos ao que interessa.

A primeira pergunta é com relação ao espaço que você irá utilizar para seu momento solene.

Algumas editoras indicam e organizam essa sessão de autógrafos, porém outras o fazem em parceria com o autor.

Quando se trata do assunto livro, o ideal é que ele seja lançado numa livraria, pois pressupõem que os clientes de uma livraria gostam de livros, então a chance desses leitores comprarem sua obra é maior — no meu caso em especial, sou aficionado pela minha coleção de livros autografados, conquistados em oportunas ocasiões especiais, sendo a maioria em livrarias.

A escolha do espaço irá depender da quantidade de pessoas que irão participar de seu lançamento. Porém, neste ponto, muitos autores se esquecem de pensar sobre o acesso ao local escolhido, vagas de estacionamento, o horário que está marcada a sessão de autógrafos, (horário de pico de tráfego nas cidades grandes), as condições climáticas, o acesso para as pessoas que não têm carro ou deficientes, o horário de trabalho das pessoas de convívio social e o valor que será cobrado pelo espaço — geralmente é cobrado de 30 a 50% do valor de capa vendido).

Pausa... Isso é obsessão demais!

De forma alguma. Todos os itens acima foram motivos de questionamentos em alguns lançamentos que fiz. Nas cidades grandes, é chato você chegar num lançamento de um livro de um autor e não ter um local para estacionar seu carro ou ficar rodando minutos a fio a espera de uma vaga, ou ter que parar quadras distantes do local.

Outro fato importante que você deve saber é que grande parte das pessoas que irão participar de seu lançamento serão seus familiares e de círculos de convívio pessoal, colegas de trabalho, etc. (ao menos que você esteja participando de um evento programado pela editora ou bienal). Então, pressupõe-se que você conhece um pouco do ritmo de cada um. No meu caso, meu círculo de amizade são meus colegas de profissão, médicos. Sei que a maioria trabalha em regime de plantão, ou seja, de 7 às 19h ou de 19 às 7h. Eu jamais irei agendar um lançamento de livro às 19horas, pois nesse horário sei que muitos deles estão saindo do plantão, vão pegar um trânsito, passar em casa e no mínimo um banho antes de se aventurar a ir numa sessão de autógrafos. Então, procuro agendar o lançamento em dois momentos e com muita antecedência, particularmente no sábado às 15 horas, repito, "no meu caso".

O porquê disso? A antecedência para que meu colega que esteja de plantão consiga trocá-los ou arrumar outra pessoa para cobri-lo. A maioria de meus amigos saem para almoçar fora no sábado, portanto um lançamento entre 15 e 18 horas é mais do que perfeito, do que você sair cansado de um plantão para ir às 20h num lançamento de livro. Outro fato importante é que muitas pessoas gostam de sair à noite no final de semana, então encerro às 18 horas de forma a dar tempo para que quem quiser passear ou fazer algo diferente a noite, consiga fazê-lo e não desperdice a noite do final de semana. Sempre escolho uma livraria de um shopping aqui de Belo Horizonte, ou no local da editora reservado ao lançamento (de fácil acesso e fácil estacionamento), resolvendo os problemas relativos a estacionamento e acesso de ônibus. Consulto a previsão meteorológica para ver se no dia do lançamento estará chovendo — acreditem, isso é possível —, pois quem gosta de sair de casa no meio de uma tempestade?

Para os autores que irão levar os próprios livros que adquiriram da editora para revendê-los, lembre-se que a livraria irá exigir de você a nota fiscal dos livros que você quer revender, caso contrário a livraria não fará o lançamento. Então, já deixe combinado com a editora para que ela lhe forneça a nota fiscal da quantidade de exemplares que você irá levar no seu lançamento.

Há autores que preferem fazer lançamentos em cafés literários. Aí já é mais tranquilo e não tem tanta burocracia.

Outro grande problema é no que concerne ao espaço. Muitos de seus amigos irão ao seu lançamento para prestigiá-lo, pegar seu autógrafo e se fartar com tira gostos ou quem sabe tomar um vinho ou um chopp. Você já pensou nisso? Geralmente os cafés literários oferecem um cardápio para o dia do lançamento. Já as livrarias de shopping, raras oferecem bebida alcoólica. Então se seu pessoal gosta de bebidas alcoólicas é melhor ir repensando.

Tenha uma mesa preparada e decorada para seu lançamento. Se possível, coloque um banner com capa de seu livro e sua foto, escrito Lançamento. Evite colocar data no banner, pois você poderá reutilizá-lo em outros lançamentos na mesma cidade ou em outras cidades, bienais ou feiras literárias. Imagine você ter que fazer um banner para cada lançamento.

Tenha uma garrafa com água, pois muitos dos leitores irão conversar com você e haja voz para falar e explicar o que acontece no seu livro e como você teve a ideia de escrevê-lo. Com certeza você terá sede.

Em sua mesa, é importante que tenha exemplares de seu livro em destaque (que está sendo lançado apenas para exposição) e outros títulos caso tenha publicado, e saiba que vários leitores irão folheá-lo e analisá-lo. Reserve esses exemplares para isso. Caso algum livro suje ou sofra algum estrago, não se irrite. Doe esse exemplar depois para uma biblioteca pública.

Fotos? Sim, haverá muitas. Mas você não terá tempo para tirá-las, portanto é bom já ir pensando num fotógrafo para registrar esse momento. Caso não tenha condições financeiras para custear um fotógrafo profissional, uma sugestão seria arrumar uma máquina fotográfica ou um celular com uma boa câmera e peça para que algum parente ou amigo seja responsável pelas fotos. Sempre recomendo mais de um, para que depois você selecione as melhores fotos. Não cobre de seus amigos que estão apenas quebrando um galho, exigindo qualidade profissional das fotos. Por essa razão a importância de mais de uma pessoa tirando as fotos para que você depois possa escolher as melhores. As fotos fazem parte de um dos meios para divulgação, em especial nas redes sociais.

Outro fato que considero de extrema relevância é ter alguém que anote o nome do leitor em que comprou seu livro em um papel à parte e coloque com o livro que será autografado. É extremamente desagradável, você fazer uma dedicatória para alguém que se chama Kelie, e você escrever Kelly. São palavras que tem o mesmo som, ou seja, são palavras homófonas que tem a mesma fonética, porém apresentam grafias diferentes. Agora imagine você ter comprado um livro e na hora de receber o autógrafo, o autor escreve seu nome errado.

Outro fato que já presenciei, certa vez uma amiga da minha esposa foi ao meu lançamento, porém eu havia encontrado com ela uma só vez. É óbvio que não lembrava o nome dela. No momento do autógrafo, ela me falou: "Duvido que se eu não tivesse escrito meu nome você iria se lembrar!". A livraria havia colado o nome dos leitores com um adesivo de lembrete na capa dos livros e não havia como eu não saber o nome dela. Essa simples atitude me livrou de uma saia justa. Segurei o livro em minhas mãos, fiz a dedicatória com o nome dela e a agradeci com um carismático sorriso.

Outro fato que você irá lidar é que muitas pessoas irão querer bater um papo com você enquanto outras franzem a testa porque a fila não anda e neste caso você terá que saber encurtar a conversa sem ser deselegante e dar atenção para os outros leitores, afinal quem gosta de ficar esperando na fila?

Como já citei no capítulo anterior, fique atento, pois os leitores costumam comparar os autógrafos. Sim, isso é real. Então você chama seus amigos e uma amiga bem próxima recebeu um autógrafo com uma linha, enquanto a amiga dela menos próxima de você recebeu quase que meia página de dedicatória. Neste caso, utilize sua originalidade, padronizando uma linha, duas ou três dependendo da quantidade de leitores e é claro, tente escrever dedicatórias diferentes tornando cada dedicatória exclusiva.

Não assedie seus leitores. A única vez que eu escrevi "Com amor e carinho", foi para duas leitoras que haviam adquirido meu livro. Elas me pediram: Hermes, por favor, você pode colocar na dedicatória "Com amor e carinho". Detalhe, meu livro era de romance e o pedido partiu delas. Não vi problema algum. Jamais iria fazê-lo se não me pedissem e, é claro, não havia nada de comprometedor no que escrevi.

Outro fator importante é a letra legível. É péssimo você ter um livro autografado e não conseguir ler o que está escrito. Então use letra cursiva se sua letra for legível e letra bastão caso não seja. Em ambos os casos, se esforce para que seu autógrafo seja decifrável.

As canetas também devem ser levadas em conta. Opte por uma caneta elegante e atraente, acredite ou não, as pessoas notam. Outro fator importante relativo às canetas, é que eu sou adepto das velhas canetas tinteiro, também chamadas de *fountainpen* ou conhecidas no Brasil como "ponta de pena". Já tive problemas com uso dessas canetas em alguns lançamentos, que chegou a vazar tinta em minhas mãos e ficou aquela cena horrível, com minha mão manchada, tendo que cumprimentar as pessoas. Por sorte tinha outra caneta reserva. Deve-se levar em conta, que é uma prática de alguns leitores, principalmente em Bienais, pedir para que o autor autografe os marcadores do livro. Muitos desses marcadores apresentam uma fina película semelhante ao plástico que dá o brilho. Querer autografar com uma caneta tinteiro é perder tempo, neste caso, o ideal é a velha esferográfica e em casas especializadas de canetas, você irá encontrar de todos os estilos, mas lembre-se de ter sempre uma de reserva.

Algo que também chega a incomodar é que alguns autores tomam banho de perfume, ao se aproximar para tirar uma foto com eles algumas vezes exige que o leitor prenda a respiração. Se o leitor tiver rinite alérgica ou asma terá que sair do seu lançamento para o hospital, portanto pondere.

Outro dos maiores problemas nos lançamentos é questão da bebida alcoólica, onde muitos leitores querem aproveitar para se embriagar. É importante que a quantidade de bebida seja limitada, pois ninguém irá querer ver um amigo embriagado lhe abraçando ou chorando — movido pela embriaguez —, enquanto você tenta escrever um autógrafo. O ideal é que água seja liberada à vontade, e por favor, não se esqueça das crianças. Prepare algo para elas, pois para uma criança não tem algo mais chato do que ir a uma sessão de autógrafos. Ao menos refrigerantes e alguns doces irão satisfazê-las. Em um de meus lançamentos de livro "A Hora da Bruxa", arrumei um crânio de Halloween e o enchi de pirulitos que pintam a língua. Foi o sucesso para as crianças que circulavam pela bienal.

Um modismo que tenho observado é alguns autores fazerem broches, canecas, canetas, camisetas, chaveiros, pen drives, imã de geladeira, caderneta, cadernos, etc. Alguns autores extrapolam com o excesso de brindes e a mesa do escritor que irá servir para o autógrafo, chegando a parecer uma mesa de camelô de 1,99.

Outro comportamento péssimo é que em alguns lançamentos já vi leitores que se aproximam do autor para pegar o brinde sem comprar o livro e recebem o não do autor. Além de constrangedor e humilhante para quem tentou pegar um brinde, é importante lembrar que a função do brinde é para divulgar seu livro, portanto se você o fez, foi com essa intenção, ou você acha que a caneca ou o chaveiro com capa de seu livro vale mais do que sua história? Não arrume problemas por causa de uma caneca ou de um chaveiro. Se for para ficar contando e escolhendo para quem você irá distribuir seu brinde é melhor que não o faça.

Certa vez, vi um autor numa bienal colar um pirulito na capa do livro que havia lançado. Achei um crime ver crianças passar no estande e não poder levar o pirulito se não comprasse o livro. Algumas mães saíram indignadas e as crianças frustradas. Pense se vale à pena investir no brinde e caso o faça, que ele seja público.

Outro fato que deve ser considerado é que o autor não fique manuseando dinheiro ou recebendo as vendas. Foque no seu papel que é de dar atenção aos leitores e autografar seus livros. Imagine só você vendendo seu livro e não ter troco para seu leitor, enquanto diversas pessoas aguardam na fila. Arrume alguém confiável para atuar como caixa quando fizer o lançamento em um local diferente de uma livraria ou café literário.

Assédio nem pensar. Lembre-se de que o leitor ou leitora querem seu autógrafo e nada mais. Se ele ou ela quisesse se relacionar, com certeza o lançamento de seu livro seria o último lugar em que iriam estar.

Sei que não moramos em Londres, porém pontualidade é fundamental para o escritor. Se você programou seu lançamento para as 15 horas, chegue mais cedo e cumpra com o horário que você divulgou no convite de lançamento. Lembre-se de que muitos leitores têm outros compromissos, e cada um irá no melhor horário que aprouver conforme você estipulou para início e término de seu lançamento. Imagine que o autor planejou o lançamento de 15 às 18h, e seu leitor tem um voo marcado para as 17 horas ou uma consulta médica. Enfim, ele chegou às 15 horas para prestigiá-lo conforme você divulgou. Só tem um detalhe... você chegou às 16h, onde diversos leitores já estão perdendo a paciência em ter que esperá-lo.

Já observei também autores que não se sentam na hora do autógrafo. Levantam-se da mesa e ficam circulando e às vezes encontram um amigo e ficam de conversa, enquanto o leitor fica perdido, pois não sabe se espera o autor na mesa para ter o livro autografado ou se espera ele terminar de conversar para abordá-lo, só que às vezes a conversa continua e o autor se esquece de que o compromisso dele é de estar no local de referência para que os leitores o encontrem, e não se misturar com os convidados.

Antes de finalizar o capítulo, não posso deixar de citar um gravíssimo problema que observo em sessões de autógrafos, ou seja, quando um conhecido ou amigo ganha um livro seu na frente de pessoas que tiveram que comprar. Isso é um desrespeito total. Se quiser doar um livro o faça no momento oportuno e não na frente das pessoas que compraram.

Acredito que tenha abordado sobre os principais pontos sobre o comportamento no dia do autógrafo. É claro que não vou falar da roupa adequada, da higiene pessoal, conversar com a boca cheia, dentre outros comportamentos inerentes a personalidade de cada indivíduo que fazem parte da educação fundamental.

RESUMO:

— Certifique-se da escolha do espaço adequado para seus convidados e acessibilidade.

— Se seu livro for lançando em uma livraria providencie junto com a editora a nota fiscal.

— Peça para que alguém anote o nome da pessoa a ser autografada para não correr o risco de você escrever o nome errado.

— De atenção a todos e usando os princípios aprendidos aqui, seja simpático com todos seus convidados.

— Seja pontual.

ACADEMIAS X EGO LITERÁRIO

◇

Ego conforme o dicionário Aurélio é definido como:
1. Na teoria freudiana, a personalidade psíquica do indivíduo, de que este está consciente e que exerce a função de controle sobre o seu comportamento.
2. Núcleo da personalidade do indivíduo.
3. Conceito que o indivíduo tem de si mesmo.
4. Consideração ou apreço exagerado que alguém tem por si mesmo.

Disponível em: <https://dicionariodoaurelio.com/ego> consultado em: 24/11/2016 10:27

Riqueza; expressão de luxo, pompa; exaltação de bens, carros, joias, propriedades, dinheiro: funk ostentação.

Comportamento de quem exibe riquezas ou dotes; exibição de ações ou qualidades próprias: ostentação de si próprio, ostentação de suas qualidades; comporta-se como se vivesse em constante ostentação.

Ação ou efeito de ostentar, de fazer alarde.

Disponível em: <https://www.dicio.com.br/ostentacao/> consultado em: 24/11/2016 10:30

Um assunto que não posso deixar de abordar neste livro é a respeito das Academias e "Academias Literárias", e é claro, o ego do autor.

Concordo que as academias fazem parte da publicidade do autor e também do crescimento literário. Boas academias estimulam concursos, fazem tertúlias literárias, trocam experiências além de ser um bom meio de divulgação de seu trabalho.

Sempre recebo e-mails, de alguns colegas escritores, questionando-me a respeito da epidemia de "Academias literárias" que vêm surgindo nesse nosso imenso país, e que, muitas vezes, percebo que algumas têm ludibriado alguns autores menos informados. Fica aqui um alerta, porém antes de abordar o assunto quero deixar bem claro que não tenho a menor dúvida de que em nosso imenso país e fora dele existem academias literárias de integridade indiscutível, porém para toda regra, em alguns casos, há algumas exceções e por isso existe este capítulo neste livro.

Infelizmente, há pessoas que se aproveitam da boa-fé de autores e de escritores, em especial se estiverem começando com suas primeiras publicações.

Quase que semanalmente recebo convites — a maioria semelhante ao modelo abaixo —, e é claro, explorando o ponto fraco do autor iniciante que almeja um dia ser conhecido.

Como sou enxadrista, sei que muitas vezes para ganhar uma paridade de xadrez devemos explorar e concentrar o ataque na debilidade ou ponto vulnerável do adversário. No caso do autor, o ponto fraco é chamado ego, por isso iniciei este capítulo com as referidas definições.

Vamos ao modelo da maioria dos convites que um dia você poderá receber por e-mail.

CONVITE

Com muito orgulho e alegria informamos que em assembleia ordinária no dia xxx do mês yy do ano de zzzz, após indicação, seu nome foi aprovado por unanimidade por nossa diretoria, para ingressar no quadro de **Acadêmicos Correspondentes** de nossa instituição. Sua presença em nossa academia nos honra e nos enche de alegria na certeza de que estamos formando um belo laço fraterno dentro da arte e da cultura nacional. A posse acontecerá na Cerimônia Magna de Posse a realizar-se no dia **1º DE ABRIL DE 2526** no Hotel XXXXXXXX. Os custos referentes à chancela totalizam o valor de **R$ ALGUMAS CENTENAS DE REAIS**, **referentes** à **confecção de medalha, pelerine e do diploma.**

Ps.: O pagamento pode ser efetuado de forma integral até o dia XX/YY/ZZZZ, podendo ser parcelado.

Dentro de minha área de atuação — me perdoem se deixei de citar algumas — as Academias que conheço e que são nacionalmente/mundialmente respeitadas são: Academia Brasileira de Letras, Academia Mineira de Medicina, Academia Brasileira de Médicos Escritores e SOBRAMES — Sociedade Brasileira de Médicos escritores (sendo as duas últimas focadas em meu ramo de atuação; é obvio que existem outras).

Essas academias/sociedades são detentoras de registro, CNPJ e toda documentação necessária e isso inclui atas registradas em cartório, tesouraria, e recolhimento "anual" de taxas diversas (relacionados a registro de atas, despesa com cartórios) etc. Toda academia, obrigatoriamente, tem cadeiras, as quais representam um patrono e consequentemente seus ocupantes. Já as sociedades culturais são entidades culturais, nas quais "não existem" cadeiras de ocupantes.

Posso lhes garantir, que no caso das "respeitáveis" academias, para que você possa ocupar uma dessas cadeiras não é nada fácil, pelo contrário, você terá de provar que é bom de escrita, e que seu livro traz importante papel cultural para a sociedade além de que você seja autor com notoriedade — e isso condiz com um número mínimo de publicações de qualidade inquestionável — para que você possa fazer jus ao nome do patrono da referida cadeira. Basta observarmos que quando alguém consegue entrar para a Academia Brasileira de Letras, vira notícia nas principais mídias nacionais.

Sei que existem academias idôneas e talvez até deixei de citá-las por não fazerem parte de minha área de atuação ou desconhecê-las, mas as verdadeiras academias são a fina flor da sociedade cultural brasileira.

Porém, infelizmente existem pessoas que exploram o ponto fraco do autor, criando academias questionáveis que disparam convites em busca de associados ou "acadêmicos", "pagantes".

Geralmente o belo convite vem acompanhado de taxas que ultrapassam os 500 reais, que estão relacionadas à confecção de medalha, diploma (vale ressaltar que o preço de "uma" folha de A4 de linho deve custar 0,04 centavos de Reais, além da pelerine (que uma camisa que não deu certo) e que não custa mais do que 30 Reais (que qualquer costureira é capaz de fazer usando pena, fio dourado e tecido de terceira categoria).

É muito barato comprar uma medalha de honra ao mérito, diga-se de passagem, se consegue comprar até pela internet —: "4 unidades de medalha de honra ao mérito" por 8 Reais, repito: 4 medalhas por oito reais.

<u>**Medalha Pequena Ouro (Contém 04 Unidades)**</u>
Por: R$ 8,00

Em resumo, o custo do material para o recém e belo integrante da academia não passa de 60 reais (na melhor das hipóteses), e para onde vai o resto do dinheiro? É claro que no valor não está incluindo o jantar, regado a vinho e muitas vezes patrocinados por instituições filantrópicas.

Imaginem 50 escritores indicados à suposta academia, sendo que o homenageado terá que custear 500 reais para a solenidade e 300 reais para o jantar de gala. Geralmente a solenidade é realizada em um algum lugar cedido por alguma instituição, e por se tratar de academia, é claro que "sem fins lucrativos".

Aposto que um almoço para a família em um excelente restaurante sai bem mais em conta do que isso. São quase 800 reais por participante, ou seja, se os "50 homenageados" aceitarem o convite, estamos falando de 40 mil reais. Agora peço para que se lembrem dos custos para a confecção da medalha, pelerine e diploma.

Com certeza as supostas academias irão disparar e-mails para toda lista de contato de escritores que aparecem nas redes sociais — afinal, qual o escritor que nunca divulgou seu livro no Facebook? — E quem morder o engodo, mordeu.

Isso sem contar que somos assombrados até pelo fantasma de academias do exterior. Só neste ano fui convidado para duas academias das quais até na internet é difícil de achar. É óbvio que eu teria que colocar a mão no bolso para ser contemplado por imensa honraria. Aí vale questionar, e o mérito? Se minha obra literária é digna de ser imortalizada em uma academia, por que "eu" tenho que pagar tantas despesas? Pelo que sei, as despesas da posse da Academia Brasileira de Letras são custeadas integralmente pelo governo do estado da cidade natal do acadêmico indicado a ocupar a cadeira de imortal.

De que adianta eu participar da academia de Letras de Nova Zelândia? Eu moro no Brasil! Isso sem contar que a maior parte dos escritores "mau" (faço questão do mau com u), são divulgados no estado em que residem.

Imaginou o preço de viagem, estadia e solenidade para uma posse no exterior? Ao menos que você esteja com dinheiro sobrando (e não é o que tenho observado na maioria dos escritores no Brasil atual).

Caso você tenha capital e queira fazer um turismo e gastar muito, você está no caminho certo e com certeza você terá mais um pedaço de papel para guardar e é claro, ótimas recordações de um passeio.

Para aqueles que não conseguem custear a honraria e solenidade, ainda mais com a oscilação do dólar (me recuso mencionar euro e Libra), acabam buscando patrocínio para realizar o desejo de reconhecimento. Tudo é válido quando corremos atrás de um sonho, mas por outro lado, o escritor deixa de lado seu principal ofício que é escrever e parte como um leão faminto atrás de patrocinadores e determinados patrocinadores podem manchar a imagem do autor.

Não é nada legal eu ir tomar posse na England Academy of Literatury in Oxônia (academia fictícia que criei em meus devaneios mentais), com patrocínio do Motel Vil Prazer.

Neste ponto surge o paradigma: Qual é meu objetivo como escritor?

Particularmente eu tenho a minha resposta, que é simples: Escrever livros cada vez melhores pelo amor ao ofício literário, pelo *storytelling*, e em especial, para agradar meu público e ponto.

De nada adianta você dizer que pertence a Academia de Letras de Nova Zelândia. Asseguro que alguém irá lhe responder: "Que legal!". E vai se esquecer em menos de 2 minutos.

Diferente seria: Eu ocupo a cadeira XX da Academia Brasileira de Letras. Aí meu amigo, até eu iria querer seu autógrafo.

Também devo citar sobre como algumas pseudo "academias" sobrevivem.

Simples, promoção da confecção de coletâneas superfaturadas exclusivas para os "neoacadêmicos", e aí temos duas facadas, a primeira da publicação (e lhes digo que a publicação é quase que sobre demanda) e a segunda do lançamento e aí temos nova solenidade, novo jantar e disparam a mandar mais medalhas e homenagens com custo, enquanto a conta bancária de "algum ilustre" vai só engordando.

Outro fato é que os "contemplados com imensa honraria de tornarem-se acadêmicos" devem tomar cuidado é sobre anagramas. Aquilo que estudávamos em análise combinatória na matemática do colegial.

Exemplo:

Academia Brasileira de Letras — ABL; reconhecida mundialmente.

Analisando com ótica da combinação matemática, olha só de quantas formas podemos combinar as três letras ABL:

LBA, LAB, BLA, BAL. Em todos os anagramas, temos referência às letras A de Academia, B de Brasileira, e L de Letras e "não estamos falando da verdadeira Academia Brasileira de Letras".

Então caro escritor, cuidado! Preocupe-se em divulgar seu livro e quando receber um convite de uma academia, tenha certeza de que você esteja sendo convidado para uma instituição idônea, sem fins lucrativos, e não deixe de lado seu propósito básico de escritor, que é o de escrever bons livros, o que irá demandar leitura, estudo e dedicação.

Não se torne uma presa fácil para de Ego e da Ostentação.

Quanto às verdadeiras academias, não preciso comentar pois elas falam por si só.

RESUMO:

— Certifique-se de a Academia que você foi convidado apresenta registro em cartório e é reconhecida e sem fins lucrativos.

PARCERIAS LITERÁRIAS

◇

Decidi dedicar um capítulo à parte neste livro sobre as parcerias literárias e as polêmicas que observo nas redes sociais frutos de discórdia entre parcerias de autores e blogueiros.

Como já foi citado anteriormente, temos que saber lidar com as críticas, mas o grande problema que observo no que concerne a parcerias literárias, é o desentendimento entre blogueiros e autores.

Não há dúvidas de que há blogs respeitáveis e que são parceiros de editoras e recebem delas os livros para resenhar, ou seja, um blogueiro irá ler o seu livro e fazer um resumo crítico (resenha), de sua obra, colocando a "impressão pessoal" que eles têm a respeito de sua história, goste você ou não. Neste caso a parceria que ele tem é com a editora.

Outros blogs podem ver seu livro numa rede social, ou entrar em um outro blog que fez a resenha de sua obra e entrar em contato com você para saber a respeito de seu trabalho e lhe fazer uma proposta de resenha.

Geralmente, as propostas mais comuns é que o autor lhe envie dois exemplares de seu livro, na qual um deles o blogueiro irá fazer a resenha da obra e outro exemplar será destinado para sorteio para os seguidores do blog.

Os sorteios criados pelos blogueiros são interessantes, pois eles propõem que para participar do sorteio o leitor deverá curtir sua página de rede social, compartilhar a resenha, ou segui-lo em seu site e acredite ou não, isso atrai diversos leitores, pois quem não quer ganhar um livro gratuitamente?

A parceria com o blogueiro é um compromisso ético, porém eis que surgem os primeiros problemas. Alguns blogs, quando fazem sorteio, pedem para que o autor envie o livro para o contemplado — minimizando custos —, e algumas vezes o autor se esquece e há outros autores que após ver a resenha negativando a própria obra não se interessam em enviar o livro ao contemplado. Isso gera um terrível problema para o blog, que tem o compromisso com o leitor. Já vi blogueiros enfurecidos atrás de autores desatentos ou com más intenções. Eis a primeira razão da discórdia.

A segunda razão dos problemas é que o blogueiro critica o trabalho do autor e muitas vezes o autor não está preparado para receber críticas. Então começa uma batalha épica nas redes sociais, lavando roupa suja publicamente e nesse caso, ambos estão errados e em especial o autor que não sabe ou como disse, ainda é imaturo para receber críticas.

A terceira razão é que a cada dia milhares de blogs são criados e muitos não têm experiência acumulada e outros o fazem apenas para ganhar os livros dos autores e não acabam assumindo o compromisso de fazer a resenha ou sortear os livros. Passados alguns dias, o blog desaparece da internet.

Não vou mentir que já caí em armadilhas de alguns blogs, na qual estou esperando a prometida resenha até hoje, porém, calejado pelo sofrimento, na época cheguei a criar determinadas técnicas para me defender de más intenções, na qual antes de fechar a parceria eu encaminhava o questionário abaixo para o blogueiro. Confesso que alguns ficavam indignados e nem me retornavam o contato ou achavam que eu devia ser doido. Porém, alguns se davam o trabalho de responder demonstrando que faziam um trabalho com seriedade, e é obvio que eu fechava a parceria. Eu pensava que se um blogueiro sequer teve o trabalho de ler e responder o questionário que eu lhe encaminhava, era pouco provável que ele resenhasse meu livro, afinal para quem gosta de ler e escrever, o questionário abaixo é "mamão com açúcar".

Análise de proposta de parceria com Autor

Nome Completo:

Cidade/ Estado:

E-mail:

Idade:

1. Endereço blog:
2. Nº Seguidores do seu blog:
3. Objetivo principal de seu blog:
4. Seu blog é direcionado a qual público e qual faixa etária?
5. Qual o número de visitas diárias em seu blog?

6. Cite três blogs que você mais gosta.
7. Qual o objetivo desejado com a parceria com o autor?
8. Cite alguns autores que são parceiros em seu blog.
9. Além de seu blog, você costuma a divulgar os autores parceiros nas principais redes sociais — Skoob, Twitter, Facebook, Youtube? Se sim, com que frequência e por quanto tempo você mantém a divulgação?
10. Qual é seu estilo literário favorito?
11. Qual é a sua média de leitura mensal?
12. Você lê mais autores estrangeiros ou nacionais? Por quê?
13. Qual é seu autor estrangeiro favorito? Por quê?
14. Qual é seu autor nacional favorito? Por quê?
15. Cite três livros que você leu recentemente. Qual deles é seu favorito? Por quê?
16. Quais são seus critérios utilizados para avaliação de um livro? E do autor?
17. Deixe o link de três resenhas mais recentes elaboradas pelo seu blog.

O questionário acima, trazia segurança de fechar ou não uma parceria e me permitia conhecer mais profundidade o blog para qual avaliava se iria ou não encaminhar meu livro para resenha.

Alguns blogs, após fechada a parceria com o autor, costumam a demorar alguns meses para postar a resenha de seu livro (dependendo do número de resenhistas) e você terá que ter paciência e lembrar que seu livro não é o único da fila a ser resenhado.

Há alguns blogs ou site, que mantém uma equipe de resenhistas, justamente para diversificarem as postagens do blog e aumentar os seguidores. Os blogues sobrevivem de resenhas, bem como de parcerias com editoras, autores e publicidade.

Não se preocupe se o blog não fizer sua resenha. Antes de tirar uma opinião, tente entender o outro lado, como aconteceu comigo quando fechei uma parceria com uma blogueira do Japão e enviei meu livro a ela. Quando o livro chegou, ela me avisou, porém, bem naquela época, houve um terremoto no Japão que foi notícia mundial e a casa dela foi destruída junto com os livros. O site dela estacionou no ar, sem atualizações, até o dia que ela postou que havia perdido tudo por causa do terremoto. É obvio que neste caso houve uma razão perfeitamente plausível e assunto encerrado.

Antes de colocar o nome do blogueiro na sua lista negra, aguarde um tempo, pois as vezes ele pode ter passado por algum problema de saúde, pessoal, dentre outros. Na maioria das vezes, se houve um contratempo, o blogueiro irá entrar em contato.

Caso não entre em contato, deixe para lá. Não gaste tempo nem energia discutindo as razões, ao invés disso, dedique-se a seu novo livro.

Alguns blogs sérios, promovem o *book tour*. O que é isso? Um *book tour* é quando vários blogueiros se reúnem com a meta de fazerem um rodízio de livros e postarem a resenha de cada livro participante nos respectivos blogs, entre eles o seu livro (no caso de você estar participando). Por exemplo, eu sou dono de um blog e fecho a parceria com outros 9 blogs — totalizando 10 blogs participantes, criando um book tour — e cada blog irá fechar a parceria com um autor específico. Imaginemos que eu fechei a parceria com você. Eu irei ler seu livro e publicar a resenha em meu site, dentro um prazo pré-estabelecido entre todos os blogues. Assim que eu postar a resenha do seu livro eu irei enviar seu livro para outro blog cujo colunista irá ler seu livro e postar a resenha no blog que ele administra. Enquanto isso eu irei receber o livro de outro blog que fechou a parceria com outro autor para ler e resenhar, e assim sucessivamente até completar os 10 livros que irão rodar em 10 blogs diferentes, para serem lidos e resenhados.

O primeiro passo para o sucesso como escritor e ter ao seu lado bons blogues parceiros.

RESUMO

— Certifique-se de que o blog escolhido é o ideal para seu livro. Conheça o blog, leia as resenhas feitas para outros autores.

— Um questionário para blogueiros é sempre bom. Trará segurança para o autor antes de fechar uma parceria.

PRÊMIOS LITERÁRIOS E ANTOLOGIAS

◇

Particularmente eu considero uma das melhores formas de divulgação literária a participação de antologias e concursos literários, porém cuidados devem ser tomados.

A maioria dos concursos literários, em especial as antologias, trabalham com o rateio entre os autores classificados para a publicação de "conto ou poesia" com o custo da produção editorial. Como vocês sabem, os custos vão desde revisão, diagramação, arte de capa, impressão e distribuição. Sei que alguns concursos exploram os autores com menos conhecimento do mercado editorial, porém, uma informação preciosa. Existem diversas editoras que oferecem a publicação sobre demanda onde você pode ter uma prévia do orçamento do livro de acordo com o tamanho, papel, qualidade e quantidade de páginas (já incluso o serviço de diagramação, revisão (em alguns casos), impressão e postagem. Com o resultado do valor final dessa publicação dá para você ter ideia do valor total da publicação ou se tem alguém ganhando por fora em cima de seu pagamento para participar. Outros concursos são financiados por instituições sem fins lucrativos, e aí vale a pena. Os cálculos a seguir foram realizados em dólares. O valor final, multiplique o valor em dólar, pelo valor da cotação do Real do dia. Você irá se assustar.

Um exemplo, você recebeu o convite para participar de uma antologia em que os três primeiros classificados serão premiados com 9, 6 ou 3 exemplares impressos da obra, mais certificado (vocês já sabem o preço de um certificado). Aos que não foram premiados, mas foram classificados, o custo por página será de 60 dólares. A antologia terá 200 páginas e serão impressas 500 cópias. Com essa informação, podemos calcular o custo total da antologia, que será 12.000 dólares, multiplicando o custo da página impressa pelo número páginas, ou seja, 200 x 60 dólares, total de 12.000 dólares. No Brasil, esse valor é altíssimo, pois sabemos que um livro pronto nas condições acima (com diagramação, capa, preto e branco) o custo de cada exemplar chorando com o editor pode chegar a 6 dólares, logo, 500 exemplares, custaram 3.000 dólares. Somando o custo da diagramação 1 dólar por página, no caso 200 dólares, sem contar a revisão idem diagramação pois a maioria pede para que encaminhe o conto já revisado. Somamos uma arte de capa meia boca por uns 200 dólares, mais os custos de postagem de forma econômica teremos aí um custo total acrescentando algumas taxas (que não consigo pensar), encontramos um forçado total de 5 mil dólares, ou seja, pelo que calculamos alguém está ganhando 7 mil dólares.

De qualquer forma não podemos sair crucificando ninguém, pois em alguns casos existe uma solenidade de premiação com o valor embutido de uns cinco mil dólares, sobrando dois mil dólares a custo de logística. Aceitável. Se não houver a solenidade, alguém está lucrando muito a suas custas, por isso deve-se ficar atento.

Nessas horas, gosto das academias literárias idôneas, que irão lhe indicar concursos idôneos.

Vamos começar relatando uma experiência que eu tive de um concurso literário, que posso veementemente classificá-lo como fraude literária.

Certa vez, recebi um e-mail para participar de um concurso. A inscrição era barata, algo em torno de 3 dólares. As regras eram claras, você encaminhava um conto para um site, que ficaria publicado por lá de acesso fácil aos leitores, que poderiam votar on-line.

Eu pensei cá com meus botões, vamos participar para ver no que dá. Escrevi um conto e o encaminhei para avaliação.

O primeiro fato que me chamou a atenção é que na maioria dos concursos sérios você encaminha seu trabalho com um pseudônimo que irá ser avaliado, sem que alguém conheça o autor do texto, mas eu havia decido em participar pela diversão.

O segundo fato que me chamou a atenção, foi que ao encaminhá-lo recebi a mensagem: "Hermes, seu conto é fantástico. Tem grandes chances de ganhar".

Geralmente, nos concursos sérios, você não recebe opinião quando acaba de enviar o conto. No máximo, trabalho recebido.

O fato é que meu texto se destacou dos outros e começou a disparar na avaliação dos leitores. Porém, um fato inexplicável aconteceu no dia do encerramento do concurso. Um conto semelhante a um texto de Machado de Assis entrou no ar e em menos de 8 horas a votação superou o meu conto monstruosamente e percebi que havia algo de errado.

Como sabem, já tenho experiência em construção de blogs e sites e alguns blogueiros tem uma mania peculiar que é a de colocar o contador de visitas no site, e no caso do blog que ostentava o grande prêmio literário também tinha um contador — que acredito que foi o que os entregou, além é claro das reclamações dos outros participantes que detectaram cheiro de fraude no ar. Bem, minha indignação veio no momento em que o número de visitas do site — desde a data que ele havia sido criado —, era hediondamente inferior ao número de votos do que o misterioso conto que apareceu no ar. Algo inconcebível para lógica humana e evidencia de fraude mais do que imediata. Até que o site desapareceu do ar de um dia para o outro como um navio fantasma visto em uma noite de lua cheia desaparece no horizonte.

O fato foi que havia aprendido mais uma grande lição e confesso que os três dólares valeram a experiência que compartilho com vocês.

Como podem perceber, há diversas formas de enganar os autores mais desavisados, porém não posso deixar de lado o outro lado da moeda. É claro que existem concursos e prêmios literários sérios, como o prêmio Jabuti, O prêmio oceanos de literatura (Itaú Cultural) e por aí vai, com editais de participação, normas e divulgação pública com várias instituições idôneas participantes.

Uma premiação em um concurso literário de respeito traz ao autor uma ótima via de divulgação pelas mídias e até para grandes editoras que estão à procura de novos talentos, o que em outras palavras é publicação mais do que garantida.

As publicações em antologias também levam seu nome além das fronteiras estaduais, pois as antologias geralmente abrigam autores de diversos estados, que irão adquirir os livros e fazer a publicidade dele, e seu nome estará no meio.

No início de minha carreira, costumava receber dezenas de cartas (a velha carta escrita a mão) parabenizando pelo conto.

Sim, tenho que confessar, eu adorava ler essas cartas dezenas de vezes. Me estimulavam, além de indicar que estava no caminho certo de uma de minhas maiores paixões, que é a escrita.

Hoje o que mudou é que recebo e-mails e acredito que não é a mesma sensação da velha folha de papel escrita à mão, mas de qualquer forma as mensagens continuam carinhosas e estimulantes.

Recomendo que não participem de apenas um prêmio literário, mas daqueles que você considerar que seguem sua linha de escrita e acima de tudo não fique criando expectativas em vencer. Participe pelo amor à escrita e se ganhar, ganhou. Parabéns para você e considere essa vitória um fator motivador para seguir em frente. Uma medalha, não é sinônimo de autor de sucesso, mas sim, as belas palavras que o autor consegue criar e colocar no papel com maestria.

Quando comecei a escrever, minha primeira publicação foi de um concurso literário internacional e guardo esse exemplar com o maior carinho. Toda vez que olho para essa pequena poesia de uma página e meia, percebo o quanto me aprimorei, sem esquecer que ainda tenho muito que aprimorar. O fato é que se eu ficasse parado ostentando essa poesia, outras obras e outros livros de minha autoria deixariam de existir.

Acredito que o maior objetivo de um prêmio literário seja o de dar ao vencedor motivação de seguir em frente e ao perdedor, a introspecção de que existe algo a ser melhorado.

RESUMO

— Os concursos literários e prêmios literários são mais um dos caminhos na divulgação de seu livro, desde que sério.

— Carregue consigo que o principal objetivo de um prêmio literário é seu aprimoramento como autor.

OS GRANDES ERROS DA DIVULGAÇÃO

◇

O que mais escuto dentro dessa minha jornada literária são autores reclamando de que não conseguem vender os livros, que ninguém se interessa e querem parar de escrever, enfim uma infinidade de lamentações.

A grande lição que aprendi em minha vida de escritor é que reclamar não ajuda em nada, pelo contrário, pode piorar a situação, e nesse caso para os que acreditam a lei da atração funciona.

O maior erro de todos e considero o primordial é não divulgar e ficar de braços cruzados aguardando pelo sucesso. Sempre digo que você jamais irá ganhar o carro zero quilômetro para ser sorteado no shopping na época de Natal se você não participar do sorteio.

Se quiser que seu livro venda, você terá que batalhar para isso. Se você tem recurso para investir, ótimo, pois já sabe quem deverá procurar. Se não tem recursos, então você terá que "arregaçar as mangas" e pôr a mão na massa "literalmente", e já começando por escrever um livro de qualidade, para que consiga ser publicado por uma grande editora, que terá um setor que lhe apoiará na divulgação de seu trabalho. Vale lembrar que mesmo estando em uma grande editora, você também terá que divulgar seu trabalho.

Outro erro que tenho observado concerne aos sites e blogs literários. De pouco irá ajudar você divulgar o seu livro, ou fechar a famosa parceria com um blogueiro se o blog ou site tiver 20 ou 30 seguidores. A quantidade de seguidores também não significa que você está com um excelente blog e explico a razão. Já observei blogs e sites com mais de 3 mil seguidores, com resenhas publicadas que receberam apenas dois ou três comentários quando a resenha foi postada. Em outras palavras, livro errado no blog errado ou seu livro foi resenhado pelo blog errado ou o blog ou site escolhido não tem *pageviews* (visualizações de páginas) suficientes.

Considero um bom blog literário, aquele que tenha ao menos 200 visualizações de páginas diariamente. Sei que é uma quantidade modesta, mas digo 200 visualizações da página, "não do site" e aí uma armadilha que um autor cai. A visualização do site não significa visualização da postagem. Uma dica é olhar os comentários nos blogs ou sites parceiros.

Alguns autores também pecam por querer criar a capa do próprio livro e quando a fazem, a qualidade fica péssima — exceto é claro pelos que têm formação na área —, e vão além, criam o próprio site, os *book trailers*, convites, marcadores de livros, tudo em prol da economia. Meu velho avô sempre dizia, o barato sai caro e isso é uma grande verdade.

Caso você não tenha recursos, procure na internet um profissional que ofereça o serviço que você procura, por um custo mais acessível.

Um trabalho de publicidade mal feito, eu comparo ao carro de palhaço que sai derrubando peças em todo picadeiro deixando apenas o motorista "palhaço" com o volante na mão. O mesmo acontece com o autor que decide por conta própria a assumir um papel que não é da área de atuação de costume. Cabe ao autor divulgar o trabalho de forma a não afastar os leitores, e sim atraí-los.

No que concerne às redes sociais, massiva divulgação pode ter efeito contrário, e afastar seu leitor e tornar-se um incômodo para os usuários do Facebook, Twitter. A dica é fazer a divulgação de seu livro com moderação em sua página de escritor. Deixe sua página pessoal para suas postagens variadas. Se uma overdose de medicação pode matar um paciente, o que você acha que uma overdose da divulgação do seu livro em páginas sociais pode fazer com seus seguidores?

A falta de criatividade é outro problema. Imagine que você teve uma criatividade mirabolante para escrever seu livro, mas na hora de divulgá-lo fica perdido. Ninguém conhece seu livro melhor do que você mesmo. Uma boa divulgação é a alma do negócio e ninguém melhor para fazê-lo do que você.

Há também os autores desesperados. Escrevem o livro e após serem acometidos por uma súbita onda de mania, querem fazer tudo ao mesmo tempo, e gastam toda energia e recursos para fins sem propósitos, e acabam se perdendo no meio de tantas possibilidades, isso sem contar outros que focam apenas em uma única ferramenta exclusiva de divulgação.

Pior que não divulgar é não ter propósito, planejamento, estratégia e objetivo na divulgação. Ninguém joga uma partida de xadrez para perder. Para vencer é preciso pensar, calcular as possibilidades, conhecer o início, meio e premeditar o final, imaginando os lances futuros, tudo aliado a estratégia e planejamento. O mesmo serve para divulgar o seu livro e não ficar postando a mesma foto nas redes sociais ou encaminhando o mesmo release para todo tipo de mídia, incluindo as que reportam somente notas de falecimento.

Penso que todo autor deveria ao menos conhecer um pouco de marketing.

Certa vez, lendo *Pai Rico e Pai Pobre*, de Robert Kiyosaki, aprendi no livro o tanto que somos analfabetos financeiros (pelo menos no meu caso eu me sentia assim), em especial quando me deparei na parte que o autor citava que na escola não aprendemos nada sobre investimento. Isso é uma verdade, porém no caso dos escritores, considero a maioria são analfabetos na teoria de marketing. É importante conhecer ao menos o básico do marketing na divulgação de seu livro. Acreditem, existem autores que recusam a ceder exemplares do livro que publicaram a imprensa, a blogueiros e críticos, tendo a concepção de que todos devem comprar o livro e por essa atitude acabam perdendo oportunidades.

Também observo que outro grande fator inibitório do próprio autor, que se torna prisioneiro de sua própria timidez, ainda mais quando tem que falar em público. Se você optou em se tornar autor, prepare-se, pois você terá que falar com estranhos, autografar livros, dar palestras, participar de bienais do livro e ter que interagir, criar vídeos e postar na internet e acima de tudo, não ter vergonha do que você escreveu, pois qual é o propósito de um livro se não o de ser lido?

Outro erro que considero grave é o autor que publica o livro em plataformas gratuitas e deixam lá para ser lido ou elaboram e-books e os colocam para download gratuito enquanto ficam tentado encontrar uma editora. Depois que a encontram, mudam o nome do livro, tiram todo o e-book do ar e focam em divulgar o livro da editora. Querendo ou não, é um desrespeito ao leitor ter que comprar um livro que anteriormente estava disponível gratuitamente na internet e depois que o autor publicou, comprar a mesma história já lida, com título diferente.

Imagine que eu queria ler o livro, e se quiser vou ter que comprar, apesar de um monte de gente ter conseguido ler de graça. Neste caso sugiro que desenvolva dois livros, um para o mundo virtual e gratuito e outro para o impresso. Nunca o mesmo. Preste atenção que não estou me referindo a capítulos de amostra, e sim ao livro publicado como um todo.

Conhecer os grandes erros da má divulgação, é imprescindível para uma divulgação de qualidade.

RESUMO

— Não divulgar é o maior erro.

— Certifique-se das visualizações de páginas de um blog ou site literário antes de fechar parceria.

— Capítulos de amostra (quando autorizado pela editora) podem atrair leitores, já oferecer o livro gratuitamente e depois vendê-lo poderá afastar seus leitores.

RESUMO DA PARTE III

◇

O que julgo mais importante na parte III deste livro é o capítulo de ética, pois querendo ou não ela envolve todas os capítulos que estruturam as partes deste livro. É claro que apesar de escrevermos histórias, e no mundo da imaginação tudo é permitido, temos que conhecer nosso público-alvo, e usar princípios éticos até quando escrevemos, oferecendo ao leitor um livro que o respeite acima de tudo.

Quanto à publicidade, o ideal é que profissionais como o publicitário e o assessor de imprensa sejam responsáveis pela divulgação do autor, evitando assim macular a imagem de autor que está apenas iniciando no meio literário.

As formas de divulgação foram bem discutidas, e vão desde ao *book trailer*, o velho boca a boca, o amigo livreiro, as redes sociais, enfim há inúmeras formas de ser divulgado e mais uma vez fica a dica para que esses materiais de divulgação sejam feitos com padrão de qualidade, para não ter efeito contrário.

O *press release* que incluí na Parte III é somente um modelo, cabendo ao assessor de imprensa desenvolver um modelo voltado a sua necessidade.

Um autor ou escritor deve estar preparado para críticas. Querendo ou não você as receberá, seja diretamente ou indiretamente. A grande chave é saber absorver o lado construtivo e quando não houver descarte-a e siga adiante.

As academias literárias idôneas também ajudam na divulgação, porém tomem cuidado com a academia que você participa ou está sendo convidado para participar.

Blogs e sites literários são ótimos parceiros. Procure trabalhar em harmonia com quem está divulgando seu trabalho. O maior problema que percebo são os autores cobrando os blogs pela resenha. Lembre-se de que o proprietário do blog tem uma pilha de livros para ler. É claro que ele deve absorver as parcerias de acordo com a capacidade de resenhas que o blogueiro é capaz de colocar no ar.

Os concursos literários devem ser avaliados, em especial quanto a taxas que estão inclusas para a participação, pois da mesma forma que algumas academias, a intenção do concurso não é com a qualidade da obra ou poema.

Considero como o maior erro de divulgação não saber divulgar. É como diz o velho ditado, se você não é apto a fazer algo que você não sabe é melhor que não faça e peça para quem é capaz. É como você entrar em um carro sem saber dirigir e querer pegar um caminhão para dar uma volta no centro de Belo Horizonte. Não é preciso citar que um desastre estará para acontecer e haverá consequências.

Uma grande dica para a divulgação é que o autor leia livros de marketing — há uma vasta bibliografia no mercado — para ter uma ideia sobre as formas de divulgação, as linguagens técnicas do universo publicitário.

Em minha opinião, uma das melhores formas de divulgar é com livros de qualidade, que irão cativar o leitor que irá comentar sobre a obra e sobre o autor e sucessivamente como efeito dominó, por isso mantenha contato com os fãs de seus livros e mesmo que eles façam uma leve crítica de suas histórias, elas devem ter um fundo de razão e ser utilizadas para seu crescimento. Um fã divulga de forma extraordinária um autor, ainda mais se seu fã for do ramo literário.

O SEGREDO

◇

Há 15 anos, até a presente data (abril de 2017), carrego em meus compartimentos mentais conhecimentos — que se acumulam a cada dia —, uma experiência ímpar da escrita literária, e posso lhes garantir desde já que não existe uma fórmula mágica para o sucesso. As informações contidas neste livro, são preciosas para quem está iniciando ou deseja seguir a carreira de escritor.

Posso até mudar de opinião no futuro, mas aprendi a duras penas que o sucesso é uma consequência de esforço, perseverança e dedicação. Há os que digam que existe o fator sorte, eu prefiro seguir a lógica da matemática em especial na parte de probabilidades. Se você é capaz de escrever um livro respeitando as técnicas, com capacidade de envolver seu leitor e emocioná-lo, a probabilidade de seu livro ser aceito por uma editora e tornar-se um sucesso é maior.

Já li biografias de escritores como Stephen King, na qual o próprio autor deixa claro que o sucesso literário veio após anos de prática, dedicação e imersão total no mundo da escrita.

Tudo que está escrito neste livro foi duramente mastigado e regurgitado, conhecimento que aprendi com um trabalho árduo de levantar e cair, e confesso que deixaram cicatrizes e acima de tudo, trouxeram maturidade e reconhecimento do meu trabalho.

Sou formado em ilusionismo pelo CECAM — MG (Centro Cultural de Artes Mágicas de Minas Gerais), e foi lá que descobri que a maior beleza quando apresentamos uma mágica é observar a surpresa estampada na face de cada uma das pessoas que assistem ao show — quando um simples coelho desaparece em uma caixa de vidro bem diante de seus olhos. É óbvio que a mágica em si só sem uma história perderia seu sentido, por isso a música de fundo e o discurso *storytelling* do Mágico. O discurso do mágico nada mais é do que uma forma de conectá-lo ao que ao que está prestes a acontecer e que é inconcebível para a sua imaginação e lógica e no final a "surpresa", o coelho desaparece de forma inexplicável.

Bem, porque estou falando de mágica num livro de técnicas de escrita?

Pela simples razão de que o autor deve surpreender o leitor, da mesma forma que um mágico faz com sua plateia.

Uma mágica não existe sem uma história e uma história perde o sentindo se não houver magia.

Considero como um dos grandes segredos da escrita, talvez o mais simples, seja **surpreender**. Essa é uma das principais chaves que anda de mãos dadas com outro fator importantíssimo de uma história de sucesso, que é o de **emocionar** leitor.

Quem não se sentiu surpreso ao ver alunos embarcando em meio aos trouxas na plataforma 9 e 3/4 da estação King's Cross, em Londres, no livro de Harry Potter; com Gandalf transformando-se em uma mariposa e fugindo de uma prisão em uma altíssima torre em Senhor dos Anéis, de uma menina encontrar seres em forma de baralho, um gato falante, um homem de lata de sem coração e um leão covarde em Alice no País das Maravilhas, ou com o Marty voltando no tempo no DeLorean criado pelo Dr. Brown e tendo que encontrar com o amigo cientista no passado e convencer o Dr. Brown do passado a ajudá-lo a voltar para o futuro?

Sim, são premissas carregadas de expectativas e fatos memoráveis que conectam o leitor ao livro. A emoção está presente em toda a obra, que aliada ao fator surpresa, nos faz encontrar a magia.

E agora temos o terceiro ingrediente, que na verdade é um dos pontos de sustentação ou a essência de uma história de sucesso, o **extraordinário**.

Boas histórias têm que ter acontecimentos monumentais, assim como Joseph Campbell nos apresentava a dimensão imensurável dos mais diferentes mitos desde o oriente ao ocidente, do primitivo ao moderno, mitos que se perpetuarão pela eternidade. Você já se questionou sobre o que faz para que um mito seja eterno?

E em meio a uma jornada extraordinária, carregada de surpresas e emoções, temos seu herói. O personagem que você criou! Que nasceu do seu subconsciente, e que as vezes lhe coloca a questionar? Como é que eu criei isso? De onde veio essa ideia?

Livros de sucessos têm **personagens memoráveis**, que fazem o inacreditável e como se inter-relacionam além da **simpatia** que temos pelos heróis, e em alguns momentos a **empatia** que criamos pelos vilões, quando conhecemos as razões que o levaram para o lado negro da força.

Assim nascem histórias monumentais, que irão marcá-lo por toda uma vida e que serão repassadas aos seus filhos, netos e assim sucessivamente.

O que é a nossa vida, senão uma sucessão de cenas que acontecem em cada dia? E nossos sonhos em meio à história de nossa vida seriam nossos objetivos? Ah, não posso deixar de falar dos **conflitos** que a cada dia vivenciamos, sejam em casa ou no trabalho... O **desastre** de perdermos a entrevista para o emprego, ou quem sabe o termino do noivado?

Temos nossos **pontos de virada** — quando entramos numa faculdade — deixando para trás o **mundo comum** e o segundo **ponto de virada** quando envelhecemos e deixamos de trabalhar, mas temos o conhecimento de toda uma vida onde tivemos nossos **aliados**, nossos **inimigos**.

Nossa vida é uma história e a cada dia escrevemos uma parte de nossa jornada.

Já me emocionei com minhas histórias a ponto de chorar em algumas passagens. O que quero dizer com isso? Que em alguns momentos eu escrevia com o coração e em outros com a razão.

Um livro bem escrito faz com que o leitor viaje para outros mundos, dimensões, universos, onde o espaço-tempo pode ser explorado em qualquer ponto, em meio à singularidade tecnológica.

Não foque sua escrita com relação ao sucesso e à fama. Lembre-se que o sucesso é o fruto de um árduo trabalho e existe uma série de fatores conjuntos para que ele aconteça. Existem autores que ficaram famosos do dia para a noite e na mesma velocidade a fama desapareceu.

Um livro de sucesso sempre permanecerá um sucesso. Cabe a você, autor, encontrar a melhor forma de escrevê-lo.

PÓSFACIO

◇

Bem, chegou a hora de colocarmos os pingos nos "is".

Quando li meu primeiro livro técnico em português, confesso a vocês que iniciei a leitura pela bibliografia, pois eu precisava de referências sobre as técnicas da Arte de Escrever e foi nesse momento que descobri que eu estava vendo apenas a ponta do iceberg quando o assunto se tratava em escrever um livro. Essa descoberta foi maravilhosa e tornou-se especial, quando minhas encomendas de livros técnicos sobre a arte da escrita começaram a chegar. Cada livro, uma descoberta diferente, novas dicas, macetes, técnicas, e é claro, comecei a evoluir com o aprendizado e com os resultados que eu recebia através dos *feedbacks* de meus leitores.

Em minhas viagens para Nova Iorque, Orlando, Londres, era uma tradição fazer uma visita a Barnes & Noble, uma famosa livraria, na qual eu ficava de queixo caído, ao me deparar com a quantidade de livros de técnicas de escrita que encontrava nas prateleiras. Obras inteiras dedicadas a como escrever suspense, como criar conflitos, como escrever livros infantis, sobre a escrita de ficção, escrita de cenas etc. É lógico que cada vez que regressava ao Brasil, minha esposa queria me matar pelo excesso de peso na bagagem devido aos livros. Sou amante dos e-books, mas os livros técnicos, eu gosto de rabiscá-los, grifar e fazer minhas anotações durante a leitura e depois criar fichas resumo.

Quando visitava as livrarias do Brasil, entristecia ao ver que havia poucos ou quase nenhum livro que abordava as técnicas de escrita com profundidade, e a quantidade de autores que escreviam livros sem ter o conhecimento dessas técnicas ou da escrita básica da cena de um livro.

Sim, havia cursos que vendiam o segredo da escrita de "cena" a preço de ouro, ou melhor, diamante.

Eu considerava isso como uma pedra no sapato. Para amenizar esse problema, coloquei o meu site no ar, que a princípio começou com um humilde blog, A Arte de Escrever (www.aartedeescrever.com.br), onde eu recebia diversas perguntas sobre como escrever um livro. Acredito que este livro tenha quatro propósitos fundamentais, sendo o primeiro suprimir a falta de livros técnicos escrito em português; ajudar a melhorar a qualidade de escrita dos que se aventuram a escrever um primeiro livro — repercutindo na literatura nacional como um todo —, fazer com que eu tenha mais tempo livre do meu site em responder perguntas que se tornam repetidas cujos temas foram todos abordados nesta obra, e é claro, me ajudar a colocar ordem no caos de minhas prateleira de livros e resumos de técnicas, tornando este material de suma importância para minhas consultas pessoais, bem como a de outros livros, além é claro de reduzir a chance de rejeição por parte da editora ou agência literária.

A escassez dos livros de técnicas aliado aos cursos de *storytelling* com alto custo, foi a principal razão que me levou a procurar meu editor, Gustavo Abreu, e mostrar a ele a necessidade de colocar nas prateleiras das livrarias livros de técnicas de escrita acessível a todos os leitores e em especial a todo aspirante a escritor, com menor custo do que um curso e rompendo a barreira idiomática.

É óbvio que existem outros temas a serem abordados, mas também sei que o excesso de técnicas pode lhe fazer mal, trazendo o famoso "branco literário", como já aconteceu comigo. Portanto considere esse livro como uma medicação, que deve ser usado com moderação na hora que você for escrever.

Sei perfeitamente que na mente de um autor existe um universo inexplorado abrigando grandes histórias e cabe a ele colocá-las no papel, da forma correta. Todos somos capazes de criar uma história, agora colocar no papel o assunto é diferente.

Vocês podem se questionar, como um médico — não graduado em literatura brasileira —, se aventura a escrever um livro que não é da área de atuação dele?

Pela simples razão de anos de experiência acumulada dentro do *storytelling*, cursos, oficinas, participações em bienais e mais de 10 livros publicados, entre publicações físicas e virtuais de ficção, suspense, terror, livros técnicos da área literária e área médica, premiações de concursos literários e antologias, e é claro, some isso tudo a minha ousadia e meu autodidatismo.

É lógico que tudo que está escrito não veio do nada. As técnicas descritas nessa obra fazem parte de uma vasta bibliografia, que agreguei neste livro e considero de suma importância para autor iniciante que irá guiá-lo na construção de uma história de sucesso. Para os autores profissionais, considero como material de revisão, pois o grande mal de qualquer profissão — e isso inclui o escritor — é acreditar que é o senhor das técnicas e que nada mais deve ser aprendido, permanecendo em uma eterna zona de conforto.

Em ambos os casos, a perfeição somente vem com tempo, prática de escrita e leitura.

É mais do que obrigatório que todo autor e os escritores experientes se dediquem profundamente à leitura, em especial das obras de sucesso, pois é nelas que vocês irão encontrar todos os tipos de técnicas, independente do livro que estejam lendo, não tenho a menor dúvida de que vocês irão se deparar com um conhecimento novo ou reforçar os temas que vimos por aqui. Quando forem ler, observem como o autor descreve o personagem, o ambiente, a cena, os ganchos, e outros recursos que já abordamos.

Não quis me aprofundar nas técnicas de roteiro, mas elas estão indiretamente embutidas nesse livro e muitas se repetem, pois um roteiro não é mais do que uma história. Apenas não quis agregar neste livro a linguagem técnica do roteiro, pois não era esse o objetivo desta obra, mas lhe asseguro que o material não é volumoso e você encontra em qualquer site ou livro de roteiro, pesquisando sobre o tema.

Meu sonho é que um dia eu vá a uma livraria e que encontre outras obras semelhantes e até melhores do que essa, de forma de mudar esse triste cenário da literatura brasileira e acima de tudo, que eu encontre livros de autores brasileiros dominando as prateleiras de nossas livrarias nacionais e no exterior, e que lá fora, cada vez mais, se destaque nossos autores.

Acredito que tenha cumprido meus objetivos a contento com essa obra e chegou a hora de deixá-los com esse somatório de informações e voltar à escrita de meus livros de suspense, terror e ficção, desejando de coração que essas informações lhe sejam úteis na Arte de Escrever.

HERMES M. LOURENÇO
Outono de 2017

REFERÊNCIAS BIBLIOGRÁFICAS

◇

Bell, J. S. (2004). *Plot & Structure*, Writer's Digest Books.

Bell, J. S. (2011). *Conflict&Suspense*, Writer's Digest Books.

Campbell, J. (2011). *O Poder do Mito*, Palas Athena.

Castle, M. (2007). *On Writing Horror*. Writer Digest Books.

Economy, R. I. P. (2010). *Writing Fiction For Dummies*.

Frey, J. N. (1987). *How to write a Damn Good Noves*. New York, NY, St. Martin's Press.

Frey, J. N. (1994). *How to write a damn good novel II*. New York, NY, St. Martin's Press.

Infante, Ulisse/ Cipro Neto, Pasquale. (1988). *Gramática da Língua Portuguesa*. Scipione.

Jost, A. G. F. (2009). *A narrativa Cinematográfica*, Editora UNB.

Kim C., R.M. (2015). *A Estratégia do Oceano Azul*, Ediotra Campus.

King, S. (2015). *Sobre a escrita — A Arte em Memórias*, Suma das Letras.

Kohan, S. A. (2011). *Como Escrever Diálogos*, Gutenberg Editora.

Lourenço, H. (2012). *A Conspiração Vermelha*, 2ª Edicção, Editora Letramento.

Lourenço, H. (2011). *Faces de um Anjo*, Editora Dracaena.

Lourenço, H. (2010. *O Enigma do Fogo Sagrado*, Novo Século Editora.

Lourenço, H. (2014). *O Último Pedido*, Editora Letramento.

Lourenço, H. (2005). *Porto Calvário*, Editora Sotese.

Lourenço, H. (2019). *O Duende: Pacto de Sangue*, Editora Letramento

Lourenço, H. (2020). *O Retrato de Camille Clair*, Editora Letramento

Lukeman, N. (2000). *The First Five Pages*, Simon& Schuster.

Mackee, R. (2013). *Story*, Arte & Letra.

Meg Leder, J. H., And The Editors of Writer's Digest (2002). *The Complete Handbook of Novel Writing*, Writer's Digest Book.

Rosenfeld, J. E. (2008). *Make a Scene*, Writer's Digest Books.

Roy, C. (2009). *A arte de recusar um original*, Editora Rocco.

Rubie, P. (2006). *The Elements of Narrative Nonfiction*, Quill Driver Books.

Swain, D. V. (1981). *Techiniques of the Selling Writer*, Oklahoma.

Vogler, C. (2015). *A Jornada Do Escritor — Estrutura mítica para escritores*, Aleph.

Palacios, F; Terenzzo M. (2016). *O Guia Completo do Storytelling*, Alta Books.

Soule S. A. (2014). The Writer's Guide to Character Emotions (Fiction Writing Tools Book 1), FWT Press

- editoraletramento
- editoraletramento.com.br
- editoraletramento
- company/grupoeditorialletramento
- grupoletramento
- contato@editoraletramento.com.br

- editoracasadodireito.com
- casadodireitoed
- casadodireito